LAS NUEVAS REGLAS DEL APEGO

JUDY HO

LAS NUEVAS REGLAS DEL APEGO

Un enfoque revolucionario para transformar tus relaciones y restaurar tu seguridad emocional

Traducción de Albert Fuentes

DIANA

Obra editada en colaboración con Editorial Planeta – España

Título original: *The New Rules of Attachment*

Bajo el sello editorial DIANA M.R.
Avenida Presidente Masarik núm. 111,
Piso 2, Polanco V Sección, Miguel Hidalgo
C.P. 11560, Ciudad de México
www.planetadelibros.com.mx

Primera edición impresa en España: junio de 2025
ISBN: 978-84-1119-260-6

Primera edición impresa en México: octubre de 2025
ISBN: 978-607-39-3426-8

Impreso en los talleres de Impresora Tauro, S.A. de C.V.
Av. Año de Juárez 343, Col. Granjas San Antonio,
Iztapalapa, C.P. 09070, Ciudad de México
Impreso y hecho en México / *Printed in Mexico*

Este libro está dedicado a Luca, que me recuerda todos los días que la vida es bella y el mundo es un milagro. Me has enseñado un sinfín de cosas sobre mí misma y me has dado el mejor regalo que pueda imaginarse.

ÍNDICE

El estilo de apego desorganizado

INTRODUCCIÓN

El apego importa, y mucho

Gran parte de la gente que viene a verme lo hace porque tiene dificultades y busca la forma de darle un giro a su vida. Es posible que algunas de sus preocupaciones te suenen: Susan no consigue alcanzar los objetivos que se ha fijado y, a menudo, en el intento, se ha saboteado a sí misma. Stuart no está satisfecho con sus relaciones y le cuesta formar vínculos profundos con los demás. Anne no deja de criticarse a sí misma, no se siente merecedora de una mejor suerte en la vida y sospecha de cualquier persona que le muestre una atención sincera. Conner lucha contra la depresión y la vergüenza que le hicieron aislarse de sus amigos y familiares y dejar de perseguir sus sueños. Las inseguridades de Bart sobre su valía son el combustible del que se alimentan sus síntomas de ansiedad y han provocado que su autoestima se tambalee, lo que lo ha llevado a reiterar en sus relaciones un comportamiento que le hace aferrarse a los demás.

Los pacientes que acuden a mi consultorio suelen haber vivido varias veces el ciclo de una mejoría seguida de una recaída en las viejas dificultades. Algunos me dicen que han perdido toda esperanza y que dudan de que algo pueda ayudarlos a retomar el buen camino. Han arrojado la proverbial toalla y han aceptado el trato injusto que les depara la vida. Su pensamiento se ha quedado atascado. Se dicen: «*Nunca* voy a poder disfrutar de una buena relación», «*Nunca* voy a tener un trabajo que me guste de verdad», «*Nunca* voy a hacer realidad ninguno de mis sueños o metas».

En estos momentos de intenso dolor, frustración y angustia, muchos de mis pacientes empiezan a buscar respuestas más profundas. Quieren entender por qué se encuentran una y otra vez en situaciones parecidas y por qué repiten patrones de conducta que no brindan ningún servicio a sus vidas y de los que, sin embargo, no consiguen librarse. Sus profundas preguntas existenciales merecen respuestas también profundas.

Como neuropsicóloga clínica y forense, una de mis principales especialidades consiste en ayudar a la gente a dilucidar en la medida de lo posible las raíces de sus problemas mentales y vitales. No me limito a identificar los problemas que tienen, ya que procuro descubrir con ellos cuáles son sus motivos. Si no comprendemos los orígenes de estas dificultades, es difícil desarrollar una estrategia a largo plazo para lidiar con los pensamientos difíciles, las emociones perturbadoras y las situaciones complejas a las que todos nos enfrentamos a lo largo de la vida.

Con frecuencia, descubrir esos orígenes requiere bucear en aguas profundas, hasta llegar al tiempo de nuestra infancia. Muchos de los desafíos y dificultades que experimentamos constantemente en la vida adulta hunden sus raíces en los patrones de conducta que adquirimos en la más temprana infancia. Y cuando digo más temprana me refiero al tiempo transcurrido entre los primeros meses y los primeros años de vida, cuando nos formamos toda una serie de ideas sobre nosotros mismos y el mundo que nos rodea. Estas experiencias tempranas seguían determinando las estrategias que desarrollaban mis pacientes para crearse una seguridad física y psicológica, las creencias sobre las probables reacciones que despertarían en los demás, y sus distintas maneras de abordar las relaciones, la carrera profesional y las metas que se habían fijado en distintos ámbitos de la vida. Todo ello conformaba unas reacciones por defecto en sus interacciones con el mundo, y aun cuando esas creencias fueran improductivas, ineficaces y les causaran estrés e insatisfacción, no lograban romper con ellas. La perspectiva que mis pacientes habían desarrollado sobre sí mismos y el mundo y que era la base de su incesante autocrítica, de sus dificultades emocionales recurrentes y de unos patrones de conducta que en nada los ayudaban se debía al *apego*.

Habrás oído hablar del apego en conversaciones con amigos, o quizá al hacer un test de personalidad en las redes sociales, o en algún artículo en internet. También es posible que hayas descubierto este concepto en el consultorio de tu terapeuta. Desde mi lado del diván, el apego es una faceta fundamental del desarrollo humano y tiene un impacto enorme en nuestro bienestar general a lo largo de la vida. En lo esencial, entendemos por apego el primer lazo emocional que se forma entre un individuo y su cuidador o cuidadores primarios. Ese primer lazo es crucial y tiene la finalidad de mantenerte con vida durante los años en los que sería imposible que pudieras valerte por ti mismo, pero, además, prepara el terreno para el desarrollo de la persona que serás, tus creencias (en particular sobre ti mismo) y cómo te relacionarás con los demás.

Llegamos al mundo como una *tabula rasa*, listos para aprender todo lo que pueda ofrecernos nuestro mundo social, de ahí que las experiencias y enseñanzas que acumulamos durante la infancia suelan dejar una impronta indeleble en nuestra personalidad adulta. Dado que estas situaciones e interacciones con nuestros cuidadores primarios se producen en una época en la que estamos aprendiendo cómo funciona el mundo, qué persona somos y nuestro papel en lo que ocurre a nuestro alrededor, acabamos pensando que nuestras reacciones a una determinada situación deben marcar la pauta para cualquier circunstancia venidera que se le asemeje. Aunque nos hagamos mayores, aprendamos a valernos y adquiramos cierto dominio sobre nuestro entorno, los recuerdos y las experiencias del niño que llevamos dentro siguen afectándonos, a veces con consecuencias que en nada nos ayudan. El niño que llevas dentro es un «pequeño yo» metafórico, aquella parte de tu psique que sigue siendo infantil, inocente y conserva íntegra la capacidad de asombro. También es la parte en la que tal vez habiten algunas heridas sin cicatrizar. El niño que llevas dentro tiene necesidades que no fueron satisfechas en su momento, y tuviste que aprender a sobrellevarlo de la mejor manera, pero con la perspectiva y las capacidades propias de un niño. Por ello, cuando, siendo adultos, tenemos miedo, nos sentimos confundidos y extrañamos que alguien nos dé su apoyo incondicional, es habitual tener los mismos sentimientos que tuvimos cuando, siendo niños, no recibimos lo que necesitábamos de nuestros cuidadores.

Como los lazos de apego que formamos dependen de las relaciones que mantuvimos con las personas que nos cuidaron —es decir, las personas que nos sirvieron de ejemplo para saber en qué consisten el amor, el apoyo mutuo y la vida en pareja—, suele entenderse que la teoría del apego se centra en las relaciones amorosas. Se dice que uno ama como aprendió a amar y a recibir amor de los demás. Pero si profundizamos un poco, veremos que nuestra forma de entender el apego tiene un impacto mucho más amplio (y con frecuencia subestimado) sobre nuestras vidas. Además de marcar lo que esperas de las relaciones, tu estilo de apego es el fundamento sobre el que construyes tu autoconcepto: cómo te ves y qué te constituye como persona, tus ideas, sentimientos, hábitos, actitudes, filias y fobias, y las cosas que valoras. Las experiencias de apego crean marcos de referencia con los que experimentamos e interpretamos el mundo social y, por extensión, cómo abordamos nuestras necesidades. Asimismo, nos sirven para predecir las reacciones que podemos despertar en las personas que nos rodean. Por lo general, las relaciones basadas en un apego seguro suelen deparar modelos operativos internos más positivos y equilibrados, lo que se traduce en una mejor autoestima, en relaciones más duraderas y satisfactorias, y en la creencia de que mereces que la vida te sonría. El apego inestable, por el contrario, suele desembocar en una baja autoestima, una identidad tambaleante y dudas sobre la propia valía y sobre si mereces que la vida te regale gratas experiencias, como disfrutar de relaciones afectuosas y simbióticas con otras personas.

Como las consecuencias de un apego inestable pueden ser amplísimas, a veces los pacientes me preguntan si es demasiado tarde para sanar sus heridas y traumas infantiles, con el temor de que pueda responder afirmativamente. Sin embargo, siempre les respondo con un enfático y convencido: «No, nunca es tarde para curar tu apego». Da igual si peinas canas, da igual en qué momento vital te encuentres, si tienes pareja o no, si trabajas o estás jubilado, si perdiste el contacto con tu familia o si te sientes fundido después de años esperando poder disfrutar de una relación auténtica con alguien sin conseguirlo. Lo importante es que solo necesitas a una persona con la que puedas formar un apego seguro para vivir la metamorfosis a un estilo de apego seguro. Y todo empieza por sentir un apego seguro por uno mismo.

Desarrollar un apego seguro no te transformará en alguien que tiene mil amigos del alma ni te permitirá alcanzar la plena intimidad con tu pareja de un día para otro, ni tampoco conseguir el trabajo de tus sueños mañana mismo, pero sí te ayudará a empezar a creer en ti, sin altibajos, fomentando una autoestima sana y estable que te servirá para abrirte camino y abordar las distintas facetas de tu vida con convicción, resiliencia y el convencimiento de estar en el lugar que mereces.

Dispondrás de un arsenal de herramientas mucho más efectivas para enfrentar las situaciones estresantes que se vayan sucediendo a lo largo de tu vida, como, por ejemplo, mudarte a otro lugar, tener hijos, asumir mayores responsabilidades en el trabajo, prepararte para la jubilación o hacerte cargo del cuidado de tus padres cuando no puedan valerse por sí mismos. Tener un apego seguro te da la confianza necesaria para enfrentarte a todos los retos que se crucen en tu camino, para creer de verdad que la vida puede depararte cosas bonitas y para saber que está en tu mano obtener esos resultados y disfrutar de ellos.

Las herramientas de este libro las desarrollé y perfeccioné a lo largo de varios años de trabajo con mis pacientes, mientras los ayudaba a resolver sus problemas de apego, y sé que pueden ayudarte a formar el lazo de apego estable y sano que mereces tener con esa persona con la que has estado desde el primer día y que te acompañará toda la vida, es decir: *tú mismo*. Hay una versión de ti que ha experimentado todo lo bueno y todo lo malo que has ido encontrando en tu camino, un observador silencioso que ha visto todo lo que te ha ocurrido, que ha extraído todas las valiosas lecciones de esos momentos vividos, y que ahora es esa parte de ti más sabia y más empoderada que puede guiar tu niño interior en la senda del desarrollo personal, una mirada más lúcida y la curación definitiva. A partir de esos cimientos podrás redefinir quién eres y las metas a las que puedes aspirar. La vida que deseas está a tu alcance. Puedes transformar la imagen que tienes de ti mismo y la manera en que interactúas con el mundo.

Cómo usar este libro

El objetivo de este libro es ayudarte a romper con los ciclos negativos del apego inseguro y fomentar tu capacidad de fundar apegos seguros. Al margen de cuáles hayan sido tus experiencias en el pasado, puedes partir de lo que eres hoy y buscar el cambio.

En los primeros capítulos, conocerás los conceptos fundamentales de la teoría del apego y su influencia sobre el autoconcepto, y cómo ambas cosas determinan tu visión del mundo. Para asegurarnos de que te tienes una idea clara del destino de este viaje autocurativo, en el capítulo 4 explicaré las características del apego seguro y cómo estos *exploradores conectados* abordan los desafíos que encuentran en distintas facetas de sus vidas.

El cuestionario de la página 29 revelará tu estilo de apego. Si así lo deseas, podrás saltar directamente a los capítulos que analizan tu estilo evitativo, ansioso o desorganizado. Encontrarás allí pistas para entender cómo se desarrolló tu apego y el impacto que ha tenido en tu evolución desde la infancia hasta hoy. Conocerás los rasgos más comunes de tu estilo y cómo se manifiestan en tu vida y con qué consecuencias: para el autoconcepto, las relaciones con la familia y las amistades, en el trabajo y en la lucha por alcanzar las propias metas. En los capítulos que abordan la curación de tu estilo, profundizarás en los modelos operativos internos que te tienen encallado y te acercarás a la consecución de un estilo de apego seguro. Las actividades propuestas, todas ellas avaladas por la investigación científica, te ayudarán a contrarrestar el desequilibrio en tu estilo de apego con consejos prácticos que podrás implementar inmediatamente en tu vida cotidiana para lograr, en la práctica, reprogramar tu persona y encaminarla hacia maneras más seguras de interactuar con los demás.

Antes de entrar en materia, debo darte algunos consejos para que puedas sacar el máximo provecho a este libro. En primer lugar, te recomiendo encarecidamente que lleves un diario a medida que hagas los ejercicios propuestos. La actividad física de escribir no solo tiene la virtud de hacer que tu mente esté activa y de darte una sensación de calma, concentración y *mindfulness* en la tarea, sino que, además, te permitirá disponer de un registro de tus pensamientos y sentimientos, que podrás revisar más adelante para constatar tus progresos. El diario no tiene por qué ser una libreta. Cualquier cosa que te funcione servirá. Escribe con pluma, plumón o lápiz en una libreta de espiral, de hojas blancas o pautadas. También puedes hacerlo en hojas sueltas, si lo prefieres, pero en tal caso te recomiendo que las guardes en una carpeta: si las tienes reunidas en un solo lugar, luego te será más fácil consultarlas. También puedes emplear el diario para otro cometido: es posible que en este primer contacto con las dificultades del apego y las consecuencias que han tenido en tu vida, sientas pesar, ira o tristeza por las cosas que te ocurrieron. No te prives de escribir sobre las ideas y los sentimientos que todo ello despierte en ti. Estas reacciones emotivas son completamente normales y son necesarias para asimilar y superar esas vivencias problemáticas que llevas en lo más profundo de ti. Cuando identifiques y asimiles esos sentimientos, podrás seguir adelante y aprender las soluciones y las técnicas necesarias para lidiar con esas reacciones internas tan difíciles de superar. Los ejercicios del libro te ayudarán a hacerlo.

Soy una persona que busca soluciones, así que entiendo perfectamente que puedas sentir el impulso de leer el material a toda velocidad para encontrar lo que te interesa. Pero recuerda que las problemáticas que has desarrollado en la vida no surgieron de la noche a la mañana, así que te llevará algo de tiempo y de paciencia abrirte camino en este aprendizaje. Sentar unos cimientos sólidos es importante para que puedas disfrutar de unos beneficios duraderos y resolver los problemas recurrentes que experimentas en la vida de una vez por todas. Así que, por favor, invierte el tiempo necesario en asimilar plenamente la información y descubrir cómo puedes aplicarla a tu propia vida. Te animo a hacer todos los ejercicios, incluso aquellos que tal vez creas que no te conciernen. Hazlos con ganas y hasta el último punto. Si ves que algo no te parece productivo y no se convierte en una herramienta útil para ti, no pasa nada. La única manera de saberlo es intentarlo. Esta forma de abordarlo te garantizará que todas aquellas estrategias que terminen en tu caja de herramientas, después de haber hecho todos los ejercicios, serán las más efectivas y personalizadas para ti.

Asimismo, el trabajo constante te servirá para consolidar tu comprensión de las cosas y para readiestrar tu mente a fin de que se libere de viejos patrones y los sustituya por otros nuevos. Relee los capítulos cuando te parezca necesario, busca unos minutos para repasar los ejercicios que hiciste y que te resultaron especialmente útiles, y sigue trabajando en ellos, sobre todo cuando percibas que tu viejo estilo de apego vuelve a colarse en tu vida.

Por último, si hay alguien en tu vida que se esté embarcando en un viaje de desarrollo personal parecido a este, plantéate hablar con esa persona sobre lo que estás aprendiendo, y anímense el uno al otro a emplear esas habilidades recién descubiertas para abordar los problemas grandes y pequeños de la vida. El desarrollo personal, si se hace bien, no tiene por qué ser una experiencia cómoda. Sosténganse el uno al otro cuando sea necesario y apóyense en lo que los une, porque así se ayudarán a perseverar cuando el camino se ponga cuesta arriba.

Es mi mayor deseo que la información y los ejercicios contenidos en este libro te guíen en tu viaje de curación y que tu nuevo estilo de apego seguro te permita alcanzar el éxito en todas las facetas de la vida. Por más duras que hayan sido tus vivencias, sé que podrás hacerte dueño de tu vida hoy mismo y aprender las herramientas necesarias para disfrutar de una existencia más empoderada, satisfactoria y feliz.

Entremos en materia.

APEGO

CAPÍTULO 1

La teoría del apego

Los seres humanos ansiamos sentirnos en contacto con los demás. Sin esa conexión, necesaria para prosperar en este mundo, no se entendería lo que somos como especie. Todos necesitamos sentir el aliento de la comunidad, disfrutar de tiempo con nuestros amigos y seres queridos, aportar a la labor de equipo que desempeñamos con nuestros compañeros de trabajo, alcanzar las metas que nos hemos fijado y formar relaciones amorosas satisfactorias. Todas estas experiencias y formas de contacto con nuestros semejantes están influidas por las interacciones que mantuvimos con nuestros progenitores o cuidadores y el apoyo que recibimos de ellos en la infancia y primera adolescencia. De hecho, algunos de los factores más importantes que influyen en tu capacidad de formar relaciones importantes y satisfactorias a lo largo de tu vida, tus habilidades para regular las emociones y tu camino hacia el desarrollo y crecimiento personales se hallan presentes ya desde el principio, desde los primeros años de vida.

El psiquiatra John Bowlby, pionero de la teoría del apego, creía que nuestras primeras experiencias con progenitores, cuidadores y otros adultos importantes tenían un profundo impacto en nuestro desarrollo social, emocional y cognitivo. La teoría del apego, según la definió el doctor Bowlby, apunta a que los seres humanos nacen biológicamente programados para formar lazos de apego o, por emplear sus palabras, una «conexión psicológica duradera»,[1] porque ello nos ayuda a sobrevivir. En sus trabajos se advierte una gran influencia de un estudio de 1937 desarrollado por Konrad Lorenz, ganador del Premio Nobel, en el que se demostraba que el apego era innato en polluelos de ganso que habían nacido lejos de su madre biológica en condiciones experimentales.[2] Después de romper el cascarón, Lorenz era el primer ser biológico que encontraban y los polluelos empezaban a seguirlo por todas partes, en lo que constituía la consecuencia de un proceso llamado «impronta». Los polluelos reconocían en Lorenz a su «madre» y formaban un fuerte lazo con él. Buscaban en el científico un amparo que garantizara su supervivencia.

A través de sus propias observaciones, el doctor Bowlby llegó a la conclusión de que las crías humanas necesitan un lazo afectivo (muy parecido a la impronta de los polluelos de Lorenz) que conste de por lo menos un cuidador principal para alcanzar un desarrollo social y emocional positivo. Este lazo de apego, la profunda conexión emocional que se desarrolla entre el niño y su cuidador o cuidadores primarios, se basa en la necesidad biológica de supervivencia y en la necesidad psicológica de seguridad. A fin de cuentas, los bebés no pueden vivir sin sus padres, a diferencia de las crías de otras muchas especies.

En cuanto nacen, los bebés lloran y gritan para llamar la atención de sus cuidadores. Cuando crecen, empiezan a sonreír, balbucear e interactuar mediante formas dotadas de sentido con los adultos de su entorno y, en especial, con su cuidador o cuidadora principal, que suele tratarse de la madre, aunque también puede ser el padre, un abuelo o abuela, o cualquier cuidador que provea al pequeño la mayor parte del cuidado que precisa y responda con mayor frecuencia a sus necesidades. Hacia el final del primer año de vida, los bebés pueden exhibir un amplio abanico de conductas con la finalidad de fomentar la cercanía con los adultos que los cuidan. Entre ellas, cabe destacar seguir al cuidador a todas partes o agarrarse de él (sobre todo cuando el niño tiene miedo o se ve en una situación nueva), molestarse cuando el cuidador se va, saludarlo cuando vuelve, y explorar el entorno y aprender sobre él de una forma relajada cuando el cuidador está presente y a su disposición. Hacia el segundo año de vida, los bebés empiezan a percatarse de los objetivos y los sentimientos de los demás, además de los suyos, y pueden modificar su conducta para incrementar las probabilidades de alcanzar sus metas.

En esencia, el bebé y los cuidadores están inmersos en una danza compartida: ¿cómo responde el progenitor a las necesidades de su hijo? ¿Qué conductas se premian y cuáles se castigan? ¿Siente el bebé cuando llora que lo consuelan y tranquilizan, que está a salvo y se cuida de él? Esas interacciones se repiten y van enseñando al niño si sus cuidadores son constantes, si puede contar con su ayuda. El bebé también aprende la mejor manera de satisfacer sus necesidades.

La calidad de esta danza determina lo que el doctor Bowlby llamó el «lazo de apego»: es el primer modelo sobre el que se construyen las relaciones con los demás. Si el niño disfruta de lazos de apego seguros, se siente protegido y con confianza para explorar su entorno, interactuar con personas conocidas y desconocidas, y aprender habilidades fundamentales, mientras siente que dispone de un puerto seguro al que regresar si tiene miedo o se siente amenazado. A la larga, un apego seguro es la base que te permite relacionarte con el mundo, sabiendo que tienes un lugar seguro al que regresar; aprender a organizar tus sentimientos, pensamientos y acciones; y comprender dónde y cómo buscar cuidado y consuelo. Sin embargo, muchas personas sufren heridas en el apego durante esas etapas fundamentales para el desarrollo. Esos problemas con el apego ocurren en una fase en la que el niño tiene un muy escaso dominio sobre sus circunstancias y necesita que los adultos de su entorno lo ayuden a sentirse seguro y a satisfacer sus necesidades más básicas. Por ello, es comprensible que la mayoría de las personas que han sufrido heridas en el apego a corta edad sientan que no tienen el control de la situación y desarrollen en etapas ulteriores de la vida unas reglas rígidas e inflexibles con las que se imponen cómo deben pensar, sentir y comportarse, todas ellas encaminadas a protegerlos de nuevas heridas, dolor y decepciones.

Para comprender la influencia de los lazos de apego y qué ocurre cuando estos se tuercen, la doctora Mary Ainsworth, colaboradora del doctor Bowlby, ideó un estudio que permitió clasificar los cuatro estilos de apego que conocemos hoy día: seguro, evitativo, ansioso y desorganizado.

La extraña situación

«La extraña situación» es un procedimiento experimental estandarizado que la doctora Ainsworth diseñó en la década de 1970 para observar la seguridad del apego en niños en el contexto de las relaciones con sus cuidadores. Ainsworth se formó en la psicología evolutiva y colaboró con Bowlby, cuyas ideas sobre el apego tuvieron una gran influencia en ella. Como su propio nombre indica, la «extraña situación» tenía por objeto exponer a los niños a una experiencia desconocida, pero que no les infundiera un terror invencible. El estudio se llevó a cabo con niños de edades comprendidas entre los nueve y los dieciocho meses de edad y tuvo lugar en un entorno extraño para ellos, lo que debía agudizar su necesidad de la presencia de la madre o el padre. El procedimiento constaba de una serie de ocho situaciones, con una duración de unos tres minutos cada una, en las que una madre, un niño y un desconocido eran presentados, separados y vueltos a reunir. Según sus reacciones a cada una de estas situaciones, los niños eran clasificados en cuatro estilos distintos de apego.[3]

Durante el procedimiento, se deja solos al progenitor y al bebé para que este explore una habitación llena de juguetes. Luego, un adulto desconocido entra en la habitación y habla un minuto con el progenitor, tras lo cual este último se va. El desconocido se queda con el bebé unos minutos y finalmente el padre o la madre regresa y el desconocido se va. Durante la sesión, una cámara de video graba las conductas que exhibe el niño, que más tarde serán desglosadas y analizadas.

Ainsworth sabía por sus investigaciones que el apego de un niño está influido en gran medida por la sensibilidad de su cuidador principal a sus necesidades de seguridad y protección, de ahí que le interesara observar específicamente los siguientes aspectos:

1. El grado de exploración que muestra el niño (jugar con los juguetes, por ejemplo).
2. Las reacciones del niño cada vez que su cuidador se ausenta.
3. La conducta del niño cuando se reencuentra con su cuidador.

4. Las reacciones del niño frente al desconocido cuando están solos, sin la presencia del cuidador.

A partir de los patrones conductuales que observó, Ainsworth clasificó a los niños según cuatro estilos de apego.

Seguro: estos niños exploraban libremente en presencia de su cuidador; se relacionaban con cierta soltura con el desconocido, especialmente si su cuidador alentaba ese tipo de interacción; se sentían visiblemente molestos cuando el cuidador se iba; y se mostraban contentos en términos generales cuando su cuidador regresaba y lo recibían con los brazos abiertos.

Evitativo: estos niños evitaban o ignoraban a su cuidador y no exploraban demasiado el entorno al margen de quién estuviera con ellos. Mostraban pocas emociones cuando el cuidador se marchaba y durante su reencuentro. Esta apatía era un manto con el que ocultar su desasosiego interior, que había quedado de manifiesto en un estudio anterior que medía el ritmo cardiaco de estos niños.[4]

Ansioso: estos niños exploraban relativamente poco incluso cuando su cuidador se hallaba presente. Se mostraban más recelosos con el desconocido que los otros niños y, cuando su cuidador se ausentaba, se angustiaban mucho y algunos chillaban o lloraban desconsolados. Cuando el cuidador regresaba, se advertía cierta ambivalencia en el niño. O bien parecían estar enojados, o bien continuaban llorando.

Desorganizado: los niños con un apego desorganizado daban muestras muy pronunciadas de temor, conductas contradictorias (como seguir y aferrarse a su cuidador para, acto seguido, expresar ira hacia él o ella), así como conductas de parálisis o disociación (como si se desconectaran del mundo que los rodeaba y mostrando un grado prácticamente nulo de respuesta a los estímulos medioambientales). Este estilo de apego puede ser hasta cierto punto impredecible y no se presta a clasificaciones porque los niños mostraban patrones de conducta contradictorios, aferrándose, por ejemplo, a su cuidador, para enojarse o mostrarse agresivos con él o ella un instante después.

Incluso cuando vamos creciendo y nos volvemos menos dependientes de nuestros cuidadores, la influencia del apego inicial sigue afectándonos porque las ideas que hemos desarrollado sobre nosotros mismos, los demás y el mundo que nos rodea se basan en esas primeras relaciones de apego. Con el paso del tiempo, esas creencias reciben nuevas improntas como consecuencia de nuestras percepciones y experiencias, e influyen en nuestras conductas, y las conservamos en nuestro recuerdo. A este sistema de pensamientos, recuerdos, creencias, sentimientos y acciones sobre uno mismo y los demás, los psicólogos lo llaman *modelo operativo interno*, que es, en esencia, la brújula interior que todos tenemos. Tus modelos operativos internos actúan como un patrón en el que se basan tu forma de interactuar con el mundo y tus expectativas sobre lo que puede desprenderse de esas interacciones. Aunque nunca dejan de cambiar y desarrollarse, los modelos operativos internos básicos suelen estar bien asentados cuando el niño tiene unos pocos años de edad.

Puede sorprender que algo sobre lo que no tienes ningún control durante tu infancia pueda tener tal impacto en ti después de tantos años, pero eso es exactamente lo que ocurre. Si no trabajas para curar tu estilo de apego, las creencias que interiorizaste de niño pueden persistir e influirte a lo largo de toda la vida. Ello se debe a que nuestro cerebro tiende a privilegiar la información que confirma nuestros modelos mentales. No es fácil aceptar información nueva que nos obligue a reconsiderar nuestros sistemas de creencias e incluso a cambiarlos por otros. Aferrarse a unos modelos mentales largo tiempo arraigados es menos exigente en términos cognitivos, requiere menos tiempo y es más cómodo en el plano emocional que cuestionar unas ideas preestablecidas que nos han acompañado desde esos días en los que estábamos aprendiendo cómo funcionaba el mundo. Por defecto, nuestros cerebros preferirán quedarse con esas ideas preestablecidas, a menos que los obliguemos activamente a replantearse las cosas de arriba abajo.

El impacto del apego en la vida adulta

Ninguno de esos estilos de apego —seguro, evitativo, ansioso y desorganizado— nos vuelve personas intrínsecamente buenas o malas. Dicho esto, tus primeros lazos de apego tienen una poderosa influencia sobre tus *creencias* acerca de si eres, en el fondo, una buena o una mala persona (y si mereces, en consecuencia, que la vida te depare cosas buenas o no) y si te sientes amado y cuidado. Tus estilos de apego iniciales dan forma a tu autoconcepto (la constelación de creencias sobre ti mismo), que es tu brújula para moverte por la vida y lograr las cosas que te propones. El apego determina cómo te enfrentas a las distintas situaciones que vas encontrando cuando te haces mayor, desde crear nuevas relaciones y trabajar con otras personas, a fijarte metas y alcanzarlas o prepararte para enfrentar situaciones nuevas y difíciles. En resumen, el apego influye en todo lo que haces porque te dice quién crees que eres.

Las heridas no sanadas del apego en cualquiera de sus distintas modalidades inseguras (evitativo, ansioso, desorganizado) pueden llevar a la codependencia en las relaciones y a la transmisión intergeneracional de apegos problemáticos. En sus casos más extremos, el apego inseguro puede dificultar en gran medida sobrellevar hasta las tareas más sencillas de la vida cotidiana, como decidir qué comes o si te inscribes al gimnasio. Quienes arrastran heridas en su apego a veces pueden experimentar grandes dudas sobre sí mismos y desconfiar de sus propias motivaciones. También pueden distanciarse de los demás y justificar esa ausencia con excusas, ocupando su tiempo con distracciones de todo tipo o proyectos interminables. Una persona con un apego inseguro puede llegar a crear profecías que se autocumplen; por ejemplo, al creer que nadie se preocupa por ella, esa persona se aparta de los demás y les impide que le demuestren que sí están preocupados por su bienestar. Las personas con un apego inseguro también son más proclives a exponerse a interacciones contraproducentes, como, por ejemplo, sospechar de su pareja sin ningún motivo e incluso mostrarse paranoicas, consiguiendo finalmente expulsar a su pareja de sus vidas. Esas conductas características de las personas con apegos inseguros pueden darse sin que intervenga demasiado el pensamiento consciente y, sin embargo, tienen consecuencias negativas en el mundo real.

Esas conductas hacen que los lazos curativos y positivos con los demás sean escasos, e interfieren, además, en los esfuerzos por alcanzar las metas más anheladas en la vida. Sin unos lazos sociales seguros, las personas son más proclives a desarrollar trastornos físicos y enfermedades crónicas, padecer depresión o ansiedad, y caer en el abuso de sustancias como el alcohol, el tabaco y las drogas. También pueden experimentar crisis existenciales y sentir que su vida carece de motivaciones o sentido. De hecho, muchas de las quejas que oigo en mi consultorio —desde problemas con las relaciones a dificultades en el entorno laboral— derivan de heridas en el lazo de apego.

Darse cuenta de hasta qué punto tus cuidadores tuvieron un papel fundamental en la determinación de tu estilo de apego puede hacer que esta labor sea todo un reto para muchos. Si tuviste una infancia traumática o presidida por situaciones de estrés, es muy fácil quedar atrapado en el ciclo de la culpa y la ira hacia tus cuidadores, imputándoles tus dificultades actuales, o bien, padecer vergüenza si percibes tu vulnerabilidad emocional y tu ansia de conexión como una flaqueza. Es importante recordar que los niños hacen todo lo que está en sus manos para obtener de sus cuidadores aprobación, cuidados, seguridad, protección y una sensación de pertenencia. Este instinto de supervivencia es natural y es necesario. Cuando eras un niño, sencillamente intentabas adaptarte de la mejor forma posible a tu situación, para garantizar tu supervivencia en ese momento. También intentabas minimizar las posibles amenazas que pudiera depararte el futuro interiorizando algunas de las lecciones que te brindaba tu vida infantil, haciendo acopio de estrategias para lidiar con los retos e interacciones del día de mañana.

Al margen de las imperfecciones y los tropiezos de tus padres, el trabajo que te espera aquí tiene como premisa que quieras cambiar tus conductas y las creencias que tienes sobre ti en este instante. No se trata aquí de que fantasees sobre cómo habría podido ser tu vida si hubieras disfrutado de una infancia mejor. Tu vida es tuya, y sanar es siempre posible, sea cual sea el estilo de apego que desarrollaste en la infancia. Aquí encontrarás también la oportunidad de practicar la comprensión y la compasión hacia tus padres: las dificultades a las que tuvieron que hacer frente —económicas, físicas, emotivas, relacionales— y sus apegos sin curar tuvieron una influencia decisiva en su estilo de crianza. La mayoría de las veces, lo hicieron lo mejor que pudieron pensando en ti.

*

Aunque la gente, en su mayoría, suela identificarse con un solo estilo de apego, cabe señalar que ciertas personas descubren que tienen uno dominante, seguido de otro secundario. A veces, los niños pueden desarrollar más de un estilo de apego en función de sus reacciones ante distintos cuidadores. Un cuidador pudo haber sido más transigente y haber tenido una presencia más asidua en la vida del niño, mientras que otro cuidador principal era impredecible y no estaba disponible emocionalmente de manera constante. En consecuencia, puedes haber desarrollado tanto un estilo de apego seguro como uno ansioso, y el estilo que se manifieste en cada momento dependerá de la situación o la persona con la que interactúes.

Aunque algunos lectores pueden concluir que un estilo de apego impregna los principales aspectos de sus vidas, otros tal vez consideren que pueden cambiar de un estilo a otro según el contexto. Por ejemplo, alguien que se muestra seguro en las relaciones tal vez se sienta ansioso en el trabajo, o alguien que es seguro con sus amistades y en la lucha por alcanzar sus metas puede descubrir que tiene un estilo evitativo en las relaciones con su familia. Si es tu caso, lee los capítulos dedicados a tus dos estilos de apego y haz todos los ejercicios que contienen.

Algunas rutinas de apego problemáticas pueden ser más perjudiciales que otras y alejar a la persona que las sufre de la curación y el crecimiento personal. A medida que vayas trabajando en el resto del libro, puedes elegir el estilo de apego que consideres que te afecta más negativamente y, cuando veas que has hecho progresos en la curación de ese estilo más difícil, empezar a trabajar en tu estilo secundario.

Hay quien considera que el estilo de apego, una vez formado, echa raíces a largo plazo. Desde luego, hubo psicólogos que suscribían la idea de que existía un «periodo sensible» durante el cual el individuo formaba sus lazos de apego y que, una vez que ese periodo concluía, no te quedaba más remedio que lidiar con lo que te hubiera tocado en suerte durante el resto de tu vida. No creo que eso sea cierto y he visto a personas de todas las edades liberarse de sus apegos inseguros formados en la infancia.

Si debes quedarte con una lección de este capítulo (y de este libro), que sea esta: el apego seguro y todos sus beneficios son alcanzables a *cualquier* edad y en *cualquier* etapa de tu vida. No tienes que esperar a que otras personas o circunstancias curen tus heridas del pasado y faciliten la creación de mejores resultados. Sencillamente, tienes que comprometerte con este proceso, aprender a confiar en que eres capaz de cambiar para bien y ver cómo tu vida cambia en ese sentido. Pero antes de conseguirlo deberás determinar cuál es tu estilo de apego.

CUESTIONARIO

¿Cuál es mi estilo de apego?

Es posible que ya tengas sospechas sobre cuál es tu estilo de apego después de leer las descripciones del primer capítulo, pero este cuestionario te ayudará a tener una imagen más clara de cuál de los estilos encaja mejor con tu conducta y las creencias que tienes sobre ti mismo. También te servirá para ver si hay facetas de tu vida en las que exhibes distintos tipos de apego. En cada una de las preguntas, debes marcar la opción que te describa mejor. Si piensas que hay más de una respuesta que te describa, elige aquella que encaje contigo la mayoría de las veces. Si no estás seguro de cómo responder, imagina que la pregunta se enmarca en un entorno nuevo, estresante o desconocido. Es muy posible que el rastro de tu estilo de apego inseguro aflore en situaciones difíciles.

Infancia

¿Dirías que fuiste un niño curioso con ganas de explorar el mundo?

a) Sí, y especialmente si mi cuidador principal estaba cerca de mí.
b) Sí, y exploraba muy bien mi entorno independientemente de si mi cuidador principal estaba cerca de mí o no.
c) Exploraba más si mi cuidador principal estaba presente que si no lo estaba, pero aun así era muy prudente y un poco nervioso.

d) No. Me daba miedo explorar, y había muchas cosas que me hacían sentir amenazado o me resultaban extrañas.

¿Cómo describirías los sentimientos de tu cuidador principal hacia ti?

a) Me sentía valorado y querido constantemente.
b) Mi cuidador principal parecía preocuparse por otras muchas cosas: parecía ocupado y a menudo distraído, así que solía arreglármelas solo.
c) Era difícil saber qué pensaba de mí. A veces era muy cariñoso y a veces se mostraba distante.
d) Mi cuidador principal era impredecible, descuidado o maltratador. La relación que tenía con él o ella me hacía sentir confundido.

¿Qué solía ocurrir cuando tu cuidador principal te dejaba solo con otras personas para que cuidaran de ti o jugaran contigo?

a) Lo extrañaba, pero luego congeniaba con esas otras personas que tenía a mi alrededor.
b) Encontraba la forma de sentirme mejor sin pedir ayuda a los demás.
c) Me sentía muy triste y asustado sin mi cuidador y me costaba mucho hacer cualquier cosa hasta que mi cuidador volvía.
d) Me molestaba mucho y no había forma de consolarme cada vez que se iba. Cuando volvía, no se me pasaba el enojo porque me había dejado solo y se lo expresaba.

¿Cómo reaccionabas cuando te presentaban a otras personas si tu cuidador o cuidadores principales estaban contigo?

a) Si mi cuidador me animaba a hacerlo, me sentía bastante cómodo mostrándome simpático con los desconocidos.
b) No me preocupaba demasiado por interactuar con los desconocidos. Sabía jugar y distraerme solo.
c) Incluso si me acompañaba mi cuidador principal, me costaba confiar en los desconocidos y me sentía nervioso en su presencia.

d) Por lo general, me interesaba interactuar con esos desconocidos más que a mi cuidador o cuidadores.

¿Cómo reaccionaba tu cuidador cuando expresabas emociones negativas?

a) Dejaba que me desahogara y me consolaba.
b) Se molestaba cuando expresaba emociones negativas. Me decía que dejara de estar enojado o que no fuera tan sensible.
c) Se mostraba muy nervioso o estresado cuando estaba molesto. A veces, mi cuidador o cuidadora se molestaba tanto que no podía contar con su ayuda.
d) Mi cuidador a menudo tenía unas reacciones que me hacían sentir inseguro. Me daba miedo desencadenar esas reacciones o perder su apoyo.

¿Sentías que podías contar con el apoyo de tu cuidador o cuidadores?

a) Casi siempre notaba que me apoyaría en cualquier circunstancia.
b) Mi cuidador parecía interesarse más por mi bienestar cuando algo me salía bien o hacía cosas por él o ella. A veces, me confiaba responsabilidades que no estaba en condiciones de asumir a mi edad, así que tenía la impresión de que era yo quien le brindaba ayuda.
c) A veces me apoyaba, pero de una forma casi excesiva, que me parecía invasiva y sobreprotectora. Tenía la impresión de que lo ponía nervioso que las cosas pudieran salirme mal o que tuviera que enfrentarme a las consecuencias de mis actos.
d) Mi cuidador o cuidadora me defraudó muchas veces y con el tiempo aprendí a no esperar demasiado de él o de ella, ni tampoco a confiar en que pudiera ayudarme en nada.

Relaciones familiares

¿Cómo describirías la relación que mantienes con tu familia en la actualidad?

a) Todas las familias tienen sus dificultades, pero en general nos llevamos bien.
b) Soy bastante independiente y no me siento demasiado cercano a mi familia. Sus opiniones me importan menos que las de otras personas que no pertenecen a mi familia o las mías propias.
c) Me veo constantemente buscando su validación y aprobación a las cosas que hago, o bien, con la sensación de que no sé qué piensan de mí.
d) Guardo mucho rencor e ira hacia algunos miembros de mi familia, pero también deseo que se preocupen por mí y me quieran. Me estreso mucho cada vez que tengo que interactuar con ellos.

¿Cómo recuerdas la relación entre tus padres cuando crecías?

a) En general parecían tener una conexión beneficiosa para ambos (y, si no eran pareja, parecían ejercer la custodia compartida de manera efectiva).
b) Parecían en general desconectados el uno del otro, fueran pareja o no.
c) Presencié varias discusiones entre ellos. Uno de ellos parecía más implicado que el otro en la relación, y a veces uno o ambos actuaban de manera más insegura con respecto a la relación que mantenían.
d) Presencié o supe de varias discusiones graves e incluso malos tratos. A veces, fui el motivo de sus discusiones o peleas. Hicieron que sintiera que era culpa mía que no se llevaran bien.

¿Cómo son los recuerdos más vívidos que guardas de tu familia?

a) Recuerdo muchos momentos buenos: recuerdos felices de actividades divertidas, de viajes que hicimos en familia.

b) Recuerdo a mi familia reunida en torno a mis actividades, sobre todo si eran éxitos. Y recuerdo que me encomendaban muchas responsabilidades desde muy pequeño.

c) Recuerdo sentir que me excluían y que no tenía claro cuál era el lugar que ocupaba en mi familia. A veces sentía que tenía que competir con los demás para que mis familiares me prestaran atención.

d) En su mayoría, los recuerdos que guardo de mi familia son negativos, y a veces incluso me parece que grandes tramos de mis recuerdos de infancia se han desvanecido o son borrosos.

¿Cómo describirías tu relación con tus hermanos, si los tienes (u otros familiares cercanos, como primos, con los que pasaste mucho tiempo o te criaste)?

a) En general nos llevamos bien, aunque es verdad que me siento más cerca de algunos en especial.

b) Podría decir que soy el favorito y me gusta que sea así. Siendo sinceros, a veces siento rivalidad con mis hermanos.

c) A veces me da la impresión de que un hermano o primo es el favorito y me dan ganas de demostrar mi valía para que mi familia me dedique más interés positivo.

d) Tengo muchos sentimientos confusos sobre mis hermanos o primos. A veces los quiero y otras veces no quiero saber nada de ellos.

Relaciones de amistad

¿Cómo se te da hacer amistades e interactuar con desconocidos?

a) En general no me cuesta trabajo hacer nuevas amistades o entablar conversación con desconocidos.

b) En general, soy una persona independiente y no necesito demasiados amigos para pasarla bien. Sí tengo un buen número de conocidos y hago nuevas amistades con frecuencia, dependiendo de mis intereses o de con quién esté trabajando.

c) Me gustaría muchísimo hacer nuevas amistades, pero a menudo me preocupo por si le caigo bien a la gente. A veces, no doy pie a la amistad a menos que esté casi seguro de que el interés será mutuo. No es muy probable que entable conversación con un desconocido a menos que la otra persona dé el primer paso.

d) Quiero sentirme conectado a los demás, pero siempre me ha costado mantener amistades de larga duración. Puedo pasar del afecto a la frialdad en un instante y no creo que mis relaciones de amistad sean demasiado estables.

¿Cómo se te da abrirte a los demás?

a) Me resulta fácil conocer a las personas que voy encontrando y no me cuesta trabajo confiar en gente que parece de confianza.

b) Me cuesta mucho tiempo abrirme a los demás, pero no tengo inconveniente en informarme sobre ellos y se me da bien escucharlos.

c) A veces les cuento demasiadas cosas sobre mí antes de tiempo y dedico mucho tiempo y esfuerzo a asegurarme de que les caigo bien. Tiendo a ser muy simpático y personal con personas con las que mantengo relaciones profesionales.

d) Deseo con todo mi ser sentirme cerca de los demás, pero me cuesta mucho confiar en ellos. A veces veo que los someto a pruebas para cerciorarme de que no me van a pegar una puñalada por la espalda y suelo tener sospechas sobre las motivaciones reales de los demás.

¿Qué piensas sobre las amistades?

a) Es difícil encontrar un amigo de verdad, pero tengo algunos en los que puedo confiar pase lo que pase, y los veo casi como si fueran parientes de sangre.

b) En realidad, no hace falta tener muchos amigos, y no confío especialmente en que mis amigos hagan lo que necesito de ellos, por lo menos cotidianamente.
c) Tienes que preocuparte de que se sientan interesados e implicados en la relación de amistad, porque, de lo contrario, podrían olvidarse de ti o hacer otros amigos y pensar que son más importantes que tú.
d) Los amigos te traicionan casi siempre, así que lo mejor es no bajar la guardia para ahorrarte que te sorprendan en un momento de vulnerabilidad en el que puedan hacer algo que te moleste.

¿Cómo eres en las amistades a largo plazo?

a) Tengo varios amigos que lo son desde hace mucho tiempo. Estas amistades son un tesoro.
b) Me inclino a anteponer mi independencia personal a la creación de lazos profundos de amistad con la gente.
c) Cuando llevo un tiempo sin hablar con mis amistades, me pregunto si están enojadas conmigo. A veces me pregunto si mis amistades seguirían preocupándose por mí si dejara de hacer cosas por ellas.
d) Suelo descartar rápidamente a los demás si me fallan alguna vez, así que no suelo tener amistades de larga duración.

Relaciones sentimentales

¿Cómo sueles sentirte y comportarte en las relaciones sentimentales?

a) Me gusta acudir a mi pareja en busca de apoyo emocional. También puedo acudir a otras personas si mi pareja no puede ofrecerme ese apoyo en un momento dado.
b) Nunca me he sentido demasiado unido a mis parejas y tiendo a vivir la vida por mi cuenta. No suelo pedirles ayuda cuando estoy pasando un mal momento.
c) A veces, la gente dice de mí que me engancho demasiado a mis parejas o que me implico demasiado en las relaciones sentimentales.

Cuando mi pareja está molesta, cargo con todas las cosas que le pesan y me siento igual de abatido que ella. Y a veces puedo ser una persona un poco celosa o posesiva, e incluso llego a pensar que me están engañando sin que haya ningún motivo para ello.

d) A veces me porto mal en mis relaciones para poner a prueba el amor que mi pareja siente por mí. Luego me siento culpable e intento compensarla por lo que hice.

¿Qué opinión te merece tu vida amorosa?

a) Estoy convencido de que hay o hubo personas que me aman y se preocupan realmente por mí.

b) Creo que hay personas que se preocupan por mí y me quieren, pero no me implico a fondo con los demás ni tampoco en las relaciones de pareja. Me siento a gusto solo.

c) Me enamoro profunda y rápidamente, pero a menudo me pregunto si la gente me quiere de la misma manera.

d) No puedo confiar en que los demás satisfagan mis necesidades, así que mantengo una prudente distancia con ellos. Así me ahorro sorpresas desagradables si me abandonan o hacen algo que me defraude.

¿Cómo vives las rupturas?

a) Después de un tiempo de duelo, en general le doy vuelta a la página.

b) Creo que las olvido bastante rápido y no suelo arrastrar secuelas. Y por lo general no me doy prisa en implicarme en otra relación seria después de una ruptura.

c) Me cuesta mucho recuperarme después de una ruptura. Me siento hundido sin mi expareja y a veces me da miedo pensar que terminaré solo.

d) Suelo pasar por un periodo de comportamientos sin control o impulsivos. A veces encadeno varias relaciones puente o adopto conductas autodestructivas, como beber más de la cuenta o comer compulsivamente para desahogarme.

¿Cómo abordas la cercanía y la intimidad emocional en las relaciones sentimentales?

a) Me siento a gusto con la cercanía y la intimidad si las comparto con personas que me gustan.
b) En general no me gusta intimar demasiado con los demás, o apoyarme demasiado en ellos, o que sepan demasiado de cómo pienso por dentro. Me siento más a gusto con la intimidad física que con la emocional.
c) Sentirme cerca de alguien es lo que más deseo del mundo, pero siempre termino descubriendo que persigo esa intimidad con más interés que las personas con las que mantengo una relación.
d) Oscilo entre desear la cercanía y enojarme con los demás, expulsándolos de mi vida.

¿Cuál de estos patrones te describe mejor en tus relaciones sentimentales?

a) Me emocionan las relaciones amorosas, disfruto con las citas y me gusta tener relaciones que tengan peso, pero también me las arreglo bien o muy bien cuando no tengo pareja.
b) Me gusta tener relaciones hasta cierto punto, pero tiendo a anteponer otras cosas a la vida amorosa.
c) Me describiría como un monógamo en serie. En general no me gusta estar sin pareja.
d) Me cuesta mucho estar sin mi pareja, pero cuando vuelve conmigo, siento que me falta el aire y quiero escaparme. A veces estoy enojado o resentido con mi pareja sin motivo aparente.

Autoconcepto

¿Cómo te ves en términos generales?

a) Siempre hay margen de mejora, pero en general me siento bien o muy bien conmigo mismo.

b) Me siento muy satisfecho conmigo mismo, especialmente cuando logro mis objetivos o hago progresos en las metas que me he fijado, sobre todo si lo hago mejor que otras personas.

c) No me siento bien conmigo mismo a menos que los demás me digan que lo hago bien o me tranquilicen de una forma u otra. Me preocupa que los demás sean más triunfadores, atractivos o competentes que yo.

d) A veces siento desprecio u odio por mí mismo, y no soy capaz de cambiarlo. También suelo tener sentimientos de vacío, aunque no sé por qué me pasa.

¿De qué depende tu autoestima?

a) Mi autoestima suele depender de mis propias creencias, pensamientos y sentimientos. Puedo sentirme a gusto o bien conmigo mismo, aunque esté teniendo un día difícil.

b) Mi autoestima depende en gran medida de mi trabajo. Me preocupa si alcanzo los objetivos que me fijo o si estoy logrando cosas importantes en la vida.

c) Mi autoestima varía mucho en función de cómo se desarrolle el día y de cómo me trate la gente o reaccione cuando está conmigo.

d) Mi autoestima es muy errática. No soy capaz de entender por qué me siento bien unos días y otros me siento fatal conmigo mismo.

¿Cómo te enfrentas a los pensamientos negativos?

a) Tengo días buenos y malos, pero en general suelo recuperarme bastante bien de los pensamientos negativos.

b) Cuando tengo pensamientos negativos, intento restarles importancia o apartarlos de mi mente.

c) Tengo muchos pensamientos negativos y autocríticos. A veces se hace difícil pensar en términos positivos.

d) A veces no soy capaz de lidiar con mis pensamientos negativos. A veces, o con frecuencia, creo que tengo grandes carencias, que soy una persona rota y que nadie ni nada podrá arreglarme.

¿Qué tan bien cuidas tu salud física y mental?

a) Sé que es importante, así que trato de desarrollar buenos hábitos para mi cuerpo y mi mente.
b) Estoy orgulloso de prestar atención a mi bienestar. A veces, personas importantes de mi círculo me dicen que me preocupo más por mi bienestar que por sus necesidades.
c) No alcanzo los objetivos que me fijo y pienso que los demás tienen más suerte que yo.
d) Me pregunto si de verdad merezco que me pasen cosas buenas, así que a veces descuido o saboteo mi salud física y mental.

¿Cómo te sienta estar solo y tener que hacer cosas por tu cuenta?

a) Me gusta estar solo, pero también disfruto estando en compañía de las personas a las que quiero.
b) Valoro mucho mi independencia y a menudo prefiero hacer cosas por mi cuenta. Cuando hago solo cosas que otras personas hacen en grupo tengo una sensación de triunfo.
c) Me siento perdido y nervioso cuando paso demasiado tiempo solo. Intento evitarlo participando en actividades con otras personas, a veces hasta el punto de hacer cosas que tampoco me interesan demasiado con tal de no estar solo.
d) Cuando estoy solo tengo pensamientos que me asustan, por lo que a menudo intento despejar la mente haciendo cosas que me ayuden a escapar de mi realidad, como comer compulsivamente, ver series de una sentada o incluso adoptar conductas adictivas como el consumo excesivo de bebidas alcohólicas o de drogas.

¿Cuál de las siguientes respuestas describe mejor tu visión del mundo?

a) Hay muchas personas dignas de confianza y unas pocas que no lo son.
b) Es preferible dedicar más tiempo y esfuerzo a las cosas que a las personas, porque las personas te defraudan. Por eso valoro más

mi independencia que los lazos emocionales profundos con la gente.

c) La mayoría de la gente no te dice lo que piensa realmente, así que debes ser proactivo e intentar averiguar la verdad por tu cuenta, asegurándote de que los demás no te engañen.

d) La mayoría de la gente no es de fiar y te hará daño o incluso te maltratará a la mínima oportunidad.

Estudios/trabajo

¿Cuál de las siguientes opciones describe mejor tu experiencia como estudiante (en la niñez y de adulto si continuaste estudiando)?

a) En general, me sentía seguro en la escuela y me llevaba bien con los maestros y los compañeros.

b) Me gustaba ser un alumno excelente y disfrutaba sacando mejores calificaciones que los demás.

c) Me preocupaba equivocarme al intervenir en clase en voz alta y quedar como un estúpido o no caer bien a los otros alumnos, así que era algo cohibido y no tenía la iniciativa que me habría gustado tener en las relaciones sociales o en los estudios.

d) Me costaba mucho hacer amigos o progresar de manera constante en las asignaturas.

¿Cómo interactuabas con los maestros en la escuela?

a) Disfrutaba de recibir una atención positiva de mis maestros, pero no me molestaba demasiado no ser su alumno predilecto.

b) Me esforzaba en ser el mejor y disfrutaba mucho cuando los maestros me recompensaban con una atención positiva, especialmente si no había duda de que era uno de sus alumnos favoritos.

c) Me esforzaba mucho en congraciarme con mis maestros y a menudo me preocupaba no estar a la altura de otros alumnos.

d) Me era muy difícil formar vínculos duraderos con los maestros. Me portaba mal en clase, a veces porque quería llamar la atención, y me enojaba o me frustraba con muchos de mis maestros.

¿Cómo eres en el trabajo?

a) Puedo concentrarme en las tareas que se me asignan y se me da bastante bien el trabajo que hago.
b) Me encanta concentrarme en el trabajo, tanto que a veces descuido las interacciones sociales en el entorno laboral.
c) Al final siempre intento agradar a mis jefes y compañeros de trabajo, y no puedo concentrarme como debería en las tareas que se me asignan.
d) Me cuesta conservar el empleo y puedo verme en conflictos bastante serios con jefes y compañeros.

¿Cómo te llevas con los compañeros de trabajo?

a) En general trabajo bien con la mayoría de la gente.
b) Suelo llevar la voz cantante en casi todas las tareas colectivas y puedo ser algo crítico con las maneras de abordar el trabajo de otras personas si no estoy de acuerdo.
c) Me preocupa si les caigo bien a mis compañeros o si me respetan, pero a veces me cuesta alzar la voz en entornos grupales.
d) Me cuesta confiar en los demás cuando trabajo en grupo y puedo desviarme del propósito de la tarea o del proyecto asignado como consecuencia de discusiones o frustraciones interpersonales.

¿Cómo son tus relaciones con superiores jerárquicos y jefes?

a) En general puedo llevarme bien con ellos si descifro su estilo de trabajo y entiendo qué esperan de mí.
b) En general me llevo bien con mis superiores porque trabajo muy duro para asegurarme de superar ampliamente las expectativas, aunque sea a expensas de mi vida personal y social.

c) Suelo ponerme nervioso pensando en si estaré cumpliendo con las expectativas depositadas en mí y necesito que mis jefes me tranquilicen para asegurarme de que cumplo con los objetivos.
d) Las personas en posiciones de autoridad me despiertan muchos sentimientos negativos y a menudo las desafío, de modo que a veces puede resultarme difícil tener una relación armoniosa con un superior o un jefe.

Cuando empiezas en un trabajo nuevo o logras un ascenso, ¿cómo sueles sentirte?

a) Me siento bien por lo conseguido y trabajo para ser efectivo en el trabajo.
b) Me encanta el reto de enfrentarme a mi nuevo puesto de trabajo y lo doy todo para ser el mejor, a veces sin reparar en las consecuencias.
c) Siempre me preocupa pensar que tal vez no merezco el trabajo que tengo y que alguien pueda descubrir que no soy capaz de cumplir con mis obligaciones como se esperaba de mí.
d) Me cuesta enfrentarme a un nuevo empleo y puedo tener dudas sobre los objetivos que debo alcanzar y sobre el curso que debe seguir mi carrera profesional.

Cumplir deseos, objetivos y necesidades

¿Qué tan bien comunicas tus deseos, necesidades y opiniones?

a) Puedo ser asertivo cuando comunico mis deseos, necesidades y opiniones.
b) A veces puedo ser demasiado enérgico al expresar mis deseos y necesidades, y, si noto que intentan callarme, me frustro y me enojo.
c) Prefiero no hablar de mis deseos, necesidades y opiniones, e intento atender a las necesidades de las personas de mi entorno.
d) A menudo no sé qué deseo o necesito. Mis ideas pueden cambiar con frecuencia y de manera un tanto aleatoria.

¿Te sientes a gusto cuando pides ayuda en caso de necesidad?

a) Me siento a gusto cuando pido ayuda a las personas que quiero y en las que confío.
b) No me gusta pedir ayuda a los demás y prefiero depender de mí mismo.
c) No me siento cómodo pidiendo ayuda a los demás porque no quiero parecer necesitado o dependiente.
d) No me molesto en pedir ayuda a los demás porque sé que en el fondo no quieren ayudarme. Pero me entristece pensar que tengo tan pocos apoyos en la vida.

¿Cómo te sientes al comunicarte con las personas importantes de tu vida?

a) Me resulta bastante fácil mostrarme emocionalmente abierto a los demás. Me siento cómodo expresando mis opiniones, aunque ello suponga estar en desacuerdo con alguien importante para mí.
b) En general no me gusta hablar demasiado de mis pensamientos o sentimientos más profundos. Algunas cosas prefiero callármelas.
c) A menudo me preocupa pensar que ciertas personas de mi entorno vital puedan dejar de quererme o que incluso puedan abandonarme. Me cuesta manifestar con asertividad mis opiniones, especialmente si ello implica entrar en desacuerdo con alguien que es importante para mí.
d) Oscilo entre querer contarle a la gente mis pensamientos más íntimos y apartarla de mi vida.

¿De qué manera tomas los sentimientos de los demás?

a) Estoy abierto a escuchar los sentimientos de los demás y me siento cómodo preocupándome por ellos si están molestos. Sin embargo, si veo que me consumen demasiado, sé tomarme un descanso o pedir a otras personas que me ayuden a brindar apoyo a alguien que es importante para mí.

b) Me siento incómodo cuando me veo entre personas muy emotivas y en general me desagradan las conversaciones sobre emociones.

c) Cuando me veo frente a los problemas de los demás, me empeño en tratar de resolverlos, aunque ello me suponga sufrimientos o tener que aplazar cosas que necesito o quiero hacer ese día.

d) A menudo pienso que las emociones negativas de los demás tienen que ver conmigo y puedo mostrarme beligerante con ellos cuando se sienten mal.

¿Cómo resuelves los conflictos con las personas que son importantes para ti?

a) No me gustan los conflictos, pero sé resolverlos.

b) Se me da bastante bien compartimentar los conflictos y puedo concentrarme en algo distinto hasta que disponga del tiempo necesario para resolver un determinado conflicto.

c) Si los conflictos no se resuelven inmediatamente, me pongo muy nervioso y me preocupo mucho por el estado de salud de la relación.

d) Cuando se produce un conflicto, terminar la relación es más fácil que intentar resolverlo.

¿Qué tan bien se te da luchar por tus objetivos y alcanzarlos?

a) Puedo alcanzar la mayoría de los objetivos que me fijo si me esfuerzo al máximo.

b) Se me da muy bien alcanzar los objetivos, y cuando estoy molesto por algo que haya ocurrido con otras personas, suelo concentrarme todavía más en aquellos objetivos y logros que me hacen sentir mejor.

c) Trato con todas mis fuerzas de alcanzar mis objetivos, pero parece que siempre me quedo corto. Me cuestiono mis propias capacidades y habilidades más a menudo que otras personas.

d) Depende de la situación. A veces creo que puedo alcanzar mis objetivos, pero a menudo, justo antes de hacer algún progreso, me saboteo y luego soy despiadado conmigo mismo por no haber alcanzado la meta que me había fijado.

Puntuación del cuestionario

Para descubrir cuál es tu estilo de apego primario, suma las *a*, *b*, *c* y *d* que marcaste. La letra que hayas marcado más veces es tu estilo de apego dominante: se trata de la modalidad que tiene un impacto más general en tus creencias sobre tu persona y tus interacciones con los demás.

Como algunos individuos exhiben estilos distintos según la situación o la persona con la que estén, también te recomiendo que revises tus respuestas en función de cada apartado, para ver si tu estilo es constante. Tal vez descubras que en ciertas facetas de la vida muestras un estilo de apego más seguro, mientras que en otras exhibes alguna de las modalidades de apego inseguro (o dos formas distintas, en función del ámbito vital de que se trate)

	a	b	c	d
Infancia				
Relaciones familiares				
Relaciones de amistad				
Relaciones sentimentales				
Autoconcepto				
Estudios/trabajo				
Cumplir deseos objetivos y necesidades				
Total de todas las categorías				

Mayoría de *a*: apego seguro; explorador conectado

En general tienes una opinión positiva de ti mismo y de los demás. Tu sentido de la identidad no mantiene una relación de dependencia excesiva con lo que los demás piensen de ti, lo que ocurra en un determinado día o los logros de tu vida. Te sientes cómodo en situaciones de intimidad personal y normalmente puedes formar relaciones sanas y estables. En general, mantienes la conexión con las personas que son importantes para ti sin que ello te impida perseguir tus propias metas individuales.

Mayoría de *b*: evitativo; el feroz independiente

La capacidad de ser autosuficiente y no depender de nada ni de nadie son los puntos cardinales del feroz independiente. De hecho, si este es tu estilo, es probable que te sientas más cómodo persiguiendo los objetivos que te fijas y cosechando elogios que buscando la intimidad y las relaciones con otras personas. Eres una persona orientada a los objetivos y es probable que te cueste apoyarte en los demás. Tus padres tal vez depositaron grandes expectativas en ti para que pudieras cuidar de ti mismo ya en la infancia, y ahora, por lo general, prefieres hacer las cosas a tu manera y no sueles pedir ayuda ni siquiera cuando la necesitas.

Mayoría de *c*: ansioso; el guerrero preocupado

Sueles tener unos elevados niveles de ansiedad en lo que respecta a tus relaciones y te angustia que los demás puedan abandonarte o rechazarte. Cuando los demás se manifiestan sobre ti en términos positivos, tu autoestima sube exponencialmente. Sin embargo, si las valoraciones son negativas, tu autoestima puede tambalearse, aunque el comentario recibido no tenga demasiada importancia. Puede resultarte difícil alcanzar tus objetivos o incluso tener la confianza de que puedes obtener lo que te propones, y a menos que alguien te anime de todo corazón, puedes llegar a pensar que eres un caso perdido. Es posible que tus padres te hicieran sentir inseguro sobre el amor y el interés que tenían por ti, de modo que te has convertido en una persona excesivamente preocupada por ganarse la aprobación de los demás. Para ese fin, sueles adoptar conductas que buscan agradar, porque así te aseguras el apoyo de los demás y reduces tus niveles de ansiedad.

Mayoría de *d*: desorganizado; especialista de la vigilancia

Puede que veas que el peligro acecha en cada esquina y tiendes a estar con todas las alarmas activadas incluso cuando no es necesario. Ello se debe a que tus padres tal vez tuvieron comportamientos impredecibles o incluso te maltrataron. En consecuencia, puede resultarte difícil formar relaciones estables y resolver los conflictos de una manera coherente. Puedes exhibir dinámicas en las que alternas momentos en los que intentas que tu pareja se acerque a ti con momentos en los que la expulsas (o en los que te acercas a ella para luego evitarla). Estos mismos patrones también caracterizan tu manera de enfrentarte a tus metas en la vida. Tu autoconcepto puede variar con más frecuencia que en los otros estilos de apego.

*

Con independencia de cuál sea tu estilo de apego en estos momentos, quiero que sepas que el apego seguro y sus beneficios están a tu alcance. El apego no es algo que se consiga de una vez por todas y te acompañe para siempre. En la madurez, depende de nosotros si queremos fortalecer, cambiar o conservar nuestro estilo de apego. Así pues, ¿cómo puedes obtener un apego seguro y conservarlo, sobre todo si no recibiste la oportunidad de formar lazos de apego positivos en los primeros años de vida? Convertirte en una persona con un apego seguro requiere en primer lugar afirmar tu sentido de la identidad y desarrollar un autoconcepto sano que allane el camino a la constitución de una actitud segura con la que abordar todas las facetas de la vida, con un profundo sentido de pertenencia y resiliencia. De hecho, es clave para sanar los problemas de apego trabajar el autoconcepto. Así que vamos a echar un vistazo al autoconcepto para entender en qué consiste y cómo se relaciona con los lazos de apego.

CAPÍTULO 2

El estilo de apego y tu autoconcepto

Cuando te pregunto quién eres, ¿qué imaginas? ¿Te ves como una persona atractiva, inteligente y divertida? ¿Te enorgullece ser un artista autodidacta? ¿Quizá valoras la aventura, la integridad y la comunidad? ¿Crees que eres una persona compasiva que se preocupa por los demás, alguien que es un buen amigo y sabe ayudar a su familia? Quizá estés convencido de que no eres una persona que rinde por las mañanas. No son más que ejemplos de los muchos aspectos que constituyen el autoconcepto de una persona, es decir, la colección de percepciones, pensamientos, creencias, sentimientos y actitudes que uno tiene sobre sí mismo.

El autoconcepto se forma por medio de una combinación de experiencias, interacciones sociales e influencias culturales, desde tus orígenes familiares a los grupos de compañeros, pasando por las experiencias en los estudios y en el trabajo, y la exposición a los mensajes de los medios de comunicación. Tener un autoconcepto sano, estable y resiliente es fundamental para alcanzar el éxito y sentirse realizado en todas las facetas de la vida, y el punto de partida para conseguirlo es tener un lazo de apego sano. El significado de la idea de autoconcepto puede parecer transparente, pero en realidad se trata de una idea matizada y polifacética con grandes consecuencias para nuestra salud mental. Cuando los psicólogos hablamos del autoconcepto, de lo que estamos hablando en realidad es de sus tres componentes: la autoimagen, la autovalía y el yo ideal.[1]

La **autoimagen** consiste en cómo te percibes ahora mismo, en este mismo instante. No refleja necesariamente la realidad, y puede verse alterada por tus pensamientos, cómo te sientes en un día determinado, y qué opinión te merecen tus comportamientos y tus actos, o qué significan para ti. Por ejemplo, si un día haces trabajo solidario para una organización benéfica, puedes pensar que eres una persona generosa, mientras que tener una discusión con una persona a la que quieres por un tema sin importancia puede llevarte a pensar que eres una persona que pierde la paciencia fácilmente. Tu autoimagen puede componerse de roles sociales, rasgos de personalidad, atributos físicos o concepciones abstractas sobre el ser. También es posible que tengas una autoimagen negativa generalizada más duradera, como pensar que es imposible que alguien te quiera o que eres una persona incompetente.

La **autovalía** consiste en el valor que te asignas a ti mismo y cuánto te gustas, respetas y aceptas. Aunque la autoestima y la autovalía a menudo se emplean de forma intercambiable, se considera que esta es más estable y duradera que aquella, más variable y dependiente de las situaciones. La autoestima suele proceder de cómo reaccionan los demás ante ti, en qué lugar quedas cuando te comparas con ellos (y si crees que estás a su altura), cómo te identificas y cuáles de los roles que adoptas en tu vida te son más queridos. Por ejemplo, el prestigio o el estigma relacionados con ciertos roles en tu vida pueden modificar, impulsar o dañar tu autoestima en función de la importancia que des a esos roles en la definición de aspectos centrales de tu personalidad. En general, las personas con una mayor autoestima suelen tener un sentido de la autovalía más fuerte porque sus opiniones con respecto a su persona son más positivas y tolerantes. En cambio, las personas con una autoestima más baja pueden tener la dolorosa sensación de que no están a la altura, lo que a su vez puede erosionar su autovalía con el paso del tiempo.

El **yo ideal** es quien te gustaría ser. Cuando tu yo ideal y tu autoimagen son parecidos, y están alineados en cuanto a pensamientos, sensaciones, creencias y acciones, te sientes a salvo y en una posición de estabilidad mientras progresas en la vida. Sin embargo, si tu yo ideal y tu autoimagen tienen poco que ver, esa discrepancia puede causar un intenso malestar emocional.[2, 3]

La intersección entre cómo te sientes con respecto a ti mismo en un momento dado, cuánto te gustas y te respetas, y en qué medida se alinean tu vivencia del yo en el presente con la persona que aspiras a ser son los componentes que, al integrarse, forman la imagen más general de lo que denominamos *autoconcepto.*

Antes de profundizar en la materia para comprender mejor la relación entre el autoconcepto y el apego, te propongo hacer este breve cuestionario para valorar tu autoconcepto. La puntuación que obtengas te servirá como punto de referencia con el que comparar los cambios que se vayan produciendo en tu autoconcepto a medida que empiezas a curar tu estilo de apego. Recuerda: dos de los principales objetivos de curar las heridas de tu apego son mejorar tu autoconcepto y satisfacer las necesidades de tu niño interior. Cuando hayas terminado los ejercicios que te ayudarán a curar tu apego inseguro, volverás a hacer este estudio de tu autoconcepto para valorar los progresos que has hecho.

Una fotografía de tu autoconcepto

Lee las siguientes afirmaciones y elige la opción que te describa mejor.

1 = no verdadero, 2 = a veces o en parte verdadero, 3 = en gran parte o totalmente verdadero.

- «Si tuviera la oportunidad, no cambiaría muchas cosas de mí».
- «Tengo confianza en mi capacidad de tomar buenas decisiones».
- «No me preocupo demasiado por lo que piensen los demás de mí».
- «Me gusto incluso cuando tengo conflictos con otras personas».
- «Me valoro positivamente incluso cuando cometo errores».
- «Creo que mi esfuerzo contribuye a mi éxito».
- «Controlo mis reacciones en situaciones difíciles».
- «Me gusto».

- «Puedo empezar y terminar proyectos sin contar con la ayuda o la aprobación de otras personas».
- «Tengo una idea clara de quién soy».
- «Tengo rasgos positivos y admirables».
- «Puedo superar los retos si me esfuerzo».

Suma los puntos obtenidos. El total estará entre los doce y los veintiséis puntos. Cuanto más alta sea tu puntuación, más fuerte será tu autoconcepto.

Autoconcepto y apego

Casi cada paciente que acude a mi consultorio tiene dificultades con algún tipo de autocreencia negativa. Su baja autoimagen y baja autoestima les plantean dificultades y no creen que puedan hacer realidad su yo ideal en la vida. Estas creencias profundamente arraigadas, a las que se aferran desde hace mucho tiempo, normalmente se remontan a experiencias que tuvieron en los primeros años de infancia, y representan sus mayores temores con respecto a cómo pueden verlos los demás. Estas autocreencias negativas, en lo que constituye un reto mayor, suelen actuar como profecías que se autocumplen: estamos convencidos de que la imagen que tenemos de nosotros mismos nos representa fielmente y la rigidez de esas autopercepciones se interpone como un obstáculo en nuestros intentos de tener relaciones sanas, de disfrutar de conexiones satisfactorias con los demás y de alcanzar nuestras metas.

Nuestras mentes, por naturaleza, prefieren emplear estrategias simplificadas para conservar la energía mental y reducir la carga cognitiva. Se trata, en muchos aspectos, de un rasgo adaptativo y necesario (por ejemplo, cuando debemos tomar una decisión sin el tiempo necesario para analizar todos y cada uno de los detalles del asunto), pero esta avaricia cognitiva puede conducir a sesgos y errores tanto en nuestros pensamientos como en nuestros actos. Por eso, nuestras experiencias de apego tienen un impacto tan profundo en nosotros en la niñez. Las historias que aprendimos de nuestros cuidadores se convierten en estrategias simplificadas que empleamos para ver el mundo y a nosotros mismos. Terminan siendo métodos rápidos para constituir nuestro autoconcepto y son prácticamente inamovibles por dos motivos. En primer lugar, porque siempre están a nuestra disposición. Es probable que optemos por describirnos rápidamente como una persona menos capaz, valiosa o querible que otras por el simple hecho de que esos pensamientos nos acompañan desde hace tiempo, calando en nuestro ser.

El segundo motivo guarda relación con el sesgo de autoconfirmación del cerebro. Retomando la avaricia cognitiva a la que nos hemos referido, nuestro cerebro prefiere confirmar una creencia ya asentada —¡aunque sea negativa!— a crear una nueva, de modo que es menos probable que nos decantemos por una idea o manera de actuar nueva que pueda cambiar la imagen que tenemos de nosotros mismos. Hasta es posible que, de manera inconsciente, busquemos pruebas que nos sirvan para consolidar todavía más esas creencias improductivas. La influencia de nuestro autoconcepto va más allá de lo que pensamos sobre nosotros mismos e impacta en cómo nos relacionamos con los demás.

Las personas con estilos de apego inseguros y, por ende, con autoconceptos negativos desarrollan unas *rutinas de apego* problemáticas, es decir, unas reglas rígidas, inflexibles, sobre cómo deben reaccionar ante distintas situaciones y personas que encuentran en sus vidas. Cuando esas rutinas se siguen al pie de la letra, producen los resultados decepcionantes que eran de esperarse.

Por ejemplo, si tus autocreencias te dicen que eres una persona a la que nadie puede querer y que eres incapaz y no tienes valía, puedes llegar a dar por válido que nadie va a preocuparse de tus necesidades o que no mereces que la vida te depare nada bueno. Podrías decir: «Se me dan fatal las relaciones. Intentarlo es una pérdida de tiempo», y activar entonces, de manera inconsciente, una *rutina de desapego* que te suma en la soledad, en el trabajo o en otras formas de hacer realidad esa profecía que se autocumple. Puedes cambiar de trabajo frecuentemente sin ser capaz de encontrar un entorno laboral estable o desarrollar buenas relaciones con tus compañeros. Aunque te sientas solo, puedes negar vehementemente la necesidad de relaciones porque el trabajo u otras actividades solitarias ocupan todo tu tiempo. Asimismo, porque no te sientes acogido o tienes la impresión de no encajar en el grupo, es posible que evites reuniones familiares o sociales.

O puede roerte la sensación de que tus seres queridos pasan de ti. Es posible que hayas activado subconscientemente una *rutina de dependencia*, por la que te aferras sin discriminar a cualquier tipo de relación, te presentas a los demás con demasiada fuerza o reclamas reiteradamente pruebas de que te quieren: esa dependencia emocional puede agotar a las personas que te rodean. Puedes estar alerta para detectar cualquier indicio de que los demás están descontentos contigo o se apartan de ti, y luego adoptar comportamientos que persiguen complacerlos y así conseguir que te acepten. Todo ello crea un círculo vicioso en el que tu autoestima está ligada a las reacciones de los demás frente a ti. Tu autopercepción puede cambiar de un momento a otro, con la consiguiente sensación de perder el control. Puede resultarte difícil tomar decisiones sin las aportaciones de otras personas y puedes sentirte estresado o asustado cuando pasas demasiado tiempo solo. Puedes descubrir que te has obsesionado buscando maneras de evitar que la gente te haga daño o te rechace, y puedes pasar del afecto al enojo con tus seres queridos en un abrir y cerrar de ojos, con la consecuencia de que esas conductas erráticas puedan provocar en los demás precisamente las reacciones que tanto temías. Es un ciclo bien conocido en el que la persona sabotea sus propios intereses, y no hace más que reforzar esas autocreencias negativas, lo que hace que curar tus heridas de apego sea incluso más difícil.

¿Qué ingredientes constituyen tu autoconcepto?

Pese a que el autoconcepto desempeña un papel fundamental en nuestras vidas cotidianas, se trata de un gran desconocido, y casi nadie es consciente del enorme impacto que tiene sobre nuestra conducta y sobre quiénes somos. Así que hagamos un alto en el camino para realizar un ejercicio que te ayudará a conocerte a ti mismo y a tomarte el tiempo necesario para reflexionar sobre quién eres, qué piensas y qué cosas valoras.

Ejercicio: cómo me veo

Dibuja un círculo en una hoja de papel o en tu diario, escribe tu nombre en el centro y luego traza varias aspas que salgan del círculo (te quedará un dibujo parecido a un sol).

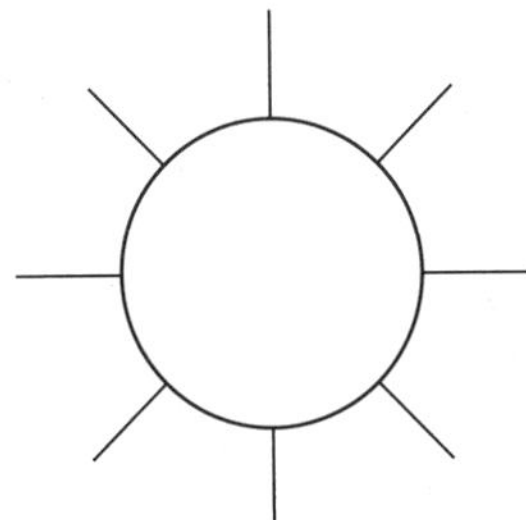

Ahora piensa en las características, conductas y éxitos que reflejan la persona que eres. ¿Cómo te ves a ti mismo? ¿Cómo te presentarías a un desconocido? ¿Cuáles crees que son las cosas más importantes que alguien debe saber sobre ti, tu pasado, tu presente y tu futuro? Al final de las aspas, escribe lo que te venga a la mente y no dudes en añadir todas las líneas que necesites. No le des demasiadas vueltas: lo único que debes hacer es escribir lo que se te pase por la cabeza sin juzgar el resultado.

Cuando hayas terminado, mira el dibujo y hazte las siguientes preguntas:

- ¿Cuántos de los elementos son rasgos de personalidad o características que sean facetas internas de tu persona («paciente», «aventurero», «cariñoso», «trabajador», «bromista»)?
- ¿Cuántos son descripciones físicas (el color del cabello, de los ojos, el tipo de cuerpo)?
- ¿Cuántos son roles sociales («madre», «hijo», «amigo», «maestro»)?
- ¿Cuántos son logros («universitario», «independiente económicamente»)?

- ¿Cuántos son actividades en las que tomas partido («correr», «cocinar», «escribir un blog»)?
- ¿Apuntaste tu trabajo, dónde vives, qué cosas te inspiran o tus aspiraciones (los rasgos que esperas encarnar u objetivos que te gustaría cumplir)?
- ¿Has apuntado alguna idea más abstracta, existencial, sobre ti mismo, como, por ejemplo, «soy un ser humano» o «soy una persona espiritual»?

*

Cuando le pedí a una paciente mía, Emily, que creara el dibujo de su autoconcepto, tardó bastante tiempo en pensar qué quería incluir. Se interrumpió varias veces, escribió, reescribió y, francamente, me pareció que estaba un poco confundida. Al final tardó un cuarto de hora en terminar este ejercicio, mucho rato, sobre todo si recordamos que hay que escribir lo primero que se te pase por la cabeza.

Cuando le pregunté por qué le había costado tanto hacer el ejercicio, me dijo que hacía mucho tiempo que no pensaba en quién era, en qué quería y en qué tipo de persona era en el fondo. Las experiencias de Emily apuntaban a un apego ansioso, desarrollado en las primeras etapas de vida en respuesta a unos padres que, a pesar de intentarlo, no pudieron estar disponibles para ella de manera regular, ni en el plano físico ni en el emocional. Los padres de Emily se divorciaron cuando era muy pequeña. De hecho, no guarda recuerdo alguno de su vida en pareja. Su padre tenía un trastorno de ansiedad no tratado y a veces parecía un poco desconectado cuando Emily se le acercaba, ya que a menudo estaba ensimismado en sus pensamientos. Su madre se casó de nuevo cuando Emily tenía siete años y, si bien su padrastro era un hombre agradable, nunca se sintió cercana a él. A veces, Emily tenía la sensación de que su madre estaba más interesada en su nuevo marido que en ella, lo que abrió en Emily la experiencia de los celos y de sentirse excluida. Con el tiempo, Emily se convirtió en una persona entregada a satisfacer a los demás y en todo momento se desvivía por ayudar. Dependía de las reacciones de los demás para decidir si se sentía bien consigo misma.

Los guerreros preocupados como Emily, que tienen un apego ansioso, a menudo concentran sus esfuerzos en lo exterior, y al asegurarse de que las necesidades de los demás queden satisfechas, descuidan su propio bienestar y desarrollo personal. Cuando miramos lo que había escrito, quedó claro que Emily se centraba en los demás a expensas de ella misma.

- Roles sociales: la mayoría de sus descriptores remitían a su relación con otra persona («hija», «madre», «novia»).
- Características y rasgos: muchas de las características que apuntó eran negativas («procrastinadora», «susceptible»).
- Atributos físicos: los dos que apuntó eran neutros en el tono («ojos verdes», «cabello lacio»).
- No apuntó ningún logro u objetivo vital.
- No apuntó ninguna actividad ni su trabajo.
- Apuntó tres características aspiracionales que esperaba poder encarnar, pero no transmitía la impresión de haberlo conseguido todavía («perspicaz», «compasiva» y «motivada», que en mi opinión ya formaban parte de la persona que era, aunque ella discrepaba).

Cuando repasamos juntas sus respuestas, quedó claro que Emily se definía a sí misma casi de forma exclusiva en relación con los demás; ¡no es de extrañar que su autoconcepto pudiera cambiar drásticamente de un día para otro! Si tenía una agradable conversación con su madre, se convertía en una «buena» hija. Si discutía con su mejor amiga, entonces no era la persona «cariñosa» que aspiraba a ser. Según las interacciones específicas que tuviera con las personas que consideraba importantes en su vida, podía quedarse con sensaciones diametralmente opuestas sobre sí misma.

Desde luego, los humanos somos seres sociales, y parte de tu autoconcepto se derivará siempre de la información que obtengas del mundo exterior. Por ejemplo, sabes que tienes un gran sentido del humor porque la gente se ríe de tus chistes y te dicen que piensan que eres divertido. En cierto momento, esa creencia echa raíces en ti y, si tienes un autoconcepto estable y resiliente, ya no necesitarás esa información procedente del exterior para confirmarlo. El simple hecho de que un primo no se ría con uno de tus chistes no cambiará tu autocreencia de que tienes un gran sentido del humor. Tu confianza en que eres una persona divertida se basa en la suma de tus experiencias pasadas: se ha convertido en una creencia constante que tienes sobre ti mismo y que no necesita confirmación del mundo exterior. En cambio, si tu autoconcepto es inseguro, puedes terminar convertido en el bufón de la clase, porque intentarás confirmar y demostrar en todo momento que eres divertido al actuar para los demás buscando su aprobación.

Los exploradores conectados, o aquellas personas que disfrutan de un apego seguro, suelen conservar el equilibrio entre los distintos componentes que integran el autoconcepto. Sus autodescriptores comprenden todo un abanico de categorías y no se concentran en una de ellas a expensas de las demás. Su autoconcepto también sabe encontrar el equilibrio entre creencias e ideas que están profundamente arraigadas en su interior y conceptos e ideas que se apoyan en la información procedente del mundo exterior.

Ese equilibrio es lo que confiere al apego seguro su poder. No siempre podemos predecir cómo actuarán los demás, cuál es su estado de ánimo o hasta qué punto quieren relacionarse con nosotros un determinado día. Durante esos momentos, disponer de aspectos de nuestro yo que estén bien arraigados en nuestro interior y sean estables, coherentes y hasta cierto punto inmunes a los cambios es un factor importante para que nos sintamos bien con nosotros mismos y podamos llevar a cabo nuestras obligaciones cotidianas con eficacia y tranquilidad.

El mundo y la gente de nuestro entorno cambian sin cesar. También lo hacen nuestras relaciones con los demás. Así pues, si tu autoconcepto depende de un aspecto de tu vida a expensas de otros (por ejemplo, cuando te identificas excesivamente con una relación amorosa o con un trabajo), si ese ámbito no va bien, es fácil sentir que, en cierto modo, todo tu ser pierde valía y dejas de ser querible. Esas autocreencias pueden menoscabar tu desempeño en otros aspectos importantes de tu vida.

Sin embargo, si tu autoconcepto está diversificado, cuando discutes con tu pareja o tu jefe comenta negativamente tu trabajo, los otros aspectos de autoconcepto pueden protegerte contra las autocreencias negativas. Por ejemplo, si te torturas por no ser productivo en el trabajo, puedes volver a casa, centrarte en ser un buen padre o madre y sentirte bien contigo mismo por cumplir con esos valores más elevados que, en tu caso, son la familia y la comunidad.

Ejercicio extra: diversifica tu autoconcepto

Vuelve a mirar el dibujo de tu autoconcepto y esfuérzate conscientemente en añadir distintas categorías relacionadas con cómo te ves. Añade características físicas o rasgos de personalidad si no los incluiste en el primer ejercicio. Plantéate añadir más definiciones abstractas de ti mismo (por ejemplo, «Soy una persona espiritual») o distintos roles que sean importantes para ti (como el hecho de ser «hermana», «hacer voluntariado» o ser «mentor»). Si no apuntaste objetivos o logros, es un buen momento para poner uno o dos. Si piensas que el ejercicio ponía de manifiesto una dependencia excesiva con respecto a ciertas personas o relaciones, amplía tu autoconcepto de forma que incluya roles con otras personas importantes de tu entorno. Añade al círculo todas las aspas que quieras. ¡Cuanto más polifacético seas, mejor!

Ahora piensa en cómo podrías alimentar y fortalecer una de las «aspas» de tu autoconcepto. Estás buscando la manera de hacer que este aspecto de tu autoconcepto arraigue en ti y se convierta en una parte sólida de la persona que eres, para no ser tan dependiente de las influencias cotidianas de los demás.

Cuando hayas elegido un «aspa» de tu autoconcepto que te gustaría fomentar, imagina una manera de invertir en este aspecto de ti mismo y fortalecerlo. ¿Cómo podrías perfeccionar una habilidad, mejorar tu estado de ánimo o tener la sensación de que estás mejor alineado con este aspecto de la persona que eres? Te ayudará pensar en algo que puedas hacer ahora mismo, aunque se trate tan solo de una pequeña actividad que te tome unos minutos, así como pensar también en algo que puedas hacer durante un tiempo más largo (por ejemplo, durante la semana o el mes siguiente) y que te reportará beneficios en la habilidad personal en la que hayas elegido invertir.

Por ejemplo, si escribiste que eres una «persona culta», podrías dedicar tiempo a investigar un tema nuevo de tu interés o leer un capítulo de un libro que tienes en el librero de casa y que hace tiempo que deseas leer. Durante la semana siguiente, podrías decidir terminar el libro o pensar en algún método para ampliar tus conocimientos en un tema de tu interés (como inscribirte a un curso *online* de diseño gráfico). Podrías decantarte por dedicar tiempo a una de tus actividades favoritas (como armar rompecabezas) o retomar un *hobby* que abandonaste hace tiempo (como comprar material para hacer punto hoy mismo y dedicar el mes siguiente a tejer un gorrito para un sobrino que acaba de nacer) a fin de afirmar que eres una persona polifacética y que todos los aspectos que te integran merecen ser cultivados y respetados.

Una vez más, el propósito de diversificar tu autoconcepto es conseguir que no dependas en exceso de una de sus facetas para satisfacer las necesidades de tu autoestima. Invierte tiempo y esfuerzo en *todas* las aspas de tu rueda, pero no pienses que debes alimentarlas todas a la vez.

*

Después de que Emily terminara este ejercicio, se dio cuenta de que había dejado de correr, una actividad de la que solía disfrutar y que representaba un aspecto esencial de la persona que era, pero que, sin embargo, había postergado sin saber muy bien por qué. Se impuso un objetivo importante: entrenar para correr un maratón, algo que había deseado hacer desde hacía muchos años, aunque siempre encontraba algún obstáculo que se lo impedía. Empezó a correr tres veces a la semana, lo que mejoró su autoconfianza. Además, estableció relación con varios compañeros de trabajo con quienes compartía esta afición, y empezaron a salir a correr juntos los sábados, lo que le brindó un nuevo círculo de personas como apoyo social.

Emily me dijo que, en cuanto volvió a ser ella misma invirtiendo en todas esas otras facetas de su autoconcepto, empezó a notar que su autoestima crecía de día en día. Ganó confianza en lo que podía ofrecer en las relaciones sentimentales y, como tenía otras metas importantes y valiosas, dejó de obsesionarse tanto con el estado de sus relaciones de pareja.

Desde luego, nos cuesta mucho abandonar los hábitos una vez adquiridos, y de vez en cuando volvía a sentirse insegura. Pero ahora podía reorientarse recurriendo a algo que la hacía sentirse bien y, muy pronto, esos pensamientos y sentimientos negativos bajaron de intensidad y notó que ya no determinaban sus acciones en la misma medida que antes (como cuando llamaba a la persona con la que estaba saliendo varias veces al cabo de uno o dos días sin saber de ella).

Aunque el estilo de apego ansioso la llevaba a tener unos comportamientos que eran contraproducentes, al indagar en su autoconcepto y darse el tiempo necesario para evaluar qué percepción tenía de ella misma, también pudo concentrar su atención en la persona que quería ser. Gracias al esfuerzo que le dedicó, pudo imponerse a las conductas y creencias propias del apego ansioso que había desarrollado de niña. Ahora, siendo adulta, puede aplicar cambios positivos a su autoconcepto y empezar a allanar el camino para un autoconcepto que no esté tan dirigido por el mundo exterior, un autoconcepto que le dé una sensación de mayor estabilidad y resiliencia ante las cosas que hace o las personas con las que está.

Cuando pensamos en el significado de vivir bien, de disfrutar de una vida que nos haga felices, nos emocione y nos haga sentir realizados, a menudo lo que estamos buscando son ciertos aspectos de nuestro autoconcepto. Como has visto, la manera en que te piensas y los sentimientos que te despierta tu persona tienen un impacto importantísimo en cómo te mueves por el mundo. Un autoconcepto fuerte no consiste en mirar las cosas con unos lentes de color de rosa o en engañarte para sentirte más fuerte mientras sufres por dentro los efectos del síndrome del impostor. Un autoconcepto fuerte se basa en aceptarse a uno mismo. Consiste en abrazar a la persona que eres, un ser humano imperfecto (como todos) que, pese a sus buenas intenciones, se equivoca, comete errores de juicio o hace cosas de las que se arrepiente. Nadie acierta siempre y sería imposible vivir sometido a ese tipo de expectativas. Lejos de ello, un autoconcepto sano es aquel que adopta una mirada equilibrada y realista. Debes ser capaz de aceptarte, con todas tus flaquezas, antes de poder acudir a otras personas o cosas en la vida para realizarte. Sin esa autoaceptación, siempre estarás buscando algo que te hunda o alguien que te defraude, y esa expectativa negativa a menudo se traduce en profecías que se autocumplen.

Ahora que ya tenemos una imagen bastante completa de cómo se relacionan tu estilo de apego y tu autoconcepto entre sí, es momento de abordar el tercer componente de nuestro triplete. Tanto tu estilo de apego como tu autoconcepto se reúnen en tu visión de la vida, esa imagen más general de cómo desearías que fuera tu vida cotidiana. Tu visión de la vida es lo que vamos a explorar en el siguiente capítulo.

CAPÍTULO 3

La influencia del apego en tu visión de la vida

Todos queremos tener la sensación de que podemos prosperar en nuestras vidas. Queremos creer que podemos hacer realidad todos los objetivos que ponemos en nuestras miras y en nuestro corazón. Pero solo conseguimos llegar en la vida hasta donde creemos que somos capaces de llegar. Y el apego inseguro y un autoconcepto negativo o tambaleante ponen límites a nuestros sueños.

Como has visto, las primeras experiencias de apego pueden tener un impacto significativo en tu autoconcepto. Y a medida que vas transitando por la vida, la interrelación entre tu estilo de apego y tu autoconcepto sigue influyendo en cómo te ves y las cosas que esperas de tus interacciones con los demás. Sin embargo, tu apego y tu autoconcepto también influyen de manera determinante en lo que crees que es posible.

Tu visión de la vida es la imagen definitiva de tus esperanzas y deseos, y proporciona una explicación a tus actos y tus decisiones. Es la imagen general de quién aspiras a ser, por qué motivos quieres que se te conozca y cómo quieres que sea tu vida, tanto en el día a día como en una escala temporal más amplia. Una visión vital sólida te ayuda a dilucidar qué quieres obtener de la vida, está arraigada en tus valores más elevados y te ayuda a decidir cómo debes manejarte en tus actividades cotidianas para alcanzar esa visión más elevada. Es el mapa que convierte tus sueños en realidad y te impulsa a vivir la vida plenamente, en los términos que tú elijas.

Junto con tu estilo de apego, tu autoconcepto orienta cómo visualizas el posible desarrollo de tu vida. Un apego seguro conduce a un autoconcepto fuerte y, por lo general, positivo que te impulsa a soñar a lo grande y a creer que puedes lograr los objetivos que te propones. Tu autoconcepto influye en si decides aspirar a lo más alto o conformarte con lo que ya tienes, y alimenta tus creencias sobre lo que mereces de la vida: por ejemplo, si crees que es probable que mejore cuando decidas invertir todo tu esfuerzo en conseguir cambios positivos.

Si tienes un apego inseguro, es como si tuvieras instalado un programa que activa una interferencia cada que vez que tratas de formar relaciones, sean sentimentales o platónicas, alcanzar el éxito en el trabajo y lograr las metas a las que aspiras. Al estudiar la influencia que tu apego ha tenido sobre tu vida, puedes identificar los campos en los que esta interferencia ha tenido un efecto más potente. Cuando sabes dónde has estado, tienes más posibilidades de determinar qué te hace falta para avanzar hacia la visión de la vida que deseas.

Los distintos ejercicios que encontrarás en este capítulo te ayudarán a obtener unas fotografías de tu pasado, tu presente y tu futuro que te permitirán estudiar la influencia que ese apego ha tenido en el desarrollo y el mantenimiento de tu autoconcepto, cómo te desenvuelves en los aspectos más importantes de tu vida, y tus ideas sobre cómo pretendes lograr esos objetivos (y las posibilidades que tienes de alcanzarlos).

Ejercicio: tu cronología vital de un vistazo

Casi nunca se nos hace evidente de qué manera las vivencias pasadas han afectado a la historia de nuestra vida tal y como la conocemos. Para ayudarte a empezar a ver de qué manera tu estilo ha contribuido al recuerdo de importantes acontecimientos vitales y cómo tiendes a verte a ti mismo y a los demás, vas a hacer una «cronología vital de un vistazo». Estudiar los temas recurrentes de tus recuerdos y experiencias vitales te permitirá ver de qué forma tu estilo de apego ha influido en tu vida y en cómo la recuerdas.

Para empezar, abre tu diario por dos páginas en blanco enfrentadas o toma una hoja de papel en blanco tamaño carta y ponla en horizontal. Traza una línea horizontal que recorra las dos páginas (o la hoja) de un extremo a otro y añade una raya vertical que marcará el final de la línea por la izquierda y otra raya vertical que marcará el final de la línea por la derecha. Escribe tu fecha de nacimiento a la izquierda y la fecha actual a la derecha.

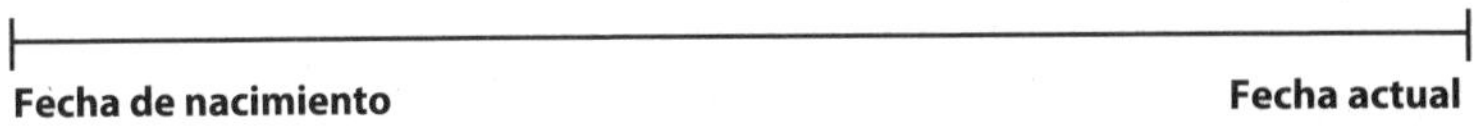

Fecha de nacimiento **Fecha actual**

Empleando marcas a lo largo de la línea, empieza a indicar fechas y acontecimientos memorables que te vengan a la cabeza, así como la edad que tenías en cada uno de aquellos momentos. Una manera sencilla de hacerlo es asignar una letra a cada marca y luego crear una leyenda en la que se explique a qué acontecimiento corresponde en tu cronología (véase un ejemplo más abajo). Sin embargo, no reprimas tu creatividad y usa plumones, lápices de colores o *stickers*, y recorta fotos y pégalas con otros recuerdos junto a ciertos acontecimientos. Incluso puedes tomar una gran cartulina si deseas tener más espacio. Al margen de la forma que le des, los puntos que incluya tu cronología deben representar todas las cosas que son importantes para ti: pueden incluir acontecimientos o experiencias que te despierten emociones positivas, neutras, negativas o ambivalentes.

No habrá dos cronologías iguales. Un hito en tu vida puede no tener importancia para tu pareja o un amigo, y viceversa. Si te cuesta recordar momentos con los que completar tu cronología, la siguiente lista de ejemplos tal vez pueda darte ideas:

- Tu primer recuerdo.
- Mudanzas o cambios de residencia importantes.
- Tu primera amistad importante.
- Tu primera relación amorosa.
- Tu primer encuentro con maestros, entrenadores u otros adultos importantes que dejaron una huella imborrable en ti.
- La separación o el divorcio de tus padres.
- Terminar los estudios de secundaria o universitarios.

- El nacimiento o la muerte de un familiar o amistad importante.
- Cambios de trabajo, ascensos o cambios de sector laboral.
- Un premio o un logro.
- Cualquier pérdida que te haya marcado.
- El final de una relación amorosa importante.
- El día que empezaste a vivir con tu pareja.
- Noviazgo o boda.
- Algunos de tus recuerdos más queridos.
- Algunos de tus recuerdos más dolorosos.
- Algo de lo que estés orgulloso.
- Algo de lo que te arrepientas.
- Una enfermedad, lesión o cirugía.
- Uno de los recuerdos infantiles más felices.
- Una situación que te ayudó a crecer como persona.

Una vez que hayas anotado tus recuerdos más importantes, revísalos en orden cronológico de uno en uno. Algunas de las preguntas que puedes hacerte mientras revisas tu cronología son:

- ¿Qué sentimientos y pensamientos te despierta leer tu cronología personal?
- ¿Qué temas crees que se destacan?
- ¿Observas algún patrón identificable con respecto al momento en que se produjeron algunas de tus mejores y peores experiencias?
- ¿Hay personas concretas en tu vida que estén relacionadas con los acontecimientos más importantes de tu cronología?
- ¿Son la mayoría de los acontecimientos de tu cronología de un cierto tipo (por ejemplo, éxitos, relaciones)? ¿Hay algo que destaque por su ausencia?
- ¿Qué tramos de la cronología están más poblados de acontecimientos? ¿Qué años contienen menos recuerdos? ¿Hay alguna etapa larga que haya quedado en blanco?
- ¿Ves algún periodo especialmente difícil en tu vida?
- ¿Hubo etapas en las que viviste sin demasiados problemas?
- ¿Qué recuerdos dolorosos sigues arrastrando hoy día?

*

Cuando uno de mis pacientes, Jonah, hizo el ejercicio, anotó los siguientes hitos y éxitos.

Hitos de Jonah:

A. Representante de los alumnos en la escuela (doce años).
B. Primer tambor en la banda de música (quince años).
C. Consiguió entrar en el equipo de basquetbol de la preparatoria (dieciséis años).
D. Alumno con mejor expediente de su generación en la preparatoria (dieciocho años).
E. Obtención de un doble grado universitario en Empresariales y Económicas (veintidós años).
F. Primer maratón terminado (veintitrés años).
G. Termina cuatro maratones más (veinticuatro-veintiséis años).
H. Primer gran ascenso en el trabajo, de analista a socio (veintisiete años).
I. Matrimonio con Melanie (treinta años).
J. Segundo ascenso importante en el trabajo, de socio a vicepresidente (treinta y dos años).
K. Nacimiento de su primer hijo (treinta y tres años).
L. Tercer ascenso, se convierte en primer vicepresidente (treinta y seis años).
M. Décimo maratón (treinta y seis años).

La cronología de Jonah estaba casi toda copada por sus logros impresionantes. En cambio, los hitos referidos a relaciones eran más bien escasos y no había constancia de acontecimientos negativos o de momentos estresantes.

En parte, el no reconocimiento de sus relaciones y la concentración máxima en el trabajo procedían directamente de sus experiencias infantiles. Los padres de Jonah se divorciaron cuando tenía siete años y la noticia, aunque no lo sorprendió, sí le causó una gran decepción. La única cosa que unía a sus padres, incluso después del divorcio, eran sus éxitos. Sus padres asistieron a todas las actuaciones de la banda de música y a la mayoría de sus partidos de basquetbol, y siempre celebraron sus grandes triunfos por todo lo alto, como cuando terminó la preparatoria y los estudios universitarios o logró ascensos en el trabajo. Esos hitos eran una de las pocas ocasiones en las que sus padres hacían causa común. Su padre, decepcionado de sus relaciones afectivas, le dijo que no se casara y que «invirtiera su capital en sí mismo». Su madre tuvo varias relaciones serias después del divorcio, pero todas ellas quedaron en nada. Aunque Jonah está muy unido a su madre, notó que le prestaba menos atención cuando estaba saliendo con alguien y que estaba menos disponible para sus necesidades.

Los acontecimientos que Jonah eligió tenían su origen en el estilo de apego evitativo y en las conductas adaptativas que desarrolló siendo niño. Sus padres no estaban disponibles emocionalmente en todo momento, pero la consideración y el interés que le manifestaban parecían basarse en sus logros, por lo que extrajo buena parte de su autoestima de los triunfos en esos acontecimientos y actividades. Jonah me confesó que le costaba mucho invertir en los demás, porque creía que era muy probable que los actos de los demás lo defraudaran.

Le planteé el reto de revisar su cronología e incorporar actividades importantes que estuvieran basadas en las relaciones con otras personas o que representaran fracasos. Le costó añadir acontecimientos y situaciones negativas o difíciles en la cronología de su vida. No quería mirar de frente las decepciones y los fracasos, y le costaba entender los sentimientos que le despertaban esos acontecimientos. Reconoció que los acontecimientos referidos a relaciones, como su noviazgo con su mujer, eran importantes y merecían ser incluidos, aunque no le parecía que fueran «triunfos». Finalmente añadió los siguientes hitos:

- Divorcio de los padres (siete años).
- Irse de casa para estudiar en la universidad (dieciocho años).

- No conseguir que le dieran la primera opción elegida para hacer las prácticas (veintiún años).
- Muerte de su abuelo (veintinueve años).
- Compromiso con Melanie (veintinueve años).
- Operación de ligamento cruzado anterior, con una larga recuperación (treinta y un años).

Cuando hubo terminado, su cronología era un reflejo más fiel de los buenos *y* malos momentos de su vida, en lugar de un simple currículum de sus éxitos.

*

¿Cómo te salió a ti? ¿Tienes una cronología equilibrada o piensas ahora que está un poco inclinada hacia cierto tipo de situaciones y acontecimientos? ¿Hay algo que puedas añadir para equilibrarla y conseguir que sea más representativa de todo el abanico de momentos positivos y negativos de tu vida?

Tu estilo de apego tiene mucho que ver con el equilibrio de tu cronología y la clase de acontecimientos que has decidido incluir en este ejercicio. Como has podido ver en la cronología de Jonah, el feroz independiente tiende a atribuir más significado a aquellos acontecimientos que ponen de manifiesto sus éxitos personales, y puede excluir momentos negativos porque no quiere mirar de frente unas experiencias que podrían haber activado el apego evitativo. El feroz independiente a menudo se siente mal cuando debe examinar a fondo sus sentimientos y, por tanto, suele excluir aquellos momentos que se caracterizaron por una emotividad negativa exacerbada. También suele restar importancia a sus relaciones con otras personas.

Los guerreros preocupados suelen incorporar un mayor número de momentos referidos a relaciones en sus cronologías, o incluir momentos importantes en las vidas de sus seres queridos. También pueden mostrarse ligeramente inclinados hacia momentos en los que su estilo ansioso de apego se activó, por ejemplo, cuando los excluyeron de un grupo o si tuvieron la impresión de que no estaban a la altura de lo que se les exigía en el trabajo cuando se les reclamó que rindieran (sea objetivamente cierto o no).

Las personas con un estilo de apego desorganizado suelen tener más dificultades a la hora de representar su vida de una forma ordenada. A los especialistas de la vigilancia puede resultarles difícil organizar los momentos importantes de sus vidas. Les cuesta identificar cómo se sienten, sobre todo cuando se encuentran en situaciones de elevado estrés. También es más probable que destaquen momentos en los que se les activaron sentimientos de abandono, rechazo y confusión, y les cuesta verse a sí mismos con buenos ojos a lo largo del tiempo (de modo que restan importancia a aquellos momentos que pondrían de manifiesto sus éxitos). También es posible que no sean capaces de recordar plenamente ciertos episodios y que experimenten potentes reacciones psicológicas que se asemejan a las reacciones de lucha o huida cuando recuerdan esos sucesos.

Ejercicio: la rueda de la vida

Ahora que exploraste tus recuerdos más destacados hasta la fecha, vamos a echar un vistazo a tu vida en estos momentos. Este ejercicio te ofrece una vista panorámica de tu grado de satisfacción con respecto a los distintos ámbitos de tu vida. Te permite identificar tus puntos fuertes y aquellos aspectos que requieren atención. Asimismo, te dará la motivación necesaria para abordar los cambios imprescindibles a fin de lograr una vida más satisfactoria y llena de sentido.

La idea de la rueda de la vida se atribuye a Paul J. Meyer, fundador del Instituto de Motivación para el Éxito en 1960. A lo largo de los años, han aparecido muchas versiones de esta herramienta, que se emplea habitualmente en terapia, en organizaciones empresariales y en seminarios de motivación. Ofrezco aquí mi versión de la rueda, que he compartido con mis pacientes. Muchos de ellos disfrutan con el ejercicio porque les permite acceder a muchas claves sobre su personalidad y sus vidas, y les sirve para sentar las bases necesarias para abordar cambios prácticos.[1]

*

Abre tu diario y dibuja un círculo. Divídelo en ocho sectores iguales y emplea las categorías siguientes para titular cada uno de los sectores del diagrama:

1. Relaciones con la familia de origen.
2. Relaciones familiares actuales.
3. Salud física.
4. Salud mental.
5. Trabajo y carrera profesional.
6. Relaciones amorosas.
7. Amistades.
8. Autoimagen y autoestima.

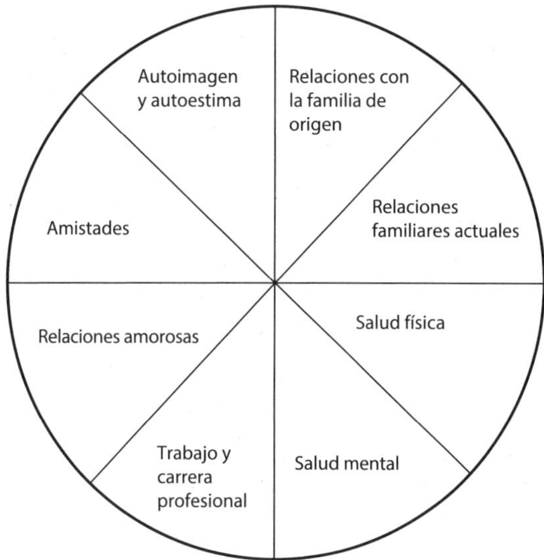

Ahora, coloreando cada sector del gráfico, deberás puntuar tu grado actual de satisfacción empleando una escala del 0 al 10. El máximo nivel de satisfacción corresponde al perímetro del círculo, y su punto central, donde se cruzan todas las líneas, corresponde al mínimo. Intenta emplear una muestra amplia del abanico de puntuaciones.

Un 10 no tiene por qué significar que esa faceta de tu vida sea perfecta o que no exista margen de mejora. Significa, sencillamente, que estás muy contento de cómo te van las cosas en ese ámbito, te alegra y te alimenta, y no sientes deseos de cambiar nada ahora mismo.

De forma parecida, un 0 no significa que este ámbito de tu vida sea un desastre absoluto. Se trata, más bien, de que te sientes insatisfecho. Quizá sientes grandes deseos de cambiar algo en este aspecto de tu vida para hacer que te resulte más valioso y satisfactorio.

Un 5 podría significar que sientes algo de satisfacción, pero que salta a la vista que hay margen de mejora, y quizá incluso tengas claro qué es lo que debes hacer para que este ámbito merezca un 7 o un 8, pero todavía no has tenido el tiempo o la energía necesarios para poner en marcha un plan de acción a este respecto.

Mientras miras tu rueda de la vida, ¿qué sentimientos te despierta en general lo que ves? Hazte algunas preguntas para profundizar en cada uno de los sectores y apunta las respuestas en tu diario. A continuación, te propongo algunas preguntas para empezar:

- ¿Cuál de estas facetas de tu vida es la que más te gustaría mejorar?
- ¿Cómo dedicas tu tiempo a cada una de estas facetas?
- ¿Cuál de ellas te hace sentir mejor?
- ¿Cómo podrías reproducir lo que te funciona en una faceta para conseguir mejorar en otra?
- ¿Por qué crees que una determinada faceta te hace sentir poco satisfecho?
- ¿Hay alguna faceta que te haya producido niveles bajos de satisfacción durante mucho tiempo?
- Si una faceta que ha obtenido baja puntuación durante largo tiempo obtuviera de pronto un 10, ¿cómo crees que sería tu vida cotidiana?
- ¿Qué necesitas de los demás para mejorar esa faceta?

Vamos a ver un ejemplo. La rueda de una paciente mía, Annie, tenía este aspecto.

Estaba contenta con sus amistades, salud física y carrera profesional, pero se dio cuenta de que debía mejorar en las facetas de su familia de origen, su salud mental y, sobre todo, sus relaciones amorosas, en las que se puso solo un 1. Al reflexionar sobre las respuestas que dio a las pregun-

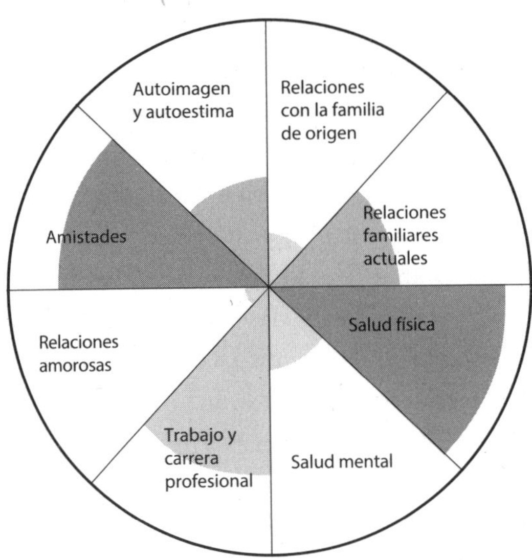

tas que te propuse en la página 72, fue consciente de que nunca se había sentido plenamente a gusto o relajada en sus relaciones amorosas. Por más tiempo que estuviera saliendo con alguien, a menudo tenía una sensación de precariedad, como si algo malo estuviera a punto de ocurrir. Tenía creencias negativas sobre sus parejas y a menudo pensaba: «No estará conmigo mucho tiempo» o «Cuando conozca la persona que soy de verdad, quizá piense que no me quiere después de todo». Como consecuencia de esas creencias, tenía la sensación de que no podía ser ella misma en sus relaciones, soltarse el cabello y dejar que las cosas fluyeran de manera natural, para bien o para mal. Pensaba que tenía que trabajar sin descanso para ganarse el afecto de su pareja y percibía inmediatamente cualquier indicio que apuntara a un posible distanciamiento, por lo que a veces malinterpretaba actos banales y veía en ellos un síntoma que auguraba el peor resultado posible.

Como es comprensible, se sentía insatisfecha con sus relaciones amorosas porque tenía en todo momento la sensación de que estaba cuestionándose si su pareja la quería o no. A menudo tenía celos, lo que provocaba conflictos con quien estuviera saliendo. De hecho, a veces acusaba a sus parejas de serle infieles cuando no habían hecho nada, pero no podía reprimirse. Ahora, después de un año de relación con Eric, todavía tenía muchas inseguridades y a veces tenía la impresión de que no estaba a su altura. Cuando se sentía especialmente estresada, se convertía en una persona dependiente y exigente, porque en momentos difíciles le costaba estar sola y les daba demasiadas vueltas a las cosas. Su necesidad constante de que le aseguraran que todo iba bien a veces podía incomodar o agobiar a Eric, lo que provocaba que él se distanciara, reforzando así los peores temores de Annie.

El objetivo de tu rueda de la vida no es conseguir un 10 en todas las facetas. De hecho, ¡eso sería como pedir la Luna! Las horas del día no son infinitas y nuestra energía tampoco lo es. Anteponer una faceta de la vida suele implicar que se hagan sacrificios en otra. El objetivo de esta actividad es que entiendas bien cuáles son tus puntos fuertes en la vida ahora mismo (y aquellos aspectos a los que puedes acudir en momentos difíciles, esas facetas que te ayudarán a ser una persona resiliente y capear el temporal). También te ayudará a identificar los aspectos que tal vez debas priorizar un poco más para poder sentirte más satisfecho con tu calidad de vida y con las cosas que haces en tu día a día.

Cuando revises tu rueda de la vida, tal vez veas que algunos de los patrones que quedan reflejados son la consecuencia de experiencias de apego anteriores. Presta atención a esas zonas de insatisfacción, porque es probable que apunten a una necesidad anterior que no fue satisfecha con la constancia que exigía (por ejemplo, el sentimiento de no ser querido, porque tus padres no te mostraron un afecto incondicional siendo niño) o a facetas concretas con una baja autoestima (por ejemplo, dificultades para hacerse cargo de la propia salud como consecuencia de experiencias tempranas que te hicieron sentir que perdías el control de tu propio bienestar).

A continuación, te ofrezco un breve resumen del impacto que puede tener el apego sobre cada una de las facetas recogidas en la rueda. Los detalles concretos acerca de la influencia de tu estilo de apego sobre cada uno de estos aspectos vitales —y qué puedes hacer para cambiar— se explicarán con detalle en los capítulos siguientes.

El impacto de un apego inseguro

Descubrir de qué forma tus sistemas de creencias anteriores influyeron en las opiniones que terminaste forjándote sobre el funcionamiento del mundo y qué lugar te corresponde en él en las circunstancias actuales de tu vida puede ofrecerte pistas importantes para entender por qué:

- **Tienes dificultades con la intimidad siendo una persona adulta.** Una persona con un estilo de apego ansioso puede sentirse insegura en las relaciones. Una persona con un estilo de apego evitativo puede implicarse muy poco en las relaciones íntimas. Y una con un estilo de apego desorganizado puede bascular entre la confianza extrema y la desilusión en sus relaciones amorosas.
- **Te cuesta conectar con los demás.** Una persona con un estilo de apego ansioso puede tener la sensación de que siempre aplaza sus necesidades para satisfacer las de los demás. Una persona con un estilo de apego evitativo puede tener muchos conocidos, pero muy pocos confidentes íntimos, si es que tiene alguno. Y una persona con un estilo de apego desorganizado puede tener una sensación interior de vacío incluso cuando se encuentra rodeada de sus seres queridos.
- **Recaes en los mismos patrones con tus amistades y compañeros de trabajo.** Una persona con un estilo de apego ansioso puede cuestionarse si realmente cae bien a los demás. Una persona con un estilo de apego evitativo puede recibir críticas por concentrarse demasiado en sus deseos a expensas de los demás. Y una persona con un estilo de apego desorganizado tal vez descubra que sus relaciones de amistad y en el trabajo son caóticas y muy dadas al drama.
- **Te cuesta fijarte metas y alcanzarlas.** Una persona con un estilo de apego ansioso puede tener problemas para iniciar nuevos proyectos o tomar decisiones si no cuenta con el aliento de los demás. Una persona con un estilo de apego evitativo puede dar excesiva importancia a sus metas profesionales y a la lista de cosas que hacer antes de que sea demasiado tarde, es decir, anteponer una lista prefigurada

a otros objetivos que podrían dar equilibrio a su vida. Y una persona con un estilo de apego desorganizado puede tener la sensación de que a menudo se sabotea a sí misma justo antes de dar un gran paso adelante.

- **Pareces incapaz de zanjar las diferencias que tienes con ciertos familiares.** Una persona con un estilo de apego ansioso puede verse en la tesitura de seguir buscando la aprobación de sus padres siendo adulta. Una persona con un estilo de apego evitativo puede elegir compartir su tiempo libre con personas que no son de su familia o pasarlo a solas. Y una persona con un estilo de apego desorganizado puede verse en situaciones de elevado estrés o incluso revivir sus traumas cuando entra en contacto con su familia de origen.
- **Te comportas de manera contradictoria o te saboteas a ti mismo en las relaciones estrechas.** Una persona con un estilo de apego ansioso puede oscilar entre los celos y actitudes zalameras. Una persona con un estilo de apego evitativo puede mostrarse muy atenta en los primeros compases de una relación amorosa, pero experimentar sentimientos ambivalentes a medida que la relación se vuelve más seria. Y una persona con un estilo de apego desorganizado puede mutar entre idealizar a su pareja y sospechar de ella, sometiéndola a «pruebas» para que le demuestre su amor.

Ahora que tuviste la oportunidad de identificar los hitos de tu pasado y entender cómo te han afectado, y has podido aclarar los puntos fuertes y las cosas que te resultan difíciles en la actualidad, estás listo para dar un paso más y comprender mejor de qué manera tu apego afecta también a tu visión de futuro. Con ello, fortaleciste tu visión de la vida. El siguiente ejercicio de visualización te pide que vuelques tu atención hacia el futuro y te concentres en lo que quieres de la vida, tal y como la imaginas en los días y años que tienes por delante.

Ejercicio: descubrir tu visión vital

Ponte cómodo en tu silla. También puedes acostarte si lo prefieres. Cierra los ojos despacio y respira profundo y despacio varias veces, inhalando por la nariz y sacando el aire por la boca. Concentra tu atención en los pensamientos que tienes en este momento y empieza a observarlos, como si fueran nubes que surcan el cielo. Imagina que cada pensamiento está impreso en una nube que empieza en el lado izquierdo de la visión periférica de tu mente. A continuación, las nubes de pensamiento empiezan a desfilar lentamente por el cielo rumbo al lado derecho de la visión periférica de tu mente, hasta que cada pensamiento desaparece de tu campo de visión. Si notas que pierdes la concentración, intenta no juzgarte y guíala suavemente para que vuelva a observar tus pensamientos.

Ahora imagina que te sumes lentamente en el sueño. Duermes tranquilo un sueño reparador. Cuando te despiertas, descubres que ocurrió un milagro. Todo lo que siempre has deseado se ha hecho realidad de la noche a la mañana, y tienes la vida que siempre habías soñado. No es perfecta, porque la perfección no existe, pero disfrutas de una vida plena de sentido y de experiencias enriquecedoras. No temes el fracaso, no te arrepientes de nada, y la gente te respeta, te quiere y casi nunca te decepciona. Si centras tu mente en una meta, puedes alcanzarla con tiempo y esfuerzo. Las heridas del pasado se han restañado, lo que te permite seguir adelante con amor y confianza. Honras tus valores más preciados y das pasos importantes para renovarte como persona. Has alcanzado tu yo ideal, de suerte que tu autoimagen y tu yo ideal están perfectamente alineados entre sí.

Deja volar tu mente y asimila cómo te sentirías si todo esto hubiera ocurrido. Presta atención a los pensamientos que te suscita esta visión. Piensa en las decisiones que tomarías en primer lugar si descubrieras que estos cambios se han producido. ¿Cuáles son algunas de las diferencias que podrías percibir en aspectos clave de tu vida (relaciones con la familia de origen, relaciones con la familia actual, salud física, salud mental, trabajo y carrera profesional, relaciones sentimentales, amistades, autoimagen y autoestima)? ¿En qué consiste tu trabajo y cómo es tu día a día en él? ¿Quiénes son las personas más importantes en tu vida? ¿Proceden de tu familia de origen? ¿Es tu pareja? ¿Son algunos de tus mejores amigos? ¿Qué opinas de tu salud física y mental? ¿Cuáles son algunas de las ideas que tienes sobre tus habilidades para superar las dificultades? ¿Cómo es tu relación amorosa si la tienes? ¿Cómo es tu relación con tu hijo o hijos? ¿Cuáles son algunos de los sentimientos que se te plantean cuando piensas en quién eres y cómo te sientes contigo mismo?

Ahora vuelve a centrar la atención en tu respiración y respira profundo unas cuantas veces más. Abre despacio los ojos y vuelve a ser consciente del espacio en el que te encuentras. Tómate un tiempo para registrar los pensamientos y observaciones que se han derivado de tu visón vital. Puedes recordar cómo te ha hecho sentir y pensar esta visión, así como las decisiones que tomarías si tu nueva vida fuera realmente así. ¿Qué cosas serían diferentes con tu familia, en las relaciones, etcétera?

A continuación, lee la entrada de tu diario y presta atención a lo que te hace sentir. Ahora, hazte estas dos preguntas y sé sincero en las respuestas.

- ¿Crees que tu visión vital refleja plenamente tu potencial o pusiste límites a tus deseos y sueños de alguna forma?
- ¿Crees que tu visión vital es alcanzable si le dedicas tiempo y esfuerzo o crees que no es más que una quimera que nunca se hará realidad?

Tus respuestas a estas dos preguntas —si crees que tu visión vital refleja todo tu potencial y si crees que es alcanzable— son extremadamente reveladoras. Tu manera de responder depende directamente del estilo de apego que desarrollaste en tu primera infancia.

La conexión entre la visión vital y el apego

En las personas con un apego seguro, los exploradores conectados, su sentido de la identidad es estable, en general positivo, y está vinculado a la creencia de que merecen obtener resultados positivos y pueden conseguirlos gracias a su esfuerzo individual. Durante el ejercicio de la visión vital, estas personas no suelen tener miedo a soñar a lo grande e imaginarse desarrollando todo su potencial. Pueden abordar este ejercicio con una actitud inquisitiva y una mentalidad positiva, contentas de poder visualizar el potencial de lo que pueda depararles la vida en adelante.

En cambio, las personas con cualquiera de los apegos inseguros —evitativo, ansioso o desorganizado— pueden tener problemas para alcanzar sus metas y conseguir lo que quieren en sus vidas, algo habitual porque solemos conservar nuestro autoconcepto cuando queda formado. Estas personas pueden abstenerse de soñar lo que es posible porque les da miedo sufrir una decepción o porque creen, ya sea de manera consciente o inconsciente, que no merecen que les ocurran cosas buenas.

Vamos a examinar cómo le fue este ejercicio a Jessica, una de mis pacientes. Cuando le pedí que hiciera la actividad de la visión vital, tuvo problemas porque le costaba imaginar una vida en la que sus sueños se hubieran hecho realidad. Me dijo textualmente: «Estas cosas a mí no me pasan». Su estilo de apego desorganizado limitaba sus ideas sobre lo que podía alcanzar y sobre el impacto que sus deseos y acciones podían tener sobre su vida. Cuando comenzó a ver de qué manera su pasado determinaba su presente (fue en el ejercicio de la rueda de la vida, donde percibió mucha insatisfacción en aspectos importantes) e incluso sus pensamientos sobre el futuro, se quedó asombrada. Le parecía increíble que, después de tanto tiempo, su infancia siguiera llevando el timón de su vida, limitando sus sueños, sus relaciones y los sentimientos que tenía sobre sí misma.

Jessica creció en un hogar caótico con una familia a menudo negligente. Su padre abandonó a su madre al poco de nacer Jessica y fue una presencia inconstante en su vida. A veces, aparecía y la cubría de regalos. Otras, cancelaba los planes a última hora y podían pasar semanas o meses sin que se pusiera en contacto con ella. Entre los dos y los doce años de edad, su madre tuvo varias parejas y Jessica presenció a menudo sus discusiones. Jessica intentaba escapar del caos yéndose a su cuarto y poniendo música. Uno de esos hombres pegó a Jessica delante de su madre porque se había negado a comerse la cena, y su madre defendió la actitud de él, sin hacer nada para protegerla. Por fortuna, ese hombre no estuvo en sus vidas mucho tiempo. La madre volvió a casarse cuando Jessica tenía doce años. Su padrastro era alguien que casi nunca hablaba de sus emociones y por lo general no le hacía caso. Aunque las discusiones en casa no eran tan frecuentes, las interacciones también eran escasas, y Jessica recordaba tener la sensación de haber pasado sola gran parte de sus años de adolescencia.

Estas experiencias le mostraron a Jessica que los adultos de su mundo no le proporcionaban seguridad y estabilidad. Ahora, siendo adulta ella misma, siempre estaba tensa, con la sensación de que podía ocurrirle algo malo, y, en especial en situaciones nuevas o poco conocidas, siempre estaba con todas las alarmas activadas por si pudiera manifestarse algún peligro.

Tenía poca confianza en los demás y siempre estaba atenta a que sus amigos, compañeros de trabajo y también su familia estuvieran tramando la manera de desestabilizarla o hacerle daño. Quería distanciarse de su familia, pero a menudo veía como algún drama familiar la devolvía al redil (normalmente se trataba de una separación entre su madre y su padrastro, cosa que ocurría a menudo). Ambos acudían a ella en busca de apoyo emocional y para hablar mal del otro, y Jessica no lo soportaba. Al mismo tiempo, estaba contenta de contar con su atención, aunque fuera motivada por circunstancias negativas.

Pese a tener un círculo de amigas potente, Jessica solía sentirse sola cuando estaba en compañía de los demás. Con sus parejas amorosas le costaba sobrellevar que la relación fuera tranquila y estable porque no estaba acostumbrada. Había crecido en el caos y encontraba consuelo en lo que le era familiar, aunque no fuera sano. Como ella misma me contó: «Cuando no hay caos, lo creo yo. [...] Supongo que no sé hacer otra cosa». El caos que ella desencadenaba frustraba a sus parejas y las relaciones terminaban, confirmando así las ideas preexistentes de Jessica de que era una persona a la que en cierto modo no se podía querer cuando la gente la conocía de verdad.

Su actual pareja, Scott, parecía mostrar un estilo de apego evitativo, que no hacía más que empeorar las inseguridades de Jessica sobre su relación y la llevó a intentar que Scott le «demostrara» que la quería. Coqueteaba abiertamente con otros delante de él, solo para ver si intervenía. A Scott ese comportamiento le molestaba y no se comportaba como Jessica esperaba de él, de modo que la situación siempre derivaba en conflicto.

El autoconcepto de Jessica basculaba exageradamente de un día a otro y, a veces, de hora en hora. Su sentido de la identidad a menudo se basaba en lo que estuviera ocurriendo un determinado día en su vida o las vidas de sus allegados. Había poca estabilidad en su vida y, por consiguiente, en su autoimagen. Los límites que imponía a sus relaciones a menudo eran muy borrosos, de manera que cuando se emocionaba porque había entablado una amistad, adoptaba todas las aficiones y todos los gustos de esa persona, para bien o para mal. A veces, se implicaba en exceso en la vida de su pareja e intentaba resolverle los problemas sin que él se lo pidiera. Cuando Scott tenía un mal día, Jessica también lo tenía. Si Scott estaba enojado, Jessica también lo estaba. Si Scott estaba eufórico, Jessica también.

Hasta cierto punto tiene sentido que a Jessica le costara imaginar una visión vital completa. Su niña interior había aprendido por experiencia que tenía que valerse sola porque las personas que la habían rodeado eran impredecibles y no podía confiar en que atendieran sus necesidades. A Jessica le costaba sobremanera creer que alguien pudiera amarla sin vacilaciones, sin cambiar un buen día de parecer y abandonarla de pronto. Su infancia fue tan errática y en apariencia tan imprevisible que pensaba que toda su vida, y en especial sus relaciones más íntimas, se caracterizarían por lo mismo.

*

Ahora que ya tienes una visión panorámica de tu pasado, una valoración de tu estado actual y una visión de tu futuro, ¿cómo te sientes? No pasa nada si te sientes un poco triste, hundido, enojado o confundido después de ver hasta qué punto el apego ha determinado la persona que eres en la fase actual de tu vida. Son reacciones normales cuando uno empieza a hacer este tipo de asociaciones mentales.

La buena noticia es que el estilo de apego que desarrollaste durante tus primeros años de vida no tiene por qué determinar tu vida de aquí en adelante. Al margen de cuáles hayan sido tus experiencias, puedes convertirte en tu propio padre o madre y volver a crearte y criarte, es decir, restañar tus heridas emotivas y satisfacer las necesidades no atendidas de tus años de formación. Puedes alcanzar un apego seguro sea cual sea tu edad o el momento vital en el que te encuentres. Leer este libro es ya de por sí un paso en una dirección distinta: tú tienes el control de tu vida y en adelante podrás gestionar tus experiencias como consideres oportuno.

En los siguientes capítulos, abordaremos cómo se manifiesta cada estilo de apego y obtendrás la perspectiva, las herramientas y las estrategias necesarias para empezar a aplicar cambios positivos en tu vida. Aprenderás que los modelos operativos que asimilaste de niño pueden cambiarse a fin de que puedas disfrutar de una vida más gratificante, satisfactoria y plena de sentido —al tiempo que alimentas sueños más altos sabiendo que puedes alcanzarlos—, anclada en ese recién descubierto apego seguro contigo mismo.

Antes de sumergirnos en el trabajo que corresponde a tu estilo de apego, creo que es importante que nos tomemos un momento para dejar claro que tal vez sientas una amplia variedad de emociones mientras realizas algunos de los trabajos que te voy a proponer. Algunas de esas emociones serán muy difíciles, y es posible que incluso notes que tu voz autocrítica se despierta mientras reflexionas sobre algunos de los momentos difíciles de tu vida. Sanar los patrones que te han acompañado durante toda la vida no es tarea fácil y requiere tiempo y dulzura. Si en algún momento te sientes sobrepasado o en dificultades, te animo a emplear las estrategias autocompasivas que incluí en el apéndice B (pág. 337).

La autocompasión te ayudará a reducir la autocrítica y mejorar la motivación con la que aspiras al crecimiento personal, reafirmando que eres digno de resultados positivos en tu vida al tiempo que trabajas duro para adoptar un conjunto distinto de mecanismos adaptativos y autocreencias. Con un poco de tiempo y práctica, serás capaz de ejercer la autocompasión con mayor asiduidad y cosechar sus beneficios.

¿Y AHORA QUÉ?

Sea cual sea tu visión vital, el primer paso para alcanzarla consistirá en construir un nuevo apego seguro. La seguridad, la confianza, el equilibrio y un sentido de la identidad estable —los cimientos del mejor de tus futuros posibles— dependen de ese primer paso. Para comprender mejor qué es lo que en el fondo te gustaría alcanzar en la vida, el siguiente capítulo ofrece una descripción clara de los beneficios de un apego seguro y te muestra a qué cosas puedes aspirar mientras vas haciendo cambios en tu estilo de apego.

EL ESTILO DE APEGO SEGURO

CAPÍTULO 4

El explorador conectado

Tengo grandes noticias para ti. La gente que cree que puede cambiar sus estilos de apego a menudo lo consigue.[1] Aunque no puedas cambiar el pasado y cómo se desarrolló en primera instancia tu estilo de apego inseguro (evitativo, ansioso o desorganizado), siempre podrás conectar con tu niño interior y construir un nuevo apego seguro, en esta ocasión con tu yo adulto.

Comprender los orígenes y las características que anidan en el núcleo de tu estilo de apego es un paso fundamental en la senda de tu curación, pero antes de entrar en detalles, quiero ofrecerte un esbozo de la meta a la que te diriges. Para ese fin, lo primero que haremos es echar un vistazo a las conductas y creencias concretas por las que se caracteriza el apego seguro. Saber cómo se origina este tipo de apego también puede ser un paso de gigante para incorporar algunas de estas conductas en tu forma de abordar la crianza de los hijos o en otras interacciones interpersonales, sea cual sea el punto en el que te encuentras en tu camino hacia la curación del apego.

También quiero que sepas desde ahora mismo que el hecho de que alguien tenga un estilo de apego seguro no significa en absoluto que su vida sea un camino de rosas o que sus experiencias infantiles rozaran la perfección. El apego seguro no garantiza que no vayas a encontrar borrascas en el mar de tu vida. Solo significa que las rutinas interiores que esa persona ha desarrollado sobre quién es, qué reacciones despierta en los demás y cómo funciona el mundo suelen ser más equilibradas y realistas, lo que favorece una resolución de problemas efectiva y una buena adaptación en situaciones de estrés.

Por eso me gusta llamar *exploradores conectados* a las personas que poseen un apego seguro. Suelen mantener el vínculo que los une a sus valores más preciados y a las personas que son importantes en su vida al mismo tiempo que persiguen sus metas. Navegan con rumbo seguro y tranquilo en cualquier circunstancia nueva, pues saben que los cimientos firmes que les dieron sus cuidadores (y que ahora se proporcionan a sí mismos gracias a un fuerte autoconcepto) les permiten enfrentarse a las múltiples situaciones y retos de la vida desde una base sólida.

Desde muchos puntos de vista, puedes imaginar su estilo de apego seguro como un conjunto de herramientas para la vida que les regalaron sus cuidadores, así como las experiencias positivas que tuvieron en la primera infancia. Eso no significa que tú no puedas tener esas herramientas también. Lo único que debes hacer es trabajar un poco más duro o con mayor intención para adquirirlas. ¡Por eso estás leyendo este libro!

Los individuos que disfrutan de un apego seguro suelen ser capaces de mantener relaciones interpersonales fuertes y mutuamente satisfactorias en todos los ámbitos de sus vidas. Esas relaciones tienden a ser sanas y equilibradas. Se les ve como miembros valiosos de los grupos en los que participan y como personas que no se estresan en exceso ante la posibilidad de fracasar o ser rechazadas. Suelen exhibir una alta satisfacción con sus trabajos, entornos laborales y compañeros, y tienen confianza en su capacidad de contribuir a la causa común. También tienden a informar de un mayor bienestar y un menor número de síntomas de estrés físico y mental si se les compara con personas con un apego inseguro (evitativo, ansioso o desorganizado).

Por ejemplo, Tom empezó a acudir a mi consultorio cuando, a los treinta y dos años, perdió el trabajo que siempre había soñado como desarrollador de *software.* Fue un golpe que le causó una gran decepción, además de mellar su confianza. Casado y con dos hijos, estaba muy desanimado porque no había sido capaz de encontrar empleo tras varios meses intentándolo. Estaba empezando a preocuparle no poder mantener a su familia y sentía la presión de tener que encontrar un nuevo empleo cuanto antes. Asimismo, su hermano tenía problemas de alcoholismo y lo habían ingresado en una clínica de desintoxicación. La familia de Tom esperaba de él que fuera la referencia principal para intervenir con su hermano y que asumiera la responsabilidad de acompañarlo en su recuperación. Tom estaba contento de poder apoyar a su hermano en todo lo que estuviera en sus manos. Sin embargo, cuando vio que la responsabilidad del bienestar de su hermano recaía sobre sus hombros en un momento en el que estaba preocupado por sus perspectivas laborales, su estabilidad económica y su capacidad para cuidar de su esposa y sus hijos tal y como le gustaría hacerlo, se sintió rebasado por las circunstancias.

Lo destacable del caso de Tom es que se mantuvo conectado y siguió siendo fiel a sí mismo, sin cerrar las vías de contacto con esas partes de su persona que también eran valiosas para él y dotaban su vida de sentido. Aunque estaba enfrentándose a unas circunstancias objetivamente difíciles, en todo momento pudo acudir a amigos y familiares en busca de apoyo. La pérdida del trabajo fue un golpe bastante duro para su autoestima, pero como esta no se basaba de manera predominante en sus triunfos o en su carrera profesional, Tom pudo conservar su sentido de la identidad. Sabe que es un marido cariñoso, un padre atento con sus hijos y un hermano con el que se puede contar, y valora esas cualidades. Durante los meses anteriores, mientras estaba desempleado, Tom supo apreciar el tiempo extra que pudo pasar con sus dos pequeños. Los acompañaba a la escuela todas las mañanas y asistía a sus entrenamientos de futbol. También aprovechó ese tiempo para informarse sobre las actividades comunitarias en las que podía participar con toda su familia e incluso hizo algunos arreglos en casa. Asimismo, empezó a cocinar y a patinar sobre ruedas. Llamaba a su hermano todos los días para ver cómo estaba y lo visitó varias veces en la clínica los fines de semana.

¿Sigue sintiéndose rebasado y a veces incluso desalentado por la falta de perspectivas laborales? Sí. ¿Se preocupa constantemente por su hermano? Sí. ¿Le quita el sueño la posibilidad de no poder pagar la hipoteca? ¡Desde luego! Pero Tom puede apoyarse en otras esferas de su identidad. Comprende que sigue siendo una persona de valía, piensa en cómo participar en actividades significativas y colaborar en todo lo que pueda, pasando más tiempo al margen de esos aspectos que constituyen la persona que es. Los retos a los que se enfrentaba no lo hicieron descarrilar ni tampoco obstaculizaron su visión vital. Seguía creyendo que sería capaz de retomar la carrera profesional que siempre había soñado y, entretanto, supo aprovechar sus otras habilidades y alimentó sus intereses y relaciones al margen del trabajo.

La ecuanimidad, la comunidad y el imperturbable sentido de la identidad de los que hizo gala también son posibles para ti. Así pues, vamos a examinar más de cerca qué significa ser un explorador conectado, desde cómo se desarrolla el apego seguro a las características que guían a estos exploradores en sus interacciones con el mundo.

Orígenes del apego seguro

Como los demás estilos, el apego seguro se desarrolla en las primeras etapas de la infancia en respuesta a las experiencias que se tienen con los cuidadores. Los padres de los niños que tienen un apego seguro suelen estar física y emocionalmente presentes y disponibles para sus hijos cuando estos los necesitan. Son protectores, pero no en demasía, y conceden a sus hijos rienda suelta para explorar el mundo que los rodea y aprender sobre él. Es fácil detectar a estos padres en un parque infantil. Los padres de Jackson, un amigo de mi hijo, son muy buenos en esto. Dejan que Jackson corretee y juegue a sus anchas mientras lo vigilan desde una prudente distancia. Están atentos a cualquier problema serio que el niño pueda tener e intervienen si, por ejemplo, Jackson trata de encaramarse a una actividad demasiado grande para él, pero no le gritan para regañarlo: sencillamente, le ofrecen una alternativa o lo ayudan a subir. Si Jackson se cae y se lastima, sus padres lo atienden inmediatamente, pero no se muestran demasiado nerviosos o preocupados, y le hacen saber que no es nada. Como están cerca y siempre atentos para ayudarlo, Jackson ve a sus padres como una fuente estable de apoyo y cuidado. En un parque, es habitual ver a los niños con un apego seguro correr hacia sus padres para darles un abrazo rápido antes de seguir explorando o saludarlos a la distancia. Unos segundos después, los ves jugando de nuevo, explorando el mundo y sintiéndose seguros mientras lo hacen, porque saben que el padre o la madre están siempre cerca, dispuestos a prestarles ayuda si la necesitan.

Además de proporcionar seguridad física a sus hijos, los padres de los niños con un apego seguro saben captar las necesidades emocionales de sus hijos. Cuando el comportamiento del niño suscita una respuesta constante y constructiva en el progenitor, el niño adquiere una sensación de dominio frente a la resolución de los problemas que encuentra. En cierto sentido, aprenden a pensar: «Cuando hago algo o actúo de una determinada manera, obtendré una respuesta que me ayudará a sentirme seguro y resolver el problema». Acudir a otros y conseguir su ayuda ofrece al niño un camino hacia un autoconcepto sano y una autoestima fuerte porque ha asumido que alguien se preocupa por él, que merece atención y que es valorado. Todo ello es la semilla de la que germinará el convencimiento de que sus actos (y ellos como individuos) pueden marcar la diferencia en el mundo.

Al tener un vínculo físico y emocional con su hijo, los padres pueden ayudarlo a aprender a autorregularse, a comprender de forma efectiva sus pensamientos y sensaciones y gestionarlos para alcanzar sus metas y resolver los problemas que encuentran. Al responder a las necesidades del niño e interactuar con él, el progenitor está haciendo lo que llamamos, en psicología, *corregulación*, es decir, un proceso bidireccional entre progenitor e hijo que se traduce en una disminución paulatina del estrés emocional general y contribuye a la estabilidad emocional de ambos.[2] El progenitor contribuye a la corregulación al ofrecer capacidad de respuesta y sensibilidad, y modela la autorregulación al tiempo que proporciona cuidado, afecto y apoyo al niño, especialmente en momentos de estrés. Una corregulación efectiva fomenta la autonomía y permite a los niños sentirse seguros mientras exploran entornos desconocidos, adquirir nuevas destrezas y aprender de los errores.[3]

Abrazos, hormonas y felicidad

La ciencia demuestra que el afecto de los progenitores durante la infancia está relacionado con la salud y la felicidad del niño mientras crece y se traduce, asimismo, en resultados beneficiosos que se extienden a lo largo de la vida, entre los cuales se cuentan una mayor autoestima, un mejor desempeño académico, una mejor comunicación entre progenitores e hijo, una mayor empatía y desarrollo moral, una mayor felicidad, y menos problemas psicológicos y de conducta.[4]

En un estudio destacado, realizado en la Facultad de Medicina de la Universidad Duke, se observó el nivel de afecto y atención entre bebés de ocho meses y sus madres. Treinta años después, volvieron a estudiar a los hijos y descubrieron que aquellos que habían tenido unas madres más afectuosas eran más felices, menos ansiosos y más resilientes que los que habían recibido menos atención de sus madres. Estadísticamente, también informaban de un menor número de interacciones sociales estresantes, casos de hostilidad y manifestaciones de malestar emocional.[5]

Los investigadores apuntaron la posibilidad de que la disponibilidad de la hormona oxitocina pudiera ser la responsable de estos resultados positivos. La oxitocina es un compuesto químico que segrega el cerebro cuando el individuo experimenta amor a través de una conexión emocional o el contacto físico. Esta sustancia puede actuar haciendo más profundo el vínculo entre padres e hijos, lo que contribuye a crear una sensación de conexión y confianza, fomenta el crecimiento y la curación, induce efectos antiestrés y estimula interacciones sociales positivas.[6] ¡A quién puede extrañar que esta sustancia química sea tan importante en la formación de los estilos de apego de los pequeños!

Los padres que fomentan un apego seguro en sus hijos les hacen saber que los quieren, aun cuando se equivoquen. Les dejan claro que lo que se les critica es un comportamiento y, cuando les regañan para corregirlo, nunca le arrojan al niño generalizaciones sobre el tipo de persona que es, y tampoco hacen una descripción negativa de él («Eres un vago», «Eres fastidioso», «Siempre me sacas de quicio», etcétera). Lo alientan y apoyan en sus intereses y actividades, y son su mayor animador cuando el niño gana y un hombro sobre el que llorar cuando el niño pierde. Lo ayudan a ver que cada fracaso es una oportunidad de aprender, pero también algo que dejar atrás, y no se obsesionan con los fracasos académicos o deportivos que sufra el niño.

Estos cuidadores tienen más probabilidades de saber sintonizar con las emociones de sus hijos y de comprender sus necesidades, y en general reaccionan a sus estímulos con cierto grado de estabilidad. Los progenitores son un puerto seguro para sus hijos y estos saben que pueden acudir a ellos cuando lo necesiten. El pequeño puede predecir, con un alto grado de certeza, cómo reaccionará su progenitor, y que este podrá hacerlo y estará dispuesto a ello. Por supuesto, nadie es perfecto, pero, en general, cuando esos padres dicen que van a hacer algo, normalmente cumplen con su palabra. Y si no pueden hacerlo, por lo general explican al hijo por qué en esa ocasión no han podido cumplir lo prometido y se disculpan. Nadie puede estar a la altura de su potencial en todo momento, pero los padres de niños con un apego seguro son casi siempre constantes en la crianza y comprenden el impacto de sus comportamientos sobre sus hijos.

Aunque traten de alejar a los hijos de sus problemas, esos padres son sinceros con ellos —siempre de acuerdo con lo indicado para la edad del niño— sobre las dificultades en las que pueden hallarse («Papá está muy estresado y necesita unas horas antes de que podamos jugar», «Sí, mamá llora porque está triste, pero a veces estás triste y no pasa nada. Pronto estaré mejor»). Muestran al hijo que es normal molestarse o estar estresado, pero también le muestran las habilidades que emplean para superar el trance por el que están pasando: «Cuando mamá está estresada, respira profundo unas cuantas veces para serenarse y hace algo divertido para despejar la mente de preocupaciones».

El explorador conectado probablemente tuvo unos cuidadores primarios durante su infancia que eran personas implicadas y efectivas en la gestión de su estrés sin que ello les impidiera tranquilizar y consolar a sus hijos. Hacían que el niño se sintiera seguro, lo que le permitía aventurarse en el mundo y explorarlo sin un temor excesivo a que nadie velara por sus intereses. Cuando el padre o la madre tenía problemas, procuraba que el pequeño no se sintiera responsable, ni tuviera la sensación de que debía ocuparse de que su padre o su madre se sintiera mejor. Tampoco se le reclamaba que se portara especialmente bien por el simple hecho de que uno de sus progenitores estuviera teniendo un mal día.

Los profesionales de la salud mental suelen emplear una analogía para describir el funcionamiento de estos padres. Dicen que sus hijos tienen en ellos «una cuenta de ahorros psicológica para casos de emergencia». Al igual que una cuenta bancaria en la que se guarda un dinero que no se toca salvo en caso de necesidad, esos padres proporcionan a sus hijos una reserva de recursos emocionales que los ayudarán a desarrollarse, crecer y superar las dificultades. Cuando todo va bien, la influencia de esos padres tal vez no tenga un impacto demasiado evidente en las actividades cotidianas del niño, pero el simple hecho de saber que dispone de un paracaídas para cualquier emergencia o peligro que pueda cruzarse en su camino permite al niño explorar nuevos horizontes y disfrutar de la aventura. Si se produce el desastre, los padres pueden brindarle apoyo y ayuda para superar el conflicto o el problema que haya experimentado.

Fomentar un apego seguro en tus hijos

Cualquier padre o madre quiere lo mejor para sus hijos. Aunque de niño no experimentaras unas conductas de crianza seguras, las siguientes ideas te ayudarán a desarrollar un apego seguro en tus hijos:

- Consuela a tu hijo (física o emocionalmente) siempre que lo necesite.
- Haz que se sienta a salvo tranquilizándolo de palabra y demostrándole constancia en tu conducta.
- Pregúntale a tu hijo qué necesita de ti y enséñale a comunicar sus necesidades con claridad.
- Permítele disfrutar de independencia y espacio para explorar, pero fija también límites y fronteras que no pueda cruzar, explicándole por qué impusiste esas reglas: para protegerlo.

- Ayúdale a comprender tus sentimientos y permite que exprese los suyos. No menosprecies sus sentimientos ni los ignores. Dale espacio para hablar tanto de sus buenas sensaciones como de las malas.
- Préstale apoyo y aliento, aplaudiendo y celebrando sus pequeños triunfos. Cuando se equivoque, hazle saber que los errores son la sal de la vida, pero aprovecha la ocasión para educarlo y pregúntale qué aprendió y qué haría de una forma diferente si volviera a encontrarse en una situación parecida.
- Dale ejemplo con tu comportamiento empático hacia los demás. Muéstrale la importancia de conductas prosociales como ayudar, cooperar, compartir, consolar y donar.[7] Explícale por qué es importante tener en cuenta los sentimientos y las necesidades de los demás, y pídele que asuma responsabilidades acordes con su edad.
- Cuando estés enojado por algo que haya hecho, asegúrate de que tu decepción y cualquier consecuencia o disciplina estén vinculados a su comportamiento, y no a la persona que es tu hijo.

Confianza y seguridad son los sentimientos más constantes que tienen los niños con un apego seguro. Saben que no pasa nada si se equivocan. Aprenden que, si se saltan una norma o desobedecen a sus padres, estos los seguirán queriendo y apoyando, aunque deban enfrentarse a las consecuencias de sus actos. Esta respuesta constante los ayuda a entender que su comportamiento en el mundo es importante y puede cambiar las cosas. Saben que los demás se preocupan por ellos y es menos probable que se sientan solos. Pueden comunicar sus necesidades de modo efectivo y saben que mostrar las propias emociones no significa que sean personas débiles. Saben también que no deben temer sus emociones. Comprenden que, cuando las cosas se tuercen, siempre hay maneras de resolver los problemas, y saben gestionar los momentos de estrés sin derrumbarse por completo.

¿Recuerdas la extraña situación? Estos son los niños que se sirvieron de sus cuidadores como una base de seguridad desde la que podían explorar y aprender.[8] Los niños dotados de un apego seguro suelen explorar la sala con mayor libertad e independencia cuando sus madres están presentes. De vez en cuando se relacionan con ella, le llevan un juguete para que lo mire, la invitan a jugar con ellos o le echan una mirada desde el lugar en el que se encuentren. Cuando el desconocido entra en la sala y la madre sigue presente, por lo general exhiben cierta curiosidad y simpatía hacia el desconocido. Cuando se va su madre, tal vez se inquieten y limiten su exploración (pueden quedarse con un juguete o una actividad), evitando al desconocido o apartándose de él. A veces pueden llorar un poco. Pero cuando vuelven a reunirse con la madre, suelen mostrar una gran alegría por su regreso y, una vez consolados, no tardan en estar listos para retomar su exploración independiente de la sala con su madre presente. Como las madres son sensibles a sus necesidades, los niños con un apego seguro aprenden que pueden confiar en su madre (y, más tarde, en otras personas) cuando se hallan en situaciones de tensión.[9, 10]

Cuando crecen, los niños con un apego seguro pueden encontrar el éxito en muchos ámbitos de la vida. Aprenden a confiar en sí mismos y en sus habilidades, son más capaces de asimilar y gestionar sus emociones, pueden relacionarse fácilmente con los demás y trabajar de forma cooperativa, obtienen un mejor desempeño académico, y saben conectar con sus compañeros y recorrer con éxito sus entornos sociales.[11]

El apego seguro en la edad adulta

Gracias a la atención constante y sensible que reciben de sus cuidadores, los niños con un apego seguro entienden que son merecedores de amor, y, en general, las demás personas les merecen confianza. Varios estudios apuntan a que los exploradores conectados poseen un sentido de la identidad más fuerte y estable y una autoestima más alta, lo que ejerce una poderosa influencia positiva sobre su autoconcepto.[12]

Esta mirada estable y por lo general positiva sobre sí mismos sale a relucir en sus relaciones, su progreso profesional y sus logros personales, pues saben abordar las situaciones nuevas y sus propias metas con una confianza realista y mayor ilusión por lo que puedan depararles, en lugar de inquietud por lo desconocido. No temen el fracaso porque su autovalía no depende exclusivamente de sus logros. El apego seguro en la infancia también suele deparar una valoración positiva de uno mismo en la edad adulta, tanto por lo que respecta a las propias capacidades académicas y deportivas, como al aspecto general.[13] También son capaces de fijar unos límites adecuados en sus distintas relaciones.

Los exploradores conectados se sienten seguros, estables y más satisfechos en sus relaciones íntimas que las personas con estilos de apego inseguros (evitativo, ansioso o desorganizado). No temen estar a solas, se sienten cómodos apoyándose en las personas en las que han decidido confiar, y mantienen relaciones estrechas y plenas de sentido.

También suelen sentirse más seguros en situaciones de tensión y emplean estrategias adaptativas más efectivas que las personas con estilos de apego inseguros.[14] Varios estudios han demostrado que las personas con un apego seguro suelen tener una salud mental más estable —especialmente en momentos de estrés— y por lo general son menos ansiosas. Ello se debe en parte a que aprendieron en su momento a lidiar con las emociones y a gestionarlas. Sus relaciones suelen ser duraderas y satisfactorias, y disponen de una mejor preparación para resolver cualquier conflicto de pareja. Rara vez se ven empujados a conductas iracundas.[15]

Una vez más, tener un apego seguro no significa que seas perfecto o que no experimentes dificultades en tu carrera, amistades o relaciones de pareja. La diferencia clave es que los exploradores conectados tienen el conocimiento de base —fomentado en la infancia— de que pueden contar con el apoyo de otras personas y de que al final todo irá bien. Confían en que podrán satisfacer sus necesidades, y eso apuntala la seguridad y la sensación de protección con la que se mueven por el mundo. ¿Recuerdas la idea de la cuenta de ahorros para casos de emergencia? Bien, cuando los exploradores conectados se hacen mayores, se convierten en su propia cuenta bancaria.

En general, los exploradores conectados no rehúyen asumir sus errores y creen que superarán sus problemas con un poco de ayuda y apoyo. Pueden enfrentarse a dificultades en el trabajo, sentir la decepción de no haber alcanzado una meta que se habían fijado y tener conflictos en sus relaciones amorosas e interpersonales en general. Sin embargo, cuando se ven ante cualquiera de estos desafíos o reveses, son capaces de gestionar el malestar, aplicar estrategias de resolución de problemas efectivas y salir del trance con el autoconcepto y la autoestima en gran medida intactos. Con un poco de tiempo, saben restaurar cualquier menoscabo de su autoestima.

El apego seguro sienta las bases de un desarrollo más sano a lo largo de la vida y configura un marco de referencia fuerte y positivo que te permite soñar a lo grande y hacer realidad tu visión vital. Veremos a continuación algunas de las principales influencias que el apego seguro puede tener sobre tu vida.

El apego seguro en las relaciones amorosas

Es una idea común que el tipo de apego que el niño forma con sus padres sirve de hoja de ruta para las relaciones que tendrá en el futuro, especialmente en el ámbito amoroso, porque a menudo dichas relaciones son las más íntimas que se tienen de adulto para la mayoría de la población. En el caso de los exploradores conectados, la relación que tuvieron con sus cuidadores les sirve de modelo de lo que debe ser una relación sana y tratan de reproducir, aunque a menudo sea de forma inconsciente, la confianza y el amor que vivieron de niños en sus relaciones futuras, con la confianza de que son merecedores de ello.[16]

Las investigaciones apuntan a que las personas con un apego seguro son capaces normalmente de fomentar unos lazos amorosos seguros. Confían en el amor de su pareja y asumen que sus necesidades serán satisfechas en el seno de la relación. Las características del estilo de apego seguro (confianza, comunicación, unos límites sanos, un fuerte sentido de la identidad propia) son consustanciales a los exploradores conectados, de modo que suelen saber preservar sus comportamientos, expectativas y estilo comunicativo en sus relaciones, incluso cuando se encuentran con personas que no los tratan de la misma manera que sus cuidadores originales. Si bien es posible que la interacción temporal con personas que los tratan de forma negativa pueda hacer tambalear su autoconcepto, con toda probabilidad recuperarán su autoimagen positiva y tomarán con resiliencia esas experiencias.

Ninguna relación queda por completo a salvo de los problemas, y las personas con un apego seguro pueden pasar por malos momentos cuando viven conflictos con sus parejas. Sin embargo, los exploradores conectados por lo general saben regular bien sus emociones y expresar empatía por los sentimientos de su pareja. Suelen reconocer las necesidades de los demás y no solo apoyan y respetan a su pareja, sino que, además, la ayudan a sentirse a salvo y protegida. En general, pueden confiar en los demás y abrirse a ellos. Cuando tienen pareja, saben reclamar apoyo emocional y ofrecerlo. Suelen aspirar a una dosis saludable de cercanía y disfrutan tanto de la intimidad emocional como de la física. Aunque valoran esta proximidad, no se pierden por completo en sus relaciones, y cuando se comprometen a estar con otra persona (y formar un nosotros), también saben conservar su sentido de la identidad (su yo). Son comunicadores asertivos y se muestran flexibles y dispuestos a adaptarse cuando es necesario. Saben tomar los comentarios de los demás o sus críticas sin sentirse excesivamente agredidos o controlados. Saben perdonar los errores de su pareja, así como reconocer los propios. Las personas con un apego seguro informaron de una satisfacción mayor en sus relaciones que aquellas con un apego inseguro,[17] también en momentos de transición importantes como tener un hijo.[18]

El apego seguro con las amistades y la familia

En las relaciones no románticas de sus vidas, a las personas con un apego seguro se les da bien hacer amistades y conservarlas. Como disponen de un buen modelo de lo que debe ser una relación mutuamente satisfactoria, pueden conectar con los demás de manera confiada y no solo saben responder a las propuestas de amistad que les cursan los demás, sino que también saben dar ellas el primer paso. No tienen dificultades para fijar límites en sus relaciones y se sienten cómodas respetándolos. No quedan subsumidas en los demás y no tienen inconveniente en impulsar y compartir intereses con otras personas o decir «no» cuando algo no les interesa.

También saben que pueden acudir a los amigos cuando necesitan apoyo y no consideran que pedir ayuda sea un síntoma de debilidad. Confían en que los demás los apoyarán y sabrán satisfacer sus necesidades. A cambio, brindan apoyo a sus amigos y lo hacen de buena gana sin sentir la necesidad de que haya un intercambio equilibrado de favores. No se muestran dependientes ni exigen atención en todo momento, y no rechazan o evitan a sus amigos cuando estos se encuentran en situación de necesidad. Sus relaciones son fuertes y suelen ser duraderas. Pueden mantener unas relaciones sanas de intercambio y reciprocidad con sus amistades.

El explorador conectado suele tener una visión positiva de los demás. Normalmente confía en la gente y no siente la necesidad de dudar de sus intenciones. Es capaz de aceptar las muestras de afecto y permanecer conectado a sus seres queridos incluso cuando estos se manifiestan angustiados o molestos. Deposita confianza en sus amistades y puede comunicarse para resolver los conflictos en lugar de adoptar actitudes pasivo-agresivas o desconectar por completo de un amigo cuando este muestra su malestar. En su libro *Platónico: descubre cómo la ciencia del apego te ayudará a hacer amigos (y a cuidar de los que ya tienes)*,[19] la doctora Marisa G. Franco explica que muchas personas a las que describe como «superamigos» poseen un apego seguro. Este rasgo que los superamigos tienen en común les permite prosperar tanto en el seno de sus relaciones como al margen de ellas. Varios estudios han demostrado que los superamigos tienen una mejor salud mental, están más satisfechos con el trabajo y son menos proclives a padecer trastornos crónicos o graves como infartos, migrañas, úlceras y otros problemas de salud.[20]

Quien tiene un apego seguro sabe reconocer su propia valía y la de sus amigos. Las interacciones con los familiares a menudo traen recuerdos de experiencias infantiles positivas, y las emociones y el afecto se expresan con soltura entre los miembros de la familia. Ese afecto no se rompe cuando hay discrepancias o conflictos y, al margen de si el conflicto queda zanjado o los discrepantes deciden no seguir discutiendo y aceptar que piensan distinto, la persona con un apego seguro tiene plena confianza en que su familia seguirá queriéndola, y que ella querrá a su familia, pase lo que pase.

El apego seguro en el trabajo

Los exploradores conectados pueden brillar en el trabajo. De hecho, informan de una mayor satisfacción laboral y en general son más felices con su entorno de trabajo.[21] Saben manejarse relativamente bien en momentos de máxima presión y buscan apoyo cuando lo necesitan. Su trabajo es efectivo, ya sea que lo realicen de manera independiente o en grupo, y saben aceptar las órdenes y las críticas constructivas porque están siempre dispuestos a mejorar. Como son personas seguras de sí mismas sin ser narcisistas, y nunca tienen inconveniente en reírse de sí mismas o reconocer sus errores, en el entorno laboral se las considera buenas compañeras de trabajo.

Aunque se esfuerzan en alcanzar el éxito, no son competitivos en demasía y entienden que los demás también pueden aspirar a sus propias metas, lo que les permite trabajar bien en un entorno en el que impera la colaboración. Trabajan duro y saben motivarse a sí mismos y priorizar las tareas que así lo requieren. Son productivos y cumplen con las expectativas en su actividad. Asimismo, no suelen alimentar un entorno laboral tóxico. Aunque hacen de buena gana todo lo que se les pide, no les da miedo decir no o dar un paso atrás cuando lo ven necesario. Saben trabajar bien con sus superiores y piden directamente que se evalúe su desempeño o se les oriente cuando lo consideran necesario. Aun cuando se les prive de refuerzo positivo, son capaces de ver la valía de su trabajo, reconocerla y estar orgullosos de sus logros. Tienen madera para ser buenos líderes porque son empáticos, sus expectativas son razonables y son conscientes de los sentimientos y las necesidades de los demás al tiempo que mantienen unos límites sanos.

También saben conservar unos límites sanos entre la vida personal y la profesional, reconocer cuándo necesitan ayuda, tomarse un descanso para evitar desgastarte en el trabajo, y mantener un equilibrio sano entre vida y trabajo.

El apego seguro en la persecución de las metas

Como se les ha criado en un entorno que les dio la posibilidad de desarrollar la confianza en sí mismos, no temen perseguir sus objetivos en muchos ámbitos de la vida. Aunque sepan reconocer que el fracaso es siempre una posibilidad, no permiten que ello los prive de tener expectativas razonables con respecto a su salud, su carrera profesional y sus relaciones. Saben que alcanzar una determinada meta —o no— no define quiénes son, porque su autovalía no es sinónima de sus logros. Su resiliencia e independencia les permiten replantearse sus objetivos en caso de contratiempos o adaptar el enfoque o los métodos empleados. Encontrar un obstáculo o una dificultad no los fuerza a abandonar sus metas ni los desanima. Saben recibir los golpes sin que decaigan el deseo y el esfuerzo necesarios para alcanzar sus objetivos. Las metas que se fijan proceden de su motivación y deseos internos, y por lo general no persiguen objetivos que estén basados en lo que otras personas consideran que deberían hacer.

Pueden ser personas con una gran automotivación y que saben aprovechar su fuerza de voluntad para abrirse paso hacia sus metas, pero nunca fijan sus miras en un objetivo en detrimento de todas las demás facetas de sus vidas. Saben mantener el equilibrio entre sus relaciones, sus obligaciones y otros aspectos de su vida que, al igual que las metas a las que aspiran, reclaman su tiempo y atención.

Courtney procede de una familia que se ha dedicado a la banca desde hace tres generaciones, y se esperaba que siguiera los pasos de su bisabuelo, su abuelo y su padre, así como los de su hermano y su hermana, dentro del sector bancario. Pero ya de niña Courtney se enamoró de la música. Su maestra favorita de la escuela tocaba un instrumento en una banda los fines de semana. Courtney iba a menudo con su familia a verla tocar. Cuando creció, aquella experiencia la inspiró a dedicarse a la música.

Aunque para sus padres fue una decepción que renunciara a unirse al negocio familiar, la apoyaron en sus sueños. Vivió casi sin llegar a fin de mes durante casi una década hasta que encontró su primer trabajo estable en la orquesta de una ciudad, empleo que compaginó con la composición y actuaciones en distintos clubes. Aunque no siempre encontró un camino abierto, no renunció a sus metas ni permitió que las dificultades hicieran mella en la confianza en sus propias capacidades. Finalmente, pudo hacer realidad su sueño y seguir creando e interpretando música.

Los dones de un apego seguro

Algunos de los dones más importantes del apego seguro se manifiestan en los modelos operativos internos de los exploradores conectados. Esos modelos son el fundamento de nuestro sistema operativo, que nos instalaron en nuestros primeros años de infancia, y hoy orientan la comprensión y representación de nosotros mismos. Dicho de otro modo: esos modelos son las historias que dan forma a lo que pensamos de nosotros mismos y a nuestras maneras de movernos por el mundo. Los marcos cognitivos y las autorrepresentaciones de los exploradores conectados suelen ser optimistas, pero también realistas. Encuentran un equilibrio real entre cómo se ven a sí mismos y cómo ven el lugar que les corresponde en el mundo, si bien tienden a decantarse hacia posiciones más positivas en su visión del yo, de los otros y del mundo. En otras palabras: son más proclives a verse como personas a las que se puede querer, y a ver a los demás como personas dignas de confianza, y por lo general confían en sus capacidades para obtener buenos resultados en todas las facetas de sus vidas.

He descubierto en mis investigaciones y en mi experiencia profesional que las personas que disfrutan de un apego seguro suelen compartir cuatro modelos operativos:

1. «Creo en mí mismo y me gusto».
2. «Puedo enfrentarme a cualquier imprevisto».
3. «Puedo conseguir resultados positivos en mi vida».
4. «Puedo ser independiente y al mismo tiempo contar con los demás».

Tus modelos operativos siguen evolucionando a lo largo de tu vida, lo cual es una magnífica noticia para quienes aspiran a sanar su estilo de apego. Estos modelos operativos no tienen por qué ser exclusivamente aspiracionales. Con el tiempo, y trabajando los ejercicios incluidos en el capítulo que corresponda a tu estilo de apego, podrás reescribir las historias que aprendiste en la infancia y ofrecer a tu niño interior la seguridad, la coherencia y la confianza necesarias para poder adoptar unas historias nuevas, unas historias que puedan ayudarte a que los retos de la vida y los problemas que experimentas en las relaciones sean más manejables; la vida cotidiana, más gratificante, y tu visión vital, más amplia y empoderada.

«Creo en mí mismo y me gusto»

Como hemos visto, las personas con un apego seguro suelen tener una identidad más fuerte y una autoestima más elevada que las personas con un apego inseguro. Son más proclives a tener sentimientos positivos y duraderos hacia sí mismas y sus capacidades, a sentirse aceptadas por los demás y a otorgarse la valía que merecen.[22] Uno de los motivos fundamentales estriba en que las personas con un apego seguro suelen cargar con un menor lastre de vergüenza. La vergüenza activa una potente sensación de insuficiencia y falta de valía. Suele encerrar a la gente en un bucle de autoevaluaciones negativas que pueden menoscabar la autoestima y robarle la confianza en que es una persona eficaz (autoeficacia). Por fortuna, la confianza, el aliento y la crianza que recibieron los exploradores conectados en la infancia les proporcionan una especie de escudo contra esa sensación de que pueda haber algo profundamente defectuoso en ellos que no tiene arreglo.[23]

Uno de mis pacientes, Peter, es deportista y se esforzó mucho en conseguir una beca para jugar al basquetbol en la universidad. Por desgracia se lesionó de gravedad unas semanas después de empezar las clases y no pudo volver a jugar durante todo el curso. No conocía otra pasión que el deporte, así que se sintió perdido y no supo cómo manejar esa situación imprevista. Recordaba sin cesar el momento de la lesión que terminó llevándolo al quirófano y a perderse toda la temporada. Se torturaba y se sentía culpable por lo ocurrido, por haber cometido un error por descuido, por haberse permitido un instante en el que no estuvo plenamente concentrado y que pagó con esa lesión. Pero por más devastadora que fuera la situación, en ningún momento derivó de lo ocurrido que fuera una persona con un defecto de carácter irreparable. Sabía que seguía teniendo valor más allá de su destreza con el basquetbol. No sintió vergüenza por el hecho de que no podría hacer realidad su visión de ser uno de los novatos más productivos de su equipo universitario.

Fue desgarrador no arrancar a toda máquina con su carrera de atleta universitario. Pensaba que estaba perdiéndose un montón de actividades, actos e interacciones sociales fundamentales por el hecho de no poder jugar. Aun así, al no interiorizar aquel revés —no permitió que la lesión lo definiera como persona—, Peter pudo superar a base de trabajo aquella terrible decepción; se dedicó a probar varias disciplinas y finalmente decidió estudiar un grado de kinesiología. También se inscribió a varios clubes y probó con la música y el ajedrez, ampliando así sus intereses más allá del deporte. No cayó en la trampa que suele tendernos la vergüenza: impedir a la gente que la siente tomar medidas que la ayude a salir del pesimismo y la desesperación. En vez de quedarse paralizado en respuesta a una situación de estrés, Peter fue capaz de dar un salto y descubrir que tenía sentido alimentar otros aspectos igualmente importantes de su vida durante esos meses.

«Puedo enfrentarme a cualquier imprevisto»

Los exploradores conectados son resilientes frente a la adversidad y pueden cambiar de tercio siempre que sea necesario para encontrar una solución que funcione incluso si están molestos con lo que ocurre. Por lo general poseen mayor flexibilidad psicológica que las personas con apegos inseguros, lo que les permite lidiar mejor con las situaciones difíciles, aceptarlas y adaptarse a ellas.[24] Son capaces de enfrentarse a las circunstancias presentes «como un ser humano completo, y cambiar de conducta o persistir en ella en función de lo que mejor sirva a los objetivos valorados».[25]

La mejor manera de resumirlo sería decir que tienen la capacidad de hacer cosas difíciles, de cambiar de dirección cuando la ocasión así lo exige y de perseverar en actividades que aportan sentido y luz a sus vidas. Cuando te enfrentas a algo que se te antoja difícil, eres capaz de cambiar tu forma de pensar acerca de ello (los psicólogos lo llaman *cambiar de guion*) y tomar medidas que estén impulsadas por tus valores, aun cuando tu cabeza y tu corazón te dicten que debes huir o esconder la cabeza en el suelo como el proverbial avestruz.

En general, las personas dotadas de una mayor flexibilidad psicológica informan de menores niveles de depresión, ansiedad y angustia incluso cuando deben enfrentarse a vivencias estresantes.[26] Durante los momentos difíciles, las personas con flexibilidad psicológica pueden perseverar y continuar con aquellas actividades que más valoran porque entienden que dotan su vida de sentido. Son capaces de modificar sus estrategias adaptativas y amoldarse a las circunstancias cambiantes en vez de quedar atrapadas en unas soluciones que no funcionan. Pueden liberarse de una determinada fijación en un resultado deseado y están dispuestas a adaptarse cuanto sea necesario para encontrar caminos distintos hacia sus metas,[27, 28] incluso durante la pandemia de COVID-19, que aisló a muchísimas personas y fue traumática a escala mundial.[29]

Durante los confinamientos por la pandemia de COVID, Marion vivía sola en una región bastante aislada. Se le hizo cuesta arribar enfrentarse a los síntomas de la depresión que padecía y empezó a perder interés por cosas que antes le gustaban, como correr, salir a cenar con los amigos o la lectura. Su voz interior negativa ganó volumen y llegó a decirle que jamás podría salir de la depresión y que estaba condenada a sufrir sola. En vez de permitir que esos pensamientos y sensaciones negativas se adueñaran de su vida, fue capaz de adaptarse a las circunstancias y volver a concentrarse en lo que era más importante para ella. En resumidas cuentas, aceptó plenamente la realidad que le había tocado en suerte sin oponer demasiada resistencia ni dejarse llevar en exceso por conductas evitativas de los problemas y retomó el contacto con sus valores más preciados, aun a pesar de experimentar pensamientos y emociones difíciles a diario.

Incluso aunque no le apeteciera, se ataba los cordones de las zapatillas y salía a correr varias veces a la semana. En ocasiones, la carrera tan solo duraba cinco o diez minutos, pero otros días encontraba la motivación para correr más rato. Aunque sentía en algún rincón de su ser que se estaba aislando todavía más, porque uno de los valores que más apreciaba era el espíritu de comunidad, se obligó a conectar con sus distintos grupos de amistades todas las semanas en reuniones de Zoom. Disfrutaba con esas relaciones y esperaba con ilusión esas llamadas. Asimismo, decidió retomar la fotografía, que era una vieja afición suya, y pasaba ratos fuera de casa haciendo fotos de la naturaleza que luego colgaba en sus redes sociales. Esas fotos, que le permitieron conectar con todavía más gente, no solo eran fuente de alegría, sino que, además, le dieron una inyección de autoestima. Cuando empezó a encontrarse mejor, comenzó a participar en clases *online*, donde conoció a otras personas y pudo explorar algunas cosas que le interesaban, como la historia del arte o el diseño gráfico. Aunque aún tenía días malos en los que sufría los síntomas de la depresión, en general pudo crear unas conexiones que la mantuvieron activa durante la pandemia y la ayudaron a sentirse menos sola.

Ejercicio: tu caja de herramientas para la flexibilidad psicológica

Uno de mis abordajes terapéuticos favoritos es la terapia de aceptación y compromiso (ACT, por sus siglas en inglés). En esta especialidad, hay un concepto que llamamos *funcionalidad*, que desempeña un importante papel en la construcción de la flexibilidad psicológica.

El doctor Russ Harris tiene un buen método para decidir si un pensamiento que tienes, o una situación en la que te encuentras, es «funcional». Consiste en hacerte una pregunta muy sencilla para determinar su funcionalidad, a saber: «¿Lo que estás haciendo te funciona para que tu vida sea más rica, plena y significativa?».[30]

Si la respuesta es afirmativa, entonces ese pensamiento, acción o situación es funcional y no hay necesidad de modificarlo (aun en el caso de que los sentimientos que te despierte puedan parecerte difíciles de tolerar en ese momento). En cambio, si la respuesta es negativa, es importante que pienses a fondo alternativas que sí sean funcionales, es decir, que te ayuden a tener experiencias significativas, ricas y plenas.

Si quieres encontrar una manera de enfrentarte a una situación difícil que sea funcional, te recomiendo que pruebes estas estrategias rápidas:

- Pregúntate qué podrías hacer en este mismo instante que fuera útil a uno de tus valores primordiales y hazlo.
- Etiqueta tus pensamientos negativos (sean uno o varios) y sepárate de ellos. No tienes más que anteponer esta pequeña cláusula antes de cada pensamiento negativo: «Estoy teniendo el pensamiento de que...». Esto te ayudará a recordar que eres tú la persona que está teniendo ese pensamiento. El pensamiento no te tiene a ti ni eres tú. Tú posees la facultad de tener ese pensamiento, pero no tienes por qué seguir interpretándolo o peleándote con él.
- Repítete este mantra: «No debo temer los sentimientos dolorosos. Puedo enfrentarlos y hacer lo que de verdad importa y tiene sentido ahora mismo».

Otras formas de hacer músculo con tu flexibilidad psicológica

Si necesitas más ayuda para hacer frente a una situación difícil en este momento, consulta las siguientes herramientas:

- Practica la autocompasión haciendo meditación de bondad amorosa (véase pág. 339).
- Practica la aceptación radical (véase pág. 318).
- Da gracias a tu mente (véase pág. 334).
- Haz ejercicios de conexión (véase pág. 332).
- Usa la técnica TIPP (véase pág. 330).
- Practica el yo como contexto y visualiza la metáfora del tablero de ajedrez (véase pág. 311).
- Empieza a fluir (véase pág. 152).

Como puedes comprobar, una vez que has identificado que un pensamiento, una conducta o una situación no es funcional, resulta mucho más sencillo saltar a un contexto que sí lo es sirviéndote de tu flexibilidad psicológica,[31] es decir, ser capaz de poner en práctica la aceptación frente a lo que esté sucediendo, desactivar los pensamientos negativos, conectar con el momento presente (*mindfulness*), acceder al «yo como contexto» (esa faceta de ti que «se ocupa de registrar y observar cuanto ocurre en tu mundo interior y exterior»,[32] según lo define el doctor Harris; para más información y usos de esta técnica, véase pág. 111, a continuación en este capítulo), recordar tus valores y tomar medidas comprometidas contigo mismo.

«Puedo conseguir resultados positivos en mi vida»

Los exploradores conectados poseen un alto grado de empoderamiento personal. Como sus cuidadores siempre estuvieron a su disposición, fueron sensibles a sus necesidades y respondieron a sus señales emotivas, aprendieron a intervenir en el mundo que les rodeaba y se sintieron dueños de su entorno desde edades tempranas. No suelen sentirse impotentes en momentos de tensión y creen que pueden conseguir resultados positivos a través del esfuerzo, ya sea alcanzar metas en la salud o la forma física o conseguir un nuevo empleo. Creen que las cosas que les ocurren —sean buenas o malas— son por lo general fruto de sus actos. Saben que en el mundo hay cosas que escapan a su control, desde luego, pero creen que, las más de las veces, si ponen todo su empeño, serán capaces de hacer realidad lo que se proponen. Son menos proclives a obsesionarse con cosas que escapan a su control y más inclinados a concentrarse en aquellas sobre las que pueden ejercerlo.

Por ejemplo, Danny, al poco de ser transferido a un departamento distinto de su empresa, empezó a tener encontronazos con su nuevo encargado. Parecían chocar por cualquier insignificancia y, pese a que Danny trataba de comunicarse con toda la efectividad posible, sencillamente no congeniaban. Por ello, el día a día en el trabajo se había convertido en una experiencia estresante, ya que Danny tenía la sensación de que su encargado le imponía tareas constantemente con el único objetivo de que tropezara y así hacerlo quedar mal. A veces, a punto de salir de la oficina al término de la jornada, su encargado lo llamaba al despacho para confiarle un nuevo proyecto con un plazo de entrega brevísimo. Danny tenía la sensación de que su jefe lo tenía todo pensado para hacerlo fracasar.

Desde luego, Danny sentía que había perdido el control de la situación, ya que su encargado era también un superior jerárquico y tenía el cometido de supervisar su trabajo cotidiano. Pero no permitió que esa circunstancia lo hundiera demasiado tiempo. En confianza, habló con un par de buenos amigos sobre la situación que atravesaba y les pidió que le aconsejaran alguna manera de mejorar la relación con su jefe. Danny dedicó un tiempo a pensar qué facetas de su trabajo estaban bajo su control, trató de anticiparse a algunas de las dificultades que podría tener con su encargado antes de que surgieran, e ideó varios planes para saber gestionarlas si finalmente se presentaban. Danny se dijo a sí mismo que, si ponía todo su empeño y demostraba sus ganas de ser un buen jugador de equipo, tarde o temprano mejoraría la relación con su jefe, por más que la situación nunca llegara a ser óptima entre ambos. Como era de esperarse, al cabo de unos pocos meses, su encargado pareció adoptar una actitud más relajada en la gestión del trabajo de Danny. Más tarde, le confesaría que había creído necesario ser duro con él porque, en su último empleo, le pareció que la gente había intentado aprovecharse de su estilo de gestión más transigente. En cuanto vio que Danny estaba dispuesto a trabajar con él y que siempre estaba a la altura de los retos que le imponía, entendió que no hacía falta ser tan duro con él. Con los años, terminarían teniendo una relación de trabajo muy amigable.

«*Locus* de control» es un concepto que desarrolló el doctor Julian Rotter.[33] Refiere la creencia de un individuo sobre el grado de control que tiene sobre lo que ocurre en su vida. En cierto sentido, termina dependiendo de cada individuo si cree que puede influir en lo que le ocurre (*locus* de control interno) o si por el contrario cree que es víctima de fuerzas exteriores (*locus* de control externo). En el caso de Danny, reconoció que tenía la capacidad de ejercer una influencia positiva sobre la situación que vivía con su jefe y que no era víctima de las circunstancias. Creer que puedes influir en lo que te ocurre es muy importante para imprimir una sensación de estabilidad y coherencia a tu vida, de forma muy parecida a la estabilidad y la coherencia que, idealmente, te proporcionaron tus padres en la infancia. Asimismo, las personas con este *locus* de control interno tienen un mejor autocontrol y disfrutan de otros beneficios en la vida, como una mejor salud.

Las personas con un apego seguro son adaptables y flexibles en sus relaciones y otras situaciones vitales. Cuando viven un conflicto o se enfrentan a retos, tienen una gran tolerancia a la frustración, pueden comunicarse de manera efectiva y emplean sus destrezas en la resolución de problemas para llegar a soluciones, y todo ello se debe en gran medida a que son optimistas con respecto a su capacidad para resolver los problemas, superar los obstáculos y alcanzar el éxito. Estas personas no se amilanan frente a la adversidad, sino que tratan de identificar un curso de acción nuevo o mejor que los acerque a sus objetivos, resuelva sus problemas relacionales o mejore las circunstancias vividas en el entorno laboral, manteniéndose en todo momento alineadas con sus valores más preciados y su visión vital.[34] Tienen confianza en que el mundo es por lo general un lugar seguro y que pueden velar por su propia seguridad.[35]

Ejercicio: valores y acción comprometida

Vivir con valores es una actitud distinta de aquella que se basa en medir el éxito en función del prestigio, la riqueza o el poder. Esta práctica consiste en identificar lo que te importa, por qué cosas estás dispuesto a luchar, y los valores que tienes en la vida. Cuando sabes qué es importante para ti, tomar decisiones que te acerquen a tus prioridades y hacer que tus actividades estén en consonancia con tus valores, aunque te halles inmerso en un momento difícil, se convierte en la cosa más sensata y práctica que puedas hacer. Una vida basada en los valores te infunde una sensación de empoderamiento y control sobre la propia existencia y te ayudará a imprimir a tus acciones una dirección que tenga sentido para ti.

Me encanta hablar con la gente sobre la diferencia entre valores y objetivos y por qué tener ambas cosas es importante para disfrutar de una vida bien vivida. A diferencia de los objetivos, los valores no se pueden tachar de una lista a medida que los vas completando. Están en el centro mismo de lo que constituye el sentido y el propósito de nuestras vidas. No debemos confundirlos con la ética ni con la moral en sí, ya que más bien se trata de ideales que querrías encarnar para que guiaran tu vida. También esperas de ellos que colmen tu experiencia vital. Por ejemplo, el humor, la afectividad, el aprendizaje o la independencia podrían representar cosas que te gustaría que los demás te atribuyeran al hablar de ti cuando no estás con ellos, y por las que te gustaría ser recordado cuando ya no estés. Son cosas que te reportan una profunda sensación de satisfacción y gozo; tanto es así que estarías dispuesto a prácticamente todo con tal de conservarlas en tu vida.

Eliges tus valores, y puede ocurrir que descubras que esas elecciones, o el significado que les atribuyes, vayan cambiando en distintas etapas de tu vida. Los valores son distintos para cada persona. Incluso cuando dos personas eligen la misma palabra para describir uno de sus valores principales (*integridad*, por ejemplo), cada una de ellas plasmará ese valor de forma distinta, ya sea de palabra o de hecho. Por ejemplo, una podría decir que la integridad consiste en ser brutalmente sincero en cualquier circunstancia, mientras que la otra podría decir que la integridad estriba en tener la sensación interior de que te guía la moral en todas las decisiones que tomas. También podrían vivir este valor de manera distinta según el ámbito de la vida: una podría emprender acciones que reflejen integridad en el trabajo, como, por ejemplo, una transparencia total sobre las decisiones tomadas por los altos ejecutivos con sus subordinados, mientras que la otra persona podría estar más preocupada por conservar la integridad con su pareja, no engañándola y confiándole con sinceridad que a veces necesita un poco de tiempo a solas.

Cuando nos alineamos con nuestros valores a diario, disponemos de más energía, nos sentimos más realizados y tenemos más motivación y fuerza de voluntad para alcanzar nuestras metas, porque actuamos según lo que es importante para nosotros. La claridad sobre nuestros valores y comprometernos sin cesar con ellos nos ofrece una brújula que orienta nuestras acciones y conducta durante los momentos más difíciles, además de brindarnos consuelo y una sensación de coherencia.

Este sencillo ejercicio te tomará solo unos minutos y es fácil incorporarlo a tu rutina de antes de irte a dormir. Empieza enumerando tus tres valores máximos. Podrías mencionar, por ejemplo, el respeto, la autenticidad, el cariño, la salud, la aventura, la curiosidad o el saber. Si ninguna de estas cosas encaja contigo, o si estás encallado y quieres echar un vistazo a una lista más larga, puedes visitar mi página web: <https://drjudyho.com/>. Por cada valor que elijas, pregúntate: «¿Cómo he vivido, encarnado o actuado en sintonía con este valor hoy?». Para cada uno de los valores elegidos con los que no te hayas sentido conectado durante el día, comprométete a retomarlo con actividades basadas en los valores en las veinticuatro horas siguientes.

Por ejemplo, si uno de tus valores máximos es la comunidad, puedes apuntar que debes llamar mañana a un amigo para ver cómo está o buscar un taller de alguna afición en tu barrio para conocer a gente con valores parecidos a los tuyos. La clave de las acciones basadas en los valores reside en que no tienen por qué ser grandiosas o representar la forma más elevada de vivir conforme a ese valor. Se trata de hacer algo que te conecte con ese valor y mantenerlo en las primeras posiciones de prioridad en tu mente durante tu ajetreado día a día. También es importante saber reconocer tus acciones basadas en valores y hacerlas con intención. Así pues, cuando llames a ese amigo, piensa para tus adentros: «De esta forma estoy honrando el valor de la comunidad que siempre me ha guiado». Cuando reconoces lo que haces de una manera consciente, también obtienes la máxima alegría, satisfacción y realización que puedan derivarse de esa acción. En lugar de pensar: «Con lo ocupado que estoy hoy, y ahora tengo que llamar a mi amigo», si das el máximo protagonismo a tus valores, seguramente pensarás: «Si hago esto es porque es importante para mí».

Asimismo, cuando vives la vida en sintonía con tus valores más preciados y lo haces de forma coherente y constante, te sientes mejor contigo mismo y mejor anclado a las cosas que de verdad te importan, y, además, es posible que estés ayudando a que otra persona experimente esos mismos valores en carne propia y de manera útil. Ese amigo al que llamaste para interesarte por él quizá necesitaba esa conexión precisa para alegrarse o recibir un empujón motivacional extra.

«Puedo ser independiente y al mismo tiempo contar con los demás»

Todos necesitamos sentirnos conectados y ser autosuficientes al mismo tiempo. A esta doble necesidad solemos llamarla interdependencia.

Los exploradores conectados entienden dónde termina su persona y comienza la de los demás, y en el caso de las relaciones más íntimas o amorosas, saben ver dónde empieza el «nosotros» sin quedar engullidos. Aunque disfrutan de conectar con los demás, también disfrutan estando solos y pueden conservar sus propios intereses al margen de sus relaciones íntimas, al tiempo que animan a sus parejas a hacer lo mismo. En la práctica, esta actitud podría resumirse en que se sienten a gusto fijando límites, experimentando la intimidad y ejerciendo su autonomía. Tienen un fuerte sentido de los valores personales y actuarán con relativa rapidez cuando los demás vulneren dichos valores, comunicando su decepción o frustración con asertividad.

Will tiene una relación de pareja con Anna. Últimamente pasan mucho tiempo juntos, van a restaurantes, a espectáculos, al cine, a conciertos de música, y también quedan con amigos comunes. Anna es inteligente e ingeniosa, alguien con quien es divertido estar, pero a veces puede ser muy desconfiada y posesiva con Will, aunque él no haya hecho nada malo o fuera de lugar. Las veces que ocurre, Will le asegura que todo va bien, que la quiere muchísimo y que su relación va por buen camino. Pero Anna sigue discutiendo con él. Pese a que a veces puede resultar exasperante, Will nunca la considera un caso perdido. Se muestra empático con sus inquietudes, pero también impone límites claros. Por ejemplo, cuando tiene la sensación de que está fuera de quicio, Will se aparta con delicadeza y le pide pasar un tiempo a solas. Le dice que se pondrá en contacto con ella cuando se sienta en condiciones de retomar el contacto, al cabo de uno o dos días como mucho (nunca tarda más). Sigue expresándole su afecto y le dice lo importante que es para él. Cuando necesita unas horas de tranquilidad, le hace saber a Anna que es una necesidad propia y que no tiene nada que ver con la relación en sí o con sus sentimientos por ella. Cuando se toma esos momentos de descanso para recargar baterías, anima a Anna a salir con las amigas o a dedicarse ese tiempo a sí misma.

Al sentirse a gusto tanto con la intimidad como con la autonomía, los adultos con un apego seguro suelen tener una visión interiorizada de sí mismos que es positiva y por lo general ven con buenos ojos las intenciones de los demás para con ellos. En el fondo, son más proclives a conducirse con la creencia general de que la mayoría de la gente tiene buenas intenciones y no suelen caer en un escepticismo o una desconfianza excesivos a propósito de los demás. Aunque a veces pueden encontrarse en situaciones que parecen amenazar esos modelos operativos internos (como tener una relación breve con una persona inclinada al maltrato emocional que no se porta bien con ellos), pueden, pese a todo, evaluar objetivamente a las personas y sus actos, y casi siempre recuperan su creencia de que pueden apoyarse y confiar en la mayoría de las personas.

En una relación, el explorador conectado puede exhibir conductas independientes y dependientes adecuadas a las circunstancias. Puede pedir ayuda, pero también sentirse cómodo lidiando con sus problemas por su cuenta. Como sabe dar y recibir, no se siente culpable por obtener apoyo de los demás, porque sabe que no faltarán ocasiones para devolver el favor. Expresa libremente su afecto y no le preocupa la posibilidad de no recibirlo a cambio. No evita la intimidad, pero tampoco la busca desesperadamente. No es proclive a jugar con las emociones de los demás para concitar su interés, no juega a hacerse el duro y puede ser franco en la expresión de sus sentimientos. Sabes el terreno que pisas cuando estás con alguien que tiene un apego seguro.

Los exploradores conectados son asertivos cuando manifiestan sus opiniones y esperan que sean escuchadas y valoradas, al tiempo que hacen extensiva esa cortesía a sus parejas. Entienden que a veces las personas pueden tener diferencias, y aunque sus parejas tengan ciertas actitudes que los irritan, nunca intentarán convertirlas en alguien que no son. Aceptan que la discrepancia es real y saben que, pese a los conflictos, pueden conservar la conexión y seguir amándose.

Como no experimentan una ansiedad, miedo o dudas excesivos en sus relaciones, pueden concentrar sus esfuerzos en estar presentes para sus seres queridos. Tienen mucha empatía y no solo entienden sus propias emociones, sino que, además, saben penetrar en las experiencias de los demás. Sin embargo, no pretenden saber por qué experiencia puede estar pasando otra persona. No les incomoda mostrar su propia vulnerabilidad y confiar sus emociones, experiencias y temores, y es probable que animen a los demás a hacer lo mismo.

En función del contexto, los exploradores conectados por lo general están dispuestos a abrirse y buscar conexiones auténticas con otras personas en lugar de mantener las cosas en lo superficial, sincerarse demasiado o divulgar información sobre sí mismos cuando no conviene. Si han construido una relación de confianza con alguien, permitirán que su pareja acceda a sus pensamientos íntimos y sus sentimientos más profundos. No temen mantener relaciones de gran intimidad y se sienten a gusto con la idea de comprometerse con alguien que sea un buen compañero.

Cinco tipos de intimidad

La intimidad es fundamental para disfrutar de relaciones fuertes y sostenibles. Tener intimidad en una relación de pareja significa experimentar una cercanía y un vínculo profundo con otra persona, que nos hará sentir seguros, protegidos, tranquilos y queridos. La gente suele pensar que la intimidad solo puede darse en el ámbito de las relaciones amorosas y sexuales, pero en realidad existen cinco tipos de intimidad, y todas ellas son imprescindibles para sentirse realizado en nuestras relaciones sociales y acceder a niveles más altos de satisfacción y alegría, así como a una salud mental y física más robusta. Los cinco tipos de intimidad son:

1. Física: incluye formas de contacto físico (tanto sexual como no sexual), tales como las prácticas penetrativas, los besos, los abrazos, las caricias, sentarse cerca de la otra persona o tomarse de la mano.
2. Emocional: se caracteriza, entre otras cosas, por la expresión honesta de tus pensamientos, sentimientos, temores, esperanzas o sueños a la otra persona, y por saberse escuchado y comprendido por ella. Puede significar hablar sobre las dificultades que se tienen, compartir tus metas

en el desarrollo personal o hablar de algo que te ocurrió en la infancia y cómo determinó quién eres de adulto.

3. Intelectual: incluye comunicar creencias, puntos de vista e ideas como estímulo intelectual o para fomentar la curiosidad, el interés y la tolerancia mutua (pese a que las perspectivas puedan diferir). Entre otras cosas, puede expresarse leyendo un libro y comentando juntos sus ideas, debatir desde los dos extremos de un tema polémico, conversar sobre el sentido de la vida o hablar de los temas tratados en una película vista por ambos.
4. Experiencial: hacer algo juntos que cree una experiencia compartida o permita el trabajo en equipo hacia una meta común. Hacer voluntariado, entrenar juntos para una carrera, aprender un *hobby*, planear un viaje o jugar a videojuegos o a un deporte juntos son algunas de las cosas que entrarían en esta categoría.
5. Espiritual: hablar sobre las cosas que te asombran, maravillan o acercan a algo que sientes que te trasciende. Rezar juntos, meditar, disfrutar de un fenómeno natural (como ver salir el sol), ir de excursión o hablar del sentido y la finalidad que encuentran en sus vidas son algunas de las experiencias de intimidad espiritual.

Todos necesitamos los cinco tipos de intimidad para sentirnos realizados en nuestras conexiones sociales, aunque cabe señalar que no es preciso encontrar a una persona que pueda ofrecértelas todas. Podrías tener un amigo favorito con el que experimentar la intimidad espiritual y disfrutar de la intimidad física, emocional y experiencial con tu pareja amorosa.

La próxima vez que te sientas desconectado o solo, pregúntate qué tipo de intimidad necesitas más, y conecta con alguien de tu círculo inmediato o con una persona de confianza para satisfacer esta necesidad.

Es importante recordar que vivimos en un mundo cada vez más virtual y que algunas de tus conexiones más importantes tal vez no vivan cerca de ti. Por ello, ten en cuenta que, a excepción de la intimidad física, todas las demás puedes experimentarlas virtualmente a través de una videollamada, por teléfono o participando juntos en una experiencia *online* (como inscribirse a un curso por internet). Es una forma estupenda de continuar alimentando y ahondando en las relaciones con personas que son importantes para ti durante el tiempo que no se ven presencialmente, a veces muy largo en un mundo de adultos con muchas obligaciones que no siempre viven en la misma zona.

Ejercicio: cultiva la intimidad

La intimidad, o el grado de cercanía entre personas, requiere un trabajo constante, dedicarle atención y estar dispuesto a abrirse a los demás y depositar en ellos la confianza. Los cinco tipos de intimidad, como hemos señalado, son la física, la emocional, la intelectual, la experiencial y la espiritual. Los límites no son solamente una barrera o un punto a partir del cual no se puede seguir transitando. También pueden ser semipermeables y nos permiten fundar y alimentar nuestra cercanía con los demás. La siguiente tabla muestra cómo puede fortalecerse cada tipo de intimidad.

Tipo de intimidad	Cómo cultivarla
Intimidad física: proximidad entre cuerpos y contacto seguro para sentirse cerca de otra persona.	Hablar sobre el grado de comodidad con distintas formas de contacto físico; dedicar tiempo a los abrazos, a darse las manos y a besarse.
Intimidad emocional: compartir tus sentimientos, temores, pensamientos y emociones más profundos sin juicios.	Usar la escucha activa y adoptar una posición no moralista para indagar en los sentimientos y pensamientos sobre temas de más calado, tomarse el tiempo necesario para cuidar de las necesidades emocionales del otro, y comunicar tus necesidades emocionales con claridad.
Intimidad intelectual: compartir tus ideas, opiniones, perspectivas sobre la vida y aprender cosas nuevas con alguien.	Tener conversaciones estimulantes sobre distintos temas y crear zonas seguras para expresar opiniones diversas, mostrar un respeto recíproco en las diferencias, y adoptar una actitud de curiosidad hacia las ideas distintas de las propias.

Tipo de intimidad	Cómo cultivarla
Intimidad experiencial: participar en experiencias y actividades compartidas que te permitan fortalecer lazos con otra persona, ofrecer recursos (en tiempo, dinero o habilidades) a quienes los necesitan.	Lluvia de ideas, planear cosas y hacer actividades de interés compartido; contribuir de manera significativa a la vida de alguien preguntándole qué necesita y encontrar la forma de satisfacer sus necesidades y ayudarlo a alcanzar sus metas.
Intimidad espiritual: compartir creencias, pensamientos y sentimientos que guarden relación con un poder superior o con algo que te trascienda.	Sentirse cercano, validado y seguro al compartir ideas sobre el sentido de la vida y tu objetivo vital; rezar y meditar juntos; informarse sobre las prácticas y creencias espirituales de la otra persona; explicar por qué son importantes para ti tus creencias espirituales.

No todas las relaciones implican los cinco tipos de intimidad, pero es muy probable que cada una de tus relaciones suponga por lo menos uno de ellos. Para fortalecer tus conexiones con las personas más importantes de tu vida, resulta útil imaginar alguna manera de alimentar y profundizar a diario en la intimidad con un ser querido.

Si notas que una de tus relaciones necesita más cariño y atención, puedes plantearte hacer una lluvia de ideas y decantarte por la que creas que funcionará mejor para fortalecer un determinado tipo de intimidad con esa persona y aplicarte a la tarea a diario durante varias semanas.

Echa un vistazo a la tabla y, cada día, comprométete a fortalecer un tipo de intimidad con una persona de tu vida. En tu diario, bajo el título «Creando conexiones», escribe a qué te has comprometido respondiendo a las siguientes entradas:

- ¿Con quién voy a fortalecer mi cercanía?
- ¿Con qué tipo de intimidad?
- ¿Qué haré?
- Grado de cercanía antes de la actividad/conducta (del 1 al 10).
- Grado de cercanía después de la actividad/conducta (del 1 al 10).

Puntuar tu grado de cercanía con esa persona antes y después de esta actividad es útil para fortalecer tu intimidad con ella. Por ejemplo, antes de que Sarah quedase para salir una noche con su marido, puntuó su grado de cercanía con él en un 7 sobre 10. Después de la cita, subió la nota a un 9 sobre 10.

¿Y AHORA QUÉ?

En este capítulo te has familiarizado con los modelos operativos internos de los exploradores conectados. También has visto cómo suelen valorarse a sí mismos, cómo expresan su autonomía al mismo tiempo que se sienten cómodos estando cerca de otras personas, y cómo creen en su capacidad de provocar que les ocurran cosas positivas en la vida. Son resilientes frente a la adversidad. Aunque estos dones les fueron otorgados gracias a la relación que mantuvieron con sus cuidadores a una edad temprana, nunca es tarde para lograrlos. Con tiempo y esfuerzo podrás cosechar los beneficios de estos dones en tu vida. Al margen de cuál sea tu punto de partida, quiero insistir en que tú puedes hacer realidad estos cambios.

Ha llegado el momento de explorar tu estilo de apego con más detenimiento, ahondar en sus orígenes y empezar a sanar los modelos operativos internos a los que se aferra tu niño interior. Te recomiendo que empieces leyendo el capítulo dedicado a tu propio estilo, pero también puedes echar un vistazo a los otros, sobre todo si un amigo íntimo o tu pareja padece las heridas de un estilo de apego distinto del tuyo:

Apego evitativo (el feroz independiente): ve a la página 125.
Apego ansioso (el guerrero preocupado): ve a la página 189.
Apego desorganizado (el especialista de la vigilancia): ve a la página 247.

Recuerda que tu estilo de apego no se desarrolló de la noche a la mañana y que muy probablemente has tenido que convivir con las dificultades derivadas de tu estilo desde hace tiempo. No es posible cambiar el apego de manera instantánea, pero si estás dispuesto a aprender, haces los ejercicios y pones en práctica tus nuevas habilidades, estoy plenamente convencida de que conseguirás introducir cambios en tu vida. Mis pacientes lo han logrado y... ¡tú también podrás!

EL ESTILO DE APEGO EVITATIVO

CAPÍTULO 5

El apego evitativo: el feroz independiente

Laura se enorgullece de ser una persona independiente y siempre ha hecho las cosas por su cuenta. Estudió la secundaria en un internado y desde entonces se ha labrado su propio camino. A los diecisiete años, uno antes de lo que le correspondía, terminó el bachillerato y se fue al otro extremo del país a cursar sus estudios universitarios. Se identifica como una adicta al trabajo que disfruta haciendo horas extra, y se creó sus propias oportunidades laborales, ascendiendo rápidamente en el organigrama de una destacada empresa de *marketing*. Su vida social normalmente quedaba en un segundo plano, por detrás de sus aspiraciones laborales, pero aun así salía de vez en cuando con un grupo de chicas con las que hizo amistad en la universidad. Al margen de cuáles fueran los planes, desde una comida relajada a una salida conjunta en vacaciones, Laura siempre insistía en ir en su coche. Aunque vive cerca de un par de sus amigas y podrían compartir el viaje, turnándose al volante, prefiere conducir sola. Dice que le gusta tener la libertad de poder irse cuando le parezca y que no le gusta estar atada a las preferencias de otras personas o a sus horarios. Una vez que se le descompuso el coche, en lugar de ir con una amiga que iba a la misma fiesta, prefirió pedir un Uber. No se trata de que no quiera ser una molestia para los demás, aunque tal vez fuera eso lo que dijo en esa ocasión. Se trata de que quiere llevar el timón de su vida. Saber que tenía todas las opciones abiertas era importante para ella. Quería conservar la opción de irse cuando y como quisiera, y tener un control total de su tiempo y de cómo lo invertía con los demás.

Su acérrima independencia va más allá del coche. Ya fuera pedir ayuda para una mudanza, que le prestaran una chamarra o buscar a alguien que la escuchara, todo quedaba descartado porque no admitía depender de nadie para nada. Como el proverbial lobo solitario, es reservada y prefiere no confesar ninguna vulnerabilidad. Ese fue el motivo de que acudiera a mi consultorio: su pareja se había quejado de que Laura estaba levantando muros en su relación y se negaba a llevarla al siguiente nivel. Cada vez que salía el tema, Laura lo rechazaba enseguida y procuraba desviar la conversación a otro asunto. Su pareja se había cansado.

La raíz de su feroz independencia era el estilo de apego evitativo.

Los orígenes del apego evitativo

A semejanza de los demás estilos de apego, el evitativo se desarrolla en los primeros compases de la infancia en respuesta a las experiencias que se tienen en esos primeros años de vida con los padres o los cuidadores. En la mayoría de los casos, el feroz independiente tuvo unos cuidadores principales en la infancia que se mostraron un tanto distraídos, ensimismados o faltos de implicación. Esos adultos no fueron necesariamente descuidados a propósito, pero a menudo no estuvieron disponibles emocional o físicamente para satisfacer las demandas del niño. Solían evitar las demostraciones de emoción e intimidad y quizá parecían desconectados cuando el niño acudía a ellos en busca de consuelo y afecto, apartándose de él sobre todo en momentos de dificultad.[1]

Cabe señalar que algunas culturas pueden no valorar la expresión franca de las emociones tanto como otras —por ejemplo, algunas pueden dar más importancia a la contención emocional—, y quiero dejar claro que estas diferencias en la expresión exteriorizada o verbal del afecto no son equiparables a apartarse de las necesidades del niño. Los padres en estas culturas pueden mostrar su presencia y apoyo de muchas otras maneras y pueden dar el mismo consuelo a sus hijos. A veces, cuando un niño se ve expuesto a distintos valores culturales (por ejemplo, que los maestros te animen a expresar las emociones abiertamente, pero que en casa se te enseñe a reprimir las emociones vulnerables o negativas), esto puede causar una sensación de disonancia con respecto a las aspiraciones que deben tenerse. Esta incongruencia puede conducir a veces a que el niño desarrolle dificultades de apego cuando no es capaz de ver el sentido a esas discrepancias.

Lo que está en juego cuando nos preguntamos si un cuidador satisface las necesidades de un niño es la constancia y la predictibilidad. En general, los niños que desarrollan un estilo de apego evitativo tuvieron padres que les exigían que fueran más autónomos. Quizá se veían abrumados por el trabajo o las obligaciones económicas, o tuvieron algún problema de salud física o mental que los desconectaba del niño, de lo que resultaba un menor grado de implicación con él. Siendo bebé, el llanto y otras expresiones de su malestar tal vez pasaron desapercibidos, fueron ignorados o incluso desalentados. A veces es posible que los cuidadores les restaran importancia o los desdeñaran. El cuidador quizá disuadía al niño de expresar sus emociones, ya fueran de alegría o pesar, de temor o vergüenza, de ira o asco. Los padres tal vez esperaban que tuviera un comportamiento más estoico, y que fuera más discreto con sus emociones, especialmente en público. Tal vez las emociones del niño abrumaban a esos padres, porque no se veían capaces de lidiar con ellas y pensaban que el niño exageraba, cerrándose así a él. Esos padres quizá también tuvieran dificultades para expresar sus emociones, algo que probablemente aprendieron de sus propios padres cuando eran pequeños. Esos niños tal vez no recibieron demasiado consuelo físico o emocional, y sus necesidades generales seguramente no fueron satisfechas como corresponde.[2]

Como los niños tienen una profunda necesidad interna de sentirse cerca de sus cuidadores, en las circunstancias descritas tal vez reaccionaron ante la falta de cariño de sus padres dejando de buscar su cercanía y absteniéndose de expresar sus emociones. Aprendieron a no expresar su necesidad de ayuda —incluso cuando se hacían daño o estaban enfermos— y, en general, aprendieron a enfrentarse por sí solos a los momentos de estrés. En resumidas cuentas, el niño se vio obligado a distanciarse de sus cuidadores, aprender a velar por sus propias necesidades y «crecer muy rápido».

Seguramente recibían elogios por su autonomía e independencia, lo que les hacía creer que debían continuar comportándose de la misma manera, aun cuando no se sintieran bien por dentro. Se convencieron para sus adentros de que les iba de maravilla estar solos. Ese comportamiento enmascaraba su necesidad de cercanía, al mismo tiempo que les servía como una única vía de conexión con sus cuidadores, por superficial que fuera.

En el experimento de la extraña situación ideado por Mary Ainsworth, los niños clasificados como evitativos en su apego no mostraban ningún síntoma visible de desasosiego cuando se les separaba de sus cuidadores. Cuando los cuidadores regresaban, no buscaban el contacto con ellos y manifestaban escasa emoción. También exhibían otras conductas evitativas, como ignorar al cuidador, apartarse de él o ella o pasar a su lado sin apenas darse por enterados de su presencia. No indagaban demasiado en el entorno con independencia de si estaban con su cuidador o con un desconocido. Tampoco trataban al desconocido de manera muy diferente a como trataban a su cuidador.

Ainsworth planteó la hipótesis de que este exterior aparentemente impasible era en realidad una máscara con la que estos niños ocultaban su malestar interno, hipótesis que pudo confirmar más tarde al estudiar el ritmo cardiaco de los niños evitativos, que demostraba que experimentaban reacciones emotivas igual de fuertes y la misma ansiedad psicológica que otros niños cuando eran separados de sus padres, aunque su malestar no se reflejara en su conducta o expresividad exteriores.[3]

Los niños a los que se atribuyó un apego evitativo compartían una historia de padres que los rechazaban, y habían desarrollado la creencia de que comunicar sus necesidades no tenía ninguna influencia sobre la respuesta del cuidador. Las conductas evitativas que adoptaban —no llorar o expresar hacia fuera sus sentimientos— tenían por objeto volverse más aceptables para sus cuidadores y satisfacer por lo menos una de sus propias necesidades: estar lo bastante cerca de sus progenitores para disponer de cierta protección, pero lo bastante lejos para evitar su menosprecio o rechazo. Asimismo, esas conductas evitativas ayudaban al niño a mantener un control suficiente sobre sí mismo, para así no verse rebasado por las emociones, sin saber cómo lidiar con ellas por sí solo.[4]

Con el paso del tiempo, esta autorrepresión y esta desconfianza hacia sus cuidadores terminan deparando un patrón de conducta por el cual se evita la intimidad profunda y se lucha por la independencia personal a toda costa, aun cuando esta falta de una conexión profunda con los demás cause en el niño desilusión o tristeza. Ese fingir que las cosas no te importan se extiende hasta la edad adulta.

El apego evitativo en la vida adulta

El feroz independiente parece tenerlo todo. Tanto es así que varias investigaciones han apuntado a que en realidad tiene ¡una imagen positiva de sí mismo![5] Son personas que parecen contentas con quiénes son y el lugar que ocupan en la vida. Pueden parecer extrovertidas y sociables, el tipo de persona con la que te lo puedes pasar muy bien. A menudo destacan en sus campos, son personas de éxito desde cualquier punto de vista objetivo, y parecen capaces de lidiar con cualquier imprevisto que se cruce en su camino sin perder el paso.

Sin embargo, varios estudios demostraron que estas opiniones positivas podrían ser en realidad un mecanismo de defensa; las personas con un apego evitativo se autopromocionarían para enmascarar sus inseguridades íntimas.[6] En estudios más recientes, las personas con un estilo de apego evitativo informaron de opiniones más negativas sobre sí mismas que aquellas con un apego seguro.[7]

De hecho, las personas con un apego evitativo a menudo tienen un sentido de la identidad más vulnerable,[8] basado en los logros externos en lugar de en la estabilidad interior. No haber tenido un entorno estable y fiable en la infancia para alentar al niño en la exploración de sí mismo sin graves consecuencias negativas hace que a este le cueste más comprender el yo y formarse una imagen positiva de sí mismo. En consecuencia, el feroz independiente basa su autoconcepto no tanto en la validación de los demás cuanto en la consecución de sus metas. De adultos, ansían competir en cada faceta de la vida y crean listas interminables de objetivos que cumplir en su búsqueda de la autovalidación. Las personas con un apego evitativo buscan recompensas materiales o elogios sociales por lo que han logrado, y ello las hace sentir bien consigo mismas, aunque luego puedan dudar de su valía si no logran sus objetivos o se quedan de brazos cruzados. Dicho de otra forma, tal vez no estén seguras de su valía personal si no consiguen aportar valor a través de actividades específicas, y quizá crean que los otros no las aceptarán o apoyarán por ser la persona que son.

Cuando viven un desengaño en cualquier faceta de la vida en la que hayan decidido invertir sus esfuerzos (por lo general, logros personales o profesionales, u objetos que representan una posición social o prestigio), su autoestima cae en picada y a menudo su voz interior profundamente crítica se lo hace pasar mal. Se castigan con intensos pensamientos autodenigrantes, especialmente cuando sienten que deberían haberse comportado de una forma distinta en una determinada situación. Muchas veces tratan de emplear esa voz crítica interior como motivación para ser mejores y rayar todavía a más altura. Pero esa voz interior es destructiva para su sentido de la identidad y los hace sentir peor. Aun así, no son proclives a confiarle a nadie su sufrimiento o que están tristes, y en cambio prefieren sufrir solos y en silencio.

Al feroz independiente no parece importarle pasar tiempo solo, pero cuando lo está no suele dedicarlo a la reflexión sobre sí mismo, porque siempre está ocupado con algún proyecto o actividad. La vida, cuando se mueve demasiado despacio o no está regulada por un horario estricto, abre demasiadas oportunidades para que esa voz crítica se imponga, con lo que se arriesga a perder esa sensación de control que tanto le ha costado cultivar. El escapismo frente a los problemas es una estrategia habitual y puede ser beneficiosa con moderación (¡piensa en lo relajante que puede ser jugar a un videojuego después de una semana estresante!), pero, cuando se lleva al extremo, puede abrir la puerta a dependencias conductuales o adicciones a sustancias, como el juego, comer en exceso, entrenar en exceso o recurrir al alcohol o las drogas para anestesiar o apartar unos sentimientos que es difícil manejar.

La adicción al trabajo es otra estrategia adaptativa habitual. Las personas con un apego evitativo usan sus obligaciones laborales como un escudo contra la intimidad, para evitar tomar parte en la dinámica del hogar o participar en actividades con familiares o amigos. «Lo siento, no puedo ir a [*añadir aquí cualquier acto*] porque tengo que trabajar» es una de las muletillas más habituales. La adicción al trabajo podría parecer una adicción «falsa» o benigna, pero tiene efectos muy reales sobre las relaciones y las conexiones con los demás. También es una trampa en la que resulta muy fácil caer. A diferencia de otras adicciones, la adicción al trabajo suele ser fácil de defender, dado que la persona que la sufre está trabajando y ganando dinero para que la familia pueda tener las cosas y el estilo de vida del que disfruta, gracias precisamente a que el adicto al trabajo se parte el lomo. Si a ello le añadimos el sesgo cultural que nos impone una productividad casi constante y el prestigio de estar constantemente ocupado, casi podríamos decir que, para la persona con un apego evitativo, estar concentrada hasta la obsesión en el trabajo es más justificable e incluso admirable en ciertos aspectos.

Sea cual sea la estrategia adaptativa que emplee, el feroz independiente es un maestro en el arte de enterrar sus emociones. No suele informar de un mayor número de sentimientos negativos en el día a día, pero sí suele estar menos contento que una persona parecida con un apego seguro.[9] Varios estudios muestran que el apego evitativo está vinculado a mayores índices de depresión,[10] ansiedad,[11] trastornos alimentarios[12] y estrés postraumático.[13] Otros estudios descubrieron que las personas con un apego evitativo suelen mostrar una expresión de emociones restringida, dificultades en la intimidad y conductas que evitan las interacciones sociales.[14]

Es más, no asimilar los momentos de máximo estrés (como intentar reprimir sentimientos o pensamientos motivados por situaciones negativas con el objetivo de apartarlos de la conciencia) se vincula con una peor adaptación a largo plazo.[15] El feroz independiente tiende a reprimir la angustia y a dejar sin resolver los sentimientos, lo que se traduce en una mayor dificultad para lidiar con estresores habituales como la muerte de un ser querido, la pena, los cambios de rol social y los conflictos interpersonales. Sus dificultades son especialmente visibles cuando tienen que abordar circunstancias como la enfermedad crónica de un familiar, ser padre o madre, o conflictos recurrentes con su pareja, es decir, experiencias prolongadas, exigentes y estresantes que les reclamen tener que recurrir a puntos de apoyo exteriores.[16]

Sea cual sea el reto al que se enfrenta, el feroz independiente prefiere verse como un superhombre o una supermujer. Varios estudios apuntan a que las personas con un apego evitativo son más proclives a presentarse pomposamente recurriendo tanto al autoelogio como a la negación de cualquier flaqueza.[17] Creen que pueden con todo sin contar con la ayuda de nadie. Pero, a diferencia de muchos superhéroes, no se prestan fácilmente a aceptar la ayuda de un secundario o una persona entre bastidores. En parte, su autoconcepto se basa en hacer las cosas a solas y triunfar sin ayuda, lo que les brinda un gran orgullo y una sensación de autonomía.

Con independencia de la magnitud o forma de su red de apoyo, el feroz independiente no suele identificarse en virtud de los roles sociales o de sus relaciones con los demás. Si este es tu estilo de apego, es posible que te haya costado hacer el ejercicio de la rueda del autoconcepto de la página 55, o habrás reparado en que has enumerado una gran cantidad de logros personales, pero muy pocas relaciones. El feroz independiente a menudo carece de claridad en su autoconcepto y puede encontrar dificultades cuando debe describirse a sí mismo con cierta coherencia, en parte porque no disfrutó de una sensación de seguridad psicológica en sus años de formación.[18] Aunque se muestren implicados socialmente, rara vez permiten que alguien se les acerque y ponen excusas para evitar una verdadera conexión emocional. Se arremangan para hacerlo todo solos y casi nunca bajan la guardia. Esa mentalidad de superhéroe puede hacer que los demás vean al feroz independiente como alguien distante, difícil de calar, terco y obsesivo. La interdependencia, incluso a niveles saludables, puede hacerles echar a correr, y por lo general les resulta más fácil tener varios conocidos que mantener relaciones íntimas de larga duración.

Se ha descubierto que muchos adultos con un apego evitativo emplean estrategias «preventivas» para obstaculizar cualquier tipo de conexión que pudiera derivar al plano emocional. Temen perder el control de la situación y no ser capaces de lidiar con lo que tienen ante sí, por lo que son proclives a abandonar la relación antes de que la otra persona pueda perder el afecto por ellos. Tampoco les gusta ver obras artísticas que ahonden en su estado emocional (como dramas), y suelen desconectar de las conversaciones cuando les parecen estresantes emocionalmente. Es posible que también guarden recuerdos positivos de su infancia y que afirmen haber tenido una buena niñez, sin ser capaces de aportar ejemplos concretos de esos años felices. O tal vez refieran una experiencia negativa con un cuidador, pero lo disculpen inmediatamente, casi como si se temieran las consecuencias que pudiera tener contar toda la verdad sobre lo ocurrido.

Vamos a echar un vistazo a las distintas manifestaciones de esa ansia de independencia en las distintas facetas de tu vida. También veremos que ser un lobo solitario puede causar problemas en las relaciones, el trabajo y otros ámbitos.

El apego evitativo en las relaciones

Aunque la persona con un apego evitativo pueda haberse convencido a sí misma de que no necesita relaciones estrechas o conexiones con la gente para progresar en la vida, lo cierto es que los seres humanos estamos programados para buscar esas conexiones, ya que de ellas depende nuestra supervivencia emocional y física. En el fondo, incluso las personas con un apego evitativo ansían tener relaciones íntimas y cargadas de sentido, pero les resulta difícil bajar la guardia en grado suficiente para confesárselo a sí mismas o a las personas importantes de sus vidas. Por más que las circunstancias cambien con el tiempo, siguen empleando los mismos mecanismos adaptativos que desarrollaron en la infancia, aunque no les presten buen servicio.

Al feroz independiente suele costarle cuidar de los demás. Sus seres queridos pueden acusarlo de ser una persona fría, insensible o incluso competitiva hasta límites innecesarios. Como todo lo ve desde un prisma competitivo, adopta una actitud de «solo vale ganar» también en sus relaciones personales A veces puede dar la impresión de que sus proyectos románticos no son más que un punto más en su lista de objetivos vitales, una conquista más que apuntar en su haber. Son personas encantadoras y persuasivas en la primera etapa de las relaciones, pero en cuanto alguien se entrega a ellas, todo se les hace una montaña y no tardan en recular o desaparecer. Este ciclo puede adquirir tintes de adicción, porque obtener la atención del objeto de su afecto puede tener efectos validadores en grado sumo y tocar los centros de placer del cerebro (¡dopaminas y endorfinas, suban al escenario!).

Como aprendieron en la infancia a desconectar de sus necesidades corporales y a restar importancia a su propia vida emocional, estas personas por lo general evitan las relaciones que les parecen demasiado exigentes o dependientes (aunque lo que perciben como *dependencia* sea con toda probabilidad un nivel sano de conexión interpersonal). En general, se muestran muy desilusionados con los demás y no son capaces de confiar en alguien en grado suficiente como para comprometerse. La intimidad, en cualquier plano, puede intimidarlos; no quieren bajar la guardia por temor a que puedan dejarlos en la estacada. La persona con un apego evitativo puede creer que está actuando de manera responsable al decirle a su pareja, a bocajarro, que no está preparada para una relación más seria o echándose atrás ante cualquier obligación, indicándole así a esa persona que no está en condiciones de comprometerse con ella. Por ejemplo, ponen excusas para no acudir a ciertos actos que son importantes para la persona con la que estén saliendo, como bodas, reuniones familiares o fiestas de trabajo, en las que se les presentaría oficialmente como el novio o la novia de su pareja.

Joshua, uno de mis pacientes, lo hacía siempre. En cada relación seria que tenía se reservaba un ámbito de intimidad, probablemente de forma inconsciente, para así no entregarse por completo a su pareja. De hecho, Joshua no puede relacionarse íntimamente con su pareja en más de una faceta a la vez: si se siente emocionalmente cerca de ella, no puede mantener relaciones sexuales con regularidad, pero si disfrutan de una maravillosa vida sexual, entonces no es capaz de sentir intimidad emocional, rechaza cualquier insinuación que apunte en ese sentido y se distancia de ella fuera de la cama.

Las relaciones de Joshua siempre obedecían al mismo esquema. Al principio, podía mantener conversaciones íntimas con su pareja, planeaba con ella el futuro de la relación y se prodigaba sin dificultades en demostraciones de afectividad física, como abrazos, caricias y besos. El sexo también era frecuente, divertido y excitante durante esa primera etapa. Pero a medida que la relación ganaba en seriedad, Joshua empezaba a sentir un desasosiego interno, como si su pareja estuviera quitándole el aire. El proceso se repetía, aunque fuera consciente de que su pareja no hacía nada nuevo o diferente de lo que había hecho hasta entonces. También era consciente de que, en términos generales, no hacía más que responder a cómo él se había comportado al principio, es decir, con entusiasmo e ilusión por seguir avanzando en la relación de pareja.

Cuando empezaba a sentirse incómodo, algo que podía ocurrir al cabo de tan solo unas semanas de empezar a salir con su pareja, Joshua daba un paso atrás, dejaba de llamarla e incluso le pedía que dejaran de verse un tiempo para poder pensar las cosas a fondo. Por lo general, daba otra oportunidad a la relación, pero al cabo de poco tiempo se terminaba decantando por entregarse plenamente tan solo a una forma de intimidad, la emocional o la física. Una vez tuvo una relación que duró dos años en la que pasaba gran parte del día con su pareja. Viajaban, hacían planes con amigos comunes y hablaban sobre el futuro. Se besaban y abrazaban sin parar, pero no tuvieron sexo en más de año y medio. Cada vez que su pareja trataba de iniciar una relación sexual, Joshua ponía la excusa de que estaba cansado, y a veces incluso se ponía de mal humor.

Joshua solo podía entregar una parte de sí mismo cada vez porque le daba miedo entregarse por completo. De haberlo hecho, habría quedado en una posición de vulnerabilidad ante la posibilidad de que su pareja lo traicionara o abandonara el día que la necesitara. Era evidente que todo ello se debía a que Joshua se sentía abrumado cada vez que observaba una conexión más profunda con la otra persona. Su independencia, que era su modo de supervivencia principal, estaba siendo amenazada. ¿Qué sería de él si depositaba su confianza en otra persona y esta lo acababa abandonando? No quería arriesgarse a sentir que había perdido el control de su propia vida si se permitía esa vulnerabilidad, y lo que más le preocupaba era cómo iba a reaccionar él mismo al rechazo y el abandono si finalmente terminaban produciéndose. De forma subconsciente, Joshua no quería revivir sus primeras relaciones de apego, en las que había sentido que sus necesidades no eran atendidas. Con el objetivo de protegerse a sí mismo, desatendía las necesidades de sus parejas y se privaba a sí mismo de una relación que habría podido ser sanadora y plena con otra persona.

Al igual que Joshua, el feroz independiente a menudo envía mensajes ambivalentes a su pareja, lo que suscita frustración y confusión en ella. Cuando la pareja trata de sincerarse sobre sus sentimientos o aclarar la naturaleza de la relación que mantiene con la persona con un apego evitativo, esta empieza a sentirse ahogada o en pánico. Puede asegurar que su pareja es demasiado exigente o dependiente, y que necesita su espacio, en sentido literal y figurado. En el peor de los casos, el feroz independiente puede llegar a *ghostear* a su pareja, terminar la relación sin dar explicaciones, no porque no se preocupe por los sentimientos de su pareja, sino porque antepone su propia supervivencia psicológica. Salir de la situación antes de que se vuelva demasiado intensa y difícil de controlar es una estrategia adaptativa típica de las personas con un apego evitativo.

El apego evitativo con los amigos y la familia

Las personas con un apego evitativo tienden a distanciarse de sus relaciones con amigos y familiares, de ahí que sean más proclives a encerrarse en sí mismas cuando se encuentran en situaciones de estrés y empleen estrategias evitativas como la distracción en lugar de enfrentarse a los problemas. Por ejemplo, pueden mantenerse ocupadas arreglando la casa en lugar de tener una conversación profunda con una amistad. Les preocupa que pedir apoyo pueda dejarlos con una sensación de vulnerabilidad ante un posible rechazo y ninguneo por parte de la persona a la que acuden en busca de ayuda.

El feroz independiente prefiere con mucho estar solo, incluso cuando está en compañía de otras personas, lo que le hace saltar en solitario de grupo en grupo en una fiesta, por ejemplo, en lugar de quedarse con un par de amistades, u oscilar entre observar la actividad en una reunión de trabajo y participar en ella. Este deseo de andar por libre es extensivo a los momentos en los que está solo, pues tiene escaso interés en buscar a otras personas para estar con ellas.[19]

Asimismo, si se lo compara con las personas con un apego seguro, tiende a abordar las relaciones interpersonales con una menor felicidad y unas perspectivas menos optimistas sobre la situación que pueda darse.[20] Es habitual que se sienta menos cuidado por los demás y menos cercano en el plano emocional, pero son sentimientos que tal vez se perpetúen en un ciclo de retroalimentación (si bien de manera subconsciente), porque estas personas son menos proclives a invertir esfuerzos en las relaciones y normalmente mantienen las distancias con los demás.

Son autosuficientes en grado sumo,[21] lo que procura escasas oportunidades para que los demás den la cara por ellos. Como les molestan los momentos de alta emotividad y a veces temen no poder mantener el control si alguien provoca intensas emociones en ellos, a menudo evitan reuniones como bodas o funerales: no saben enfrentarse a los elevados niveles de emotividad que se dan en esos entornos. Tienen una marcada tendencia a evitar los conflictos, de modo que si se espera en una reunión la presencia de una persona con la que tuvieron algún problema en el pasado, renunciarán a asistir al evento para evitar cualquier enfrentamiento que pueda darse. Si finalmente asisten, extremarán la cautela para evitar todo contacto con esa persona y es probable que se tomen frecuentes descansos para salir del gentío.

Su actividad se desarrolla en gran medida fuera de la órbita familiar; no acuden a parientes cercanos o lejanos en busca de consejo o ayuda. Tal vez se les considere distantes, aunque también se les verá como personas que no necesitan nada de nadie. Son autosuficientes hasta el punto de que sus familiares por lo general no se ponen en contacto con ellos, aunque haya pasado mucho tiempo desde que tuvieron noticias suyas. Entre sus familiares puede pensarse que les van bien las cosas; a fin de cuentas, son unos lobos solitarios por norma general. La gente piensa que están bien, que tienen éxito en la vida y que no hace falta preguntarles cómo les va o contactar con ellos.

Pueden ser divertidos, personas con las que es fácil llevarse bien. Pueden ser buenos amigos y a menudo se les da estupendamente ayudar a los demás, pero solo tal y como ellos consideran oportuno. Les encanta que la gente piense que son maravillosos y que hacen bien las cosas, aunque las críticas no suelen gustarles en lo más mínimo y dejarán de brindar ayuda si tienen la impresión de que les dicen lo que tienen que hacer o que lo hacen mal.

El apego evitativo en el trabajo

El feroz independiente es la personificación del adicto al trabajo. Siempre tiene cosas que hacer, siempre corre de un lado a otro, persiguiendo sus objetivos, manteniéndose ocupado y distraído con sus proyectos y actividades. Como ya hemos comentado, también son proclives a pretextar trabajo para evitar las reuniones sociales. Por su desconfianza innata hacia los demás, el feroz independiente prefiere trabajar por libre y competir con sus colegas por alcanzar las más altas metas a conectar y colaborar con ellos. Evita el conformismo (porque piensa que no es «parte del rebaño») y por lo general no tiene rubor en manifestar sus ideas en las reuniones o con sus superiores jerárquicos. Cuando se aproxima una fecha de entrega, es el que tiene más posibilidades de culminar el trabajo, hacerlo bien e incluso antes de tiempo. Como su identidad suele estar ligada a su desempeño y éxito laboral, extrae gran parte de su autoestima y autoconfianza de su carrera profesional.

De hecho, el trabajo desempeña una función tan fundamental para su identidad y cómo se perciben a sí mismos que, si bien no son personas celosas o preocupadas en sus relaciones personales si su pareja coquetea con otras personas, sí pueden sufrir unos celos terribles cuando llega alguien nuevo a la oficina y recibe elogios. En tales circunstancias, les es difícil rendir en el trabajo hasta que consiguen «vencer» a su rival y volver a encaramarse a lo más alto del podio. La idea de ser el mejor puede llegar a obsesionarlos. Si los sorprendes mientras pugnan encarnizadamente por alcanzar una meta, pueden dar la impresión de que no sienten la menor empatía frente a los problemas de los demás.

Pueden ser esas personas que destacan en lo que hacen y cosechan la admiración de muchos. Sin embargo, una vez alcanzado el objetivo, les cuesta parar y disfrutar de los frutos de su esfuerzo. Siempre están buscando más reconocimientos o premios. Si alcanzan la cima en su carrera, no estarán plenamente satisfechos, aunque ya no puedan subir más. Esa victoria puede parecerles vacía.

Parecen personas seguras de sí mismas y firmes (sobre todo en el entorno laboral), pero si se les priva de uno de sus atributos (un logro o un trabajo de alto nivel) del que depende su sentido de la identidad, no saben qué hacer con su vida y se sienten fatal. A veces, el *burnout* y sus consecuencias negativas sobre su capacidad de «¿regarla?» en su empleo son el motivo de que acudan a mi consultorio. Perder un puesto de trabajo muy valorado o ser despedido tiene en ellos efectos devastadores. Si bien otra persona en la misma situación tal vez vería la pérdida de su empleo como una oportunidad de buscar mejor lugar para trabajar, restablecer lazos con los amigos o dedicar sus energías al voluntariado, la persona con un apego evitativo solo puede verlo como una pérdida. Pérdida de prestigio, pérdida de sí mismo.

Por este motivo, también pueden tener dificultades en las transiciones entre roles. Por ejemplo, cuando se jubilan y necesitan redescubrirse a sí mismas, estas personas normalmente no saben qué hacer. En muchos casos, la ansiedad y la depresión que han estado reprimiendo durante toda una vida (manteniéndose ocupadísimas en todo momento) se vuelven reconocibles por vez primera. El influjo repentino de las emociones y su incapacidad para gestionarlas de forma efectiva se convierten en otro estresor. Se hallan en la tesitura que han tratado de evitar durante toda su vida: estar a merced de sus propios sentimientos y percibir una pérdida de control sobre sus emociones y circunstancias.

El apego evitativo en la persecución de las metas

Ser capaz de alcanzar las propias metas es uno de los medios fundamentales para que el feroz independiente pueda apuntalar su autoestima. Su autoconcepto está firmemente arraigado en el desempeño y la persecución de la excelencia personal y profesional. Mantienen una relación de dependencia con su capacidad de lograr aquellos objetivos sobre los que ponen sus miras. Su motivación y perseverancia no suelen tener igual e impresionan a quienes observan todo lo que son capaces de hacer.

Incluso sus actividades de ocio adquieren un tono competitivo y las toman como un reto. Son menos proclives a percibir el valor intrínseco de la contemplación relajada, y prefieren ocupar su tiempo con proyectos que no requieran demasiada introspección. Se inclinan a poner sus miras en objetivos que los demás tal vez consideren formidables, intimidantes o inalcanzables, y suelen disfrutar de actividades que tengan un aspecto performativo, y también de aquellas que les den una inyección de adrenalina (por ejemplo, carreras de larga distancia, buceo a grandes profundidades o *snowboard*).

Se les dan mejor los retos individuales y pueden no ser buenos jugadores de equipo porque son hipercompetitivos. Aunque hagan suya la mentalidad de equipo para lograr metas colectivas, siempre piensan en cómo ser los mejores del grupo: desean destacar entre el gentío.

Su lucha a brazo partido por ser el número uno es la mejor distracción para no tener que ocuparse de sus propias emociones. No pueden celebrar una victoria sin pensar inmediatamente en consagrarse a otra empresa. Cuando no pueden alcanzar sus metas, o su capacidad de hacerlo les es arrebatada (por una lesión o una enfermedad, por ejemplo), les cuesta mucho gestionar los sentimientos que les suscita ese presunto fracaso. Su pensamiento puede expresarse en la línea de «mi valía depende del último elogio, ascenso o premio que he recibido». Por el mismo motivo, a menudo tienen dificultades para disfrutar de los momentos de verdadero descanso. Cuando les falta una sucesión constante de proyectos o logros, su sentido de la identidad empieza a desmoronarse.

El lado positivo del apego evitativo

Las personas con apego evitativo suelen ser hombres y mujeres motivados, ambiciosos y que destacan por sus logros y despiertan admiración en los demás. En general son personas de éxito, se imponen objetivos elevados y muy a menudo consiguen lo que se proponen. Con frecuencia, alcanzan posiciones elevadas en el mundo laboral ya de jóvenes y trabajan duro para mantenerse en lo más alto. Su ética laboral es irreprochable. A menudo se les recompensa y elogia por ser capaces de trabajar de manera independiente y rendir en todo lo que se les pide. Invierten mucho tiempo y energía en su crecimiento profesional y cosechan premios, elogios y puestos de trabajo de mayor responsabilidad.

Pueden ser personas muy divertidas con las que pasar el rato, y ser carismáticas, simpáticas y sociables; la confianza que tienen en sus capacidades y en sí mismas puede ser contagiosa. Pueden conectar con muchísimas personas, aunque en un plano superficial, y son una contribución bienvenida a cualquier reunión social. Amigos y familiares consideran que son personas con las que es fácil llevarse bien porque nunca provocan conflictos y no son proclives a descargar sus dudas o problemas emocionales en los demás. Su independencia y autonomía son admirables y no se les considera personas que requieran la atención de otros.

Pueden mostrar mucho interés en desarrollar una relación, lo que puede ser halagador para sus parejas. Cuando salen con alguien, toman fácilmente el timón y ayudan a su pareja en los problemas y en las grandes decisiones. No piden mucho a su pareja y casi nunca comunican expectativas que puedan parecer insensatas o excesivas. Suelen guardar la calma en situaciones de estrés y pueden tomar decisiones con confianza.

¿Y AHORA QUÉ?

Has aprendido los orígenes del apego evitativo y te has familiarizado con las consecuencias que tiene para las distintas facetas de tu vida, desde el autoconcepto hasta el trabajo, pasando por las relaciones amorosas y la persecución de metas. Tener que dar un paso al frente de niño para enfrentarte a problemas propios de adultos y no saber si era seguro expresar tus necesidades te llevó a formar unos estilos y enfoques adaptativos en los que sigues confiando ahora que eres una persona adulta. No es extraño que hayas gravitado hacia logros y objetos que refuerzan tu autoconcepto, y que te apartes de situaciones que podrían revelar tu vulnerabilidad emocional, porque esas fueron las conductas que te premiaron en la infancia.

He comprobado por experiencia que las personas con un apego evitativo suelen expresar sus heridas de apego sirviéndose de grandes declaraciones sobre sí mismas que son el reflejo de sus modelos operativos internos. No todo el mundo manifiesta esas heridas del mismo modo, de ahí que tal vez te reconozcas más en algunas de esas declaraciones personales que en otras. O tal vez hayas visto que las cuatro declaraciones te resultan familiares. Sea como fuere, te enseñaré ahora una serie de ejercicios avalados por la ciencia que te ayudarán a superar las consecuencias negativas derivadas de las características personales del apego evitativo. Asimismo, te servirán para enseñar a tu niño interior una forma distinta de abordar la vida y para construir un autoconcepto firme que no esté tan basado en los juicios de valor y recaiga más en la aceptación incondicional.

CAPÍTULO 6

Curar el estilo de apego evitativo

En el capítulo anterior, aprendiste los orígenes de tu feroz independencia y empezaste a comprender el impacto que tiene en ti de adulto. En este capítulo, llega el momento de poner en práctica este saber y de cosechar los beneficios de la intimidad y de una sana interdependencia, de la sintonía emocional y de un autoconcepto basado en la esencia de la persona que eres y no en las cosas que consigues. La apariencia de autonomía que adoptaste para conectar con tus cuidadores tal vez te permitió lidiar con tu entorno y sobrevivir al estrés y a las turbulencias de tu pasado, pero de adulto es posible que esté limitando tu capacidad de alcanzar la visión vital que esperas para ti.

Como comenté en el capítulo anterior, el o la feroz independiente suele exhibir ciertas características que se desarrollaron en primera instancia para lidiar con experiencias infantiles difíciles. Esos rasgos pueden apreciarse en tus modelos operativos, que se manifiestan como declaraciones personales que reflejan lo que piensas sobre ti mismo y cómo te manejas en la vida. De entrada, pueden haberte permitido lidiar psicológicamente con el estrés y las turbulencias de tu pasado, y sobrevivir a ellos, pero con el tiempo tal vez hayan limitado tu conducta y hayan dado pie a formas extremas de abordar la vida. Familiarizarse con estas autodeclaraciones constituye un primer paso de gran importancia para poder cambiar.

De adultos, solemos suponer que nuestros modelos operativos son intrínsecamente ciertos y válidos, aunque en realidad es más probable que sean relatos que aprendimos de niños, historias que nuestro niño interior carga a sus espaldas aún hoy. Para las personas con un apego evitativo, esas autodeclaraciones suelen sonar más o menos en los siguientes términos:

1. «De nada vale un éxito si no lo sigue otro».
2. «Debo mantener el control en todo momento».
3. «Mantengo una distancia prudente con los demás».
4. «Cuando las cosas se ponen feas, doy el do de pecho».

En este capítulo, vamos a examinar estas declaraciones en detalle y a trabajar para curar las necesidades no atendidas de tu niño interior que subyacen a cada una de ellas. Los ejercicios de descubrimiento te invitarán a profundizar, y las sesiones diarias de trabajo te ofrecerán unas tareas que podrás hacer tantas veces como desees para fortalecer tus habilidades adaptativas. Si en el capítulo anterior se trataba de entender el porqué de las cosas, en este todo consiste en hacer cosas. Lo ideal es que abordes los ejercicios en orden, pero si hay algo que te afecte demasiado o vas mal de tiempo, puedes empezar con las sesiones diarias y volver al ejercicio de descubrimiento más adelante, cuando dispongas del tiempo y el espacio emocional necesarios para asimilarlo. Emplea tu diario para anotar tus reacciones a los ejercicios y llevar un seguimiento de tus progresos.

Test de impacto

A medida que leas estas autodeclaraciones, tal vez descubras que algunas te reflejan en mayor medida que otras. También cabe la posibilidad de que te cueste saber si una de ellas te impacta o no realmente. Tal vez tengas curiosidad por saber en qué modelo operativo debes centrarte en primer lugar para curarlo. Si aplicas mi test de impacto a cada uno de estos modelos operativos, podrás identificar los que te perjudican y, por tanto, qué ejercicios habrás de priorizar.

El test de impacto es sencillo. Cuando leas las autodeclaraciones y sus descripciones y ejemplos, hazte las cuatro preguntas siguientes y, si tu respuesta es afirmativa en al menos uno de los casos, lo más probable es que debas atacar esa autodeclaración por medio de mis ejercicios. Como actividad extra, puedes reflexionar más a fondo sobre ellas y anotar en tu diario las respuestas a las preguntas en cursiva:

- **Impacto en los ámbitos vitales.** ¿Afecta negativamente este modelo operativo a mi vida en ámbitos principales (trabajo, relaciones amorosas, relaciones familiares, amistades, consecución de objetivos)? *Si la respuesta es afirmativa, apunta uno o dos ejemplos concretos para cada uno de los ámbitos afectados.*
- **Impacto en la consecución de objetivos.** ¿Suele apartarme este modelo operativo de mis objetivos? *Si es así, ¿cómo?*
- **Impacto en la vida basada en valores.** ¿Es contradictorio este modelo operativo con mis valores? *¿Cuáles son algunos de mis valores prioritarios y cómo contribuye este modelo operativo a alejarme de ellos o a no vivirlos como quisiera?*
- **Impacto en el autoconcepto.** ¿Este modelo operativo hace tambalear o menoscaba mi autoconcepto? *Si es así, ¿cómo?*

«De nada vale un éxito si no lo sigue otro»

Si hay una matrícula de honor esperando dueño, puedes dar por sentado que las personas con un apego evitativo la estarán persiguiendo. Como vimos en el capítulo anterior, estas personas formulan su autovalía en función de sus logros. También pueden elevar sus miras y aspirar a ser como las personas que obtienen recompensas materiales: un buen sueldo, un estilo de vida lujoso o premios al desempeño. Ello no se debe en modo alguno a que sean gente intrínsecamente superficial. Se trata más bien de que han aprendido que sus logros son una forma de capital social, un medio para granjearse el aprecio de los demás y conseguir que quieran estar con ellos.

Claudia era la mayor de cinco hermanos. Sus padres tenían que trabajar mucho para llegar a fin de mes, así que no estaban muy implicados en las actividades cotidianas de Claudia: sus abuelos fueron sus cuidadores principales durante gran parte de su infancia. Desde pequeña, asumió muchas responsabilidades, como ayudar a cuidar de sus hermanos pequeños. Cuando a estos les llegó la rebeldía propia de la adolescencia, Claudia siguió siendo la niña perfecta: sacaba buenas calificaciones en la escuela y destacaba en sus actividades extraescolares. Gracias a ello despertó una atención positiva en sus padres, quienes la alababan constantemente por sus logros y buen comportamiento, y la ponían de ejemplo a sus hermanos (por ejemplo: «¿Por qué no te parecerás un poco a tu hermana Claudia?»).

Adoptó la creencia de que debía seguir siendo esa Claudia «perfecta» para recibir el apoyo y el amor de su familia, y con el tiempo esta conducta se hizo extensiva a cómo se sentía y comportaba con los demás. Desconfiaba de la gente que parecía encariñarse de ella de un día para otro, porque creía que todavía no se había ganado su afecto por medio de sus acciones. Por ello, le costaba tener conexiones más profundas con los demás, y le era más fácil perpetuar la creencia de que, a menos que continuara haciendo cosas que fueran merecedoras de amor, nadie la amaría de verdad.

De forma parecida a la experiencia de Claudia, cuando eras pequeño tal vez te sirvieras de tus logros para que tus padres, tus cuidadores y otros adultos importantes en tu vida te prestaran atención y te ofrecieran un refuerzo positivo. Con el tiempo, quizá desarrollaras una relación de dependencia excesiva con cosas como las buenas calificaciones, el deporte, los premios, los ascensos, los elogios en el trabajo o la adquisición de objetos (el coche más rápido, la casa más grande, la ropa más cara) para asegurarte así de que los demás gravitaran hacia ti y te valoraran. Tal vez creas que no tienes ninguna importancia por el mero hecho de ser tú mismo sin toda esa parafernalia de la que te rodeas. En consecuencia, tu autoconcepto es bastante frágil: en lugar de tener una conciencia constante e interna de valor, has terminado pensando que tus logros determinan tu valía. Como temes estancarte, no vaya a ser que todo el mundo se dé cuenta de que no eres interesante, amable o deseable, desarrollas un impulso cada vez más marcado a lograr metas y reunir objetos que sugieran una cierta posición social para ganarte la aceptación de los demás.

Aunque ello no sirva de sucedáneo de una conexión más profunda, por lo menos vale para mantener a la gente que quieres cerca de ti hasta cierto punto. Ello te infunde cierto consuelo, por más que, siendo una persona con un apego evitativo, te cuestiones si recibirías el mismo apoyo social si no fueras el brillante faro que ilumina a tu familia y tu comunidad. Con el tiempo, la persona con un apego evitativo ve cómo su autovalía se confunde inextricablemente con lo que hace y no puede parar de hacer. Estas personas se entregan a aspiraciones personales y profesionales cada vez mayores, a menudo a expensas de otros aspectos importantes de sus vidas: la salud, las amistades, la familia y las relaciones amorosas.

Aunque transmiten una poderosa sensación de autovalía, son despiadadamente críticas consigo mismas y, por desgracia, con los demás también. Someten a los demás a las mismas exigencias imposibles de alcanzar que se fijan para sí mismas, y cuando los otros no rinden a su nivel, adoptan actitudes críticas o despreciativas. El feroz independiente suele tener una visión negativa de la valía de los demás y juzga con severidad sus actos, en especial aquellos que parecen apartarse de la senda del éxito en distintas facetas de la vida. Pueden sentir cierto desdén por quienes no parecen poseer la motivación o fuerza de voluntad para alcanzar sus metas, y con frecuencia tildan a esas personas de «débiles» o de no tener un «carácter admirable». Su reducida capacidad para valorarse más allá de sus logros limita la valía que pueden ver en los demás. También pueden despreciar a las personas que expresan sus emociones con soltura y parecen tomar sus decisiones basándose en los sentimientos. Suelen admirar a las personas que gobiernan sus vidas por la lógica y se esfuerzan en hacer lo mismo.

Lo que pierden al estar tan empeñados en alcanzar metas es el equilibrio entre la vida y el trabajo. Prefieren partirse el lomo en el trabajo a encontrar soluciones de compromiso tanto en su vida profesional como en la personal. El combustible que los impulsa es una insistente voz interior negativa que, por un lado, los empuja a hacer las cosas, pero por el otro los deja con dudas persistentes sobre sus propias capacidades, que enseguida tratan de ocultar fijándose metas todavía más elevadas.

En amistades y relaciones amorosas, se sienten atraídos por personas difíciles porque creen que deben hacerse merecedores de su tiempo, atención y amor. Cuanto más deben trabajar para lograr conectar con una persona, más convencidos están de la valía de esta. Su crítico interior resta valor a las personas que parecen quererlos demasiado rápido o sin dificultad alguna, porque en el fondo el o la feroz independiente no se valora a sí mismo de forma incondicional.

Cuando no has alcanzado una meta en tiempos recientes, o si no has estado a la altura de tus elevadas exigencias (o las de otra persona), eres proclive a torturarte por ello con tu voz interior negativa y, en consecuencia, a sentirte mal contigo mismo. Este crítico interior puede empujarte a rendir, pero también puede hacer que te sabotees a ti mismo y precarizar tu salud mental. Puedes aprender a domeñar esa autocrítica y a no torturarte por esos presuntos pasos en falso y esa falta de éxitos.

Antídoto a «De nada vale un éxito si no lo sigue otro»

Lo contrario de la autocrítica es la autoaceptación, y es esto precisamente lo que vas a aprender a cultivar por medio de estos ejercicios. Al bajar el volumen de esta parte de ti mismo que está obsesionada con la consecución de un nuevo objetivo, instándote severamente a hacer más cosas, hacerlas mejor y más deprisa, podrás abrir la posibilidad a ver que eres valioso, querible y merecedor del cuidado de los demás aun cuando no tengas tantos que apuntarte. Crear un vínculo emocional positivo contigo mismo que no se base en otra condición que tu propio ser, tu existencia, será la forma de curar las heridas de tu niño interior. Al liberarte de la creencia de que necesitas cosechar logros y objetos para ser digno del amor y el cuidado que puedes prodigarte a ti mismo, serás capaz de perseguir tus metas y sueños en todos los ámbitos de la vida sin sentir vergüenza ni una excesiva ansiedad. Puedes mejorar tu conexión y confianza con esas otras personas que deseen brindarte su apoyo y cuidarte, al margen de qué posición ocupes en el organigrama de la empresa o del coche que conduzcas.

Ejercicio de descubrimiento: la autoaceptación incondicional

Cuando tu autovalía orbita en torno a la idea de que «si hago *x*, entonces soy aceptable (para mí mismo y para los demás)», te prestas a sentirte fatal contigo mismo y a entrar en unas prácticas autocríticas que te hacen sentir no solo inferior a las personas que te rodean, sino, además, como si no fueras merecedor de nada en absoluto.

Cuando te aceptas a ti mismo sin condiciones, la idea de la que partes es: «Soy aceptable, pase lo que pase». ¡No es poca cosa! Como expresó de manera admirable el doctor Albert Ellis, la mente brillante a la que debemos la terapia racional emotiva conductual, la autoaceptación incondicional no es frecuente: «Significa aceptar tu vida, lo que te hace disfrutar, lo que quieres hacer [...], aceptarte a ti mismo [...] con pocas señales de aprobación o ninguna».[1]

No hay condiciones requeridas para concederte a ti mismo generosidad, empatía o compasión. No hay que saltar a través de ningún aro antes de poder sentirte bien con la persona que eres. Al feroz independiente, separarse de la armadura de sus triunfos puede parecerle aterrador, pero es una de las oportunidades más transformativas para su curación.

Este ejercicio está ideado para ayudarte a desarrollar una autoaceptación incondicional a través de una combinación de meditación guiada, trabajo sobre el niño interior y escritura de diario reflexiva. Es la oportunidad de autorizarte a bajar la guardia contigo mismo y mostrar tu vulnerabilidad a tu niño interior, lo que a su vez le permitirá a tu niño interior mostrarte la suya. Todo ello te ayudará a bajar el volumen de esas voces autocríticas y crear un espacio compasivo, en el que verás que, pese a tus defectos (sí, tus defectos; todo el mundo los tiene), mereces ser amado y eres digno de amor, apoyo y cuidado.

*

Ponte cómodo. Puedes hacerlo sentándote en una silla con los pies bien plantados en el suelo, sentado con las piernas cruzadas en el suelo, tendido de espaldas con la cabeza sobre una almohada o en cualquier posición que te permita sentirte conectado con la tierra y en contacto con tus sensaciones físicas.

Cierra los ojos y empieza a concentrarte en tu respiración. Inhala suave y profundo por la nariz y suelta el aire por la boca. Date tiempo cada vez que lo hagas y, con cada respiración, intenta ser más consciente del momento presente. Si algún pensamiento surge en tu mente y te distrae de la respiración, guía suavemente tu atención a la respiración y acepta esos pensamientos sin intentar juzgarlos, cambiarlos o apartarlos. Percibe si tu cuerpo retiene alguna tensión y céntrate en las áreas que sientas estresadas o tensas. Imagina que cada vez que sueltas el aire estás llevando la relajación a esa parte de tu cuerpo. Repítelo tantas veces como sea necesario hasta que te sientas más tranquilo y relajado.

Ahora rememora la primera vez que recuerdas haber pensado o sentido que tenías la necesidad de rendir, de hacer algo productivo o constructivo, o quizá asumir una responsabilidad que no suele darse a los niños, a fin de sentirte seguro, protegido y querido. Intenta encontrar el primer recuerdo que te instiló esa idea, la idea de que el apoyo y cariño de tus seres queridos estaba supeditado a cómo te comportaras y lo que hacías.

Vuelve la atención hacia esa versión infantil (o más joven) de ti mismo que guardas en tu recuerdo. Tu niño interior necesita que le enseñes que su valía no se basa en lo que hace o en sus logros. Tu niño interior necesita saber que recibirá apoyo y amor tal y como es.

Imagina que te sientas al lado de tu niño interior en uno de tus lugares favoritos. Podría ser tu casa actual, un destino turístico de grato recuerdo o cualquier lugar señalado que posea un significado positivo para ti. Pregunta a tu niño interior cómo se sentía cuando tenía que hacer algo para ganarse el apoyo y la seguridad que deseaba. Pídele que te cuente sus pensamientos o sensaciones sobre lo que pensaba que pasaría si no hacía esas cosas. ¿Habría perdido la atención de sus padres o se habría sentido mal consigo mismo? Invita a tu niño interior a detallar las consecuencias que creía que podían derivarse de ello.

A continuación, lee el siguiente texto en voz alta, directamente a tu niño interior, y ayúdalo (y ayuda a la actual versión de ti mismo) a comprender los importantes mensajes que contiene.

Niño interior mío, al margen de cómo te sientas, debes saber que nada puede aumentar o reducir tu valía irrepetible. No necesitas probar tu valía porque la tienes por el simple hecho de existir. Tu valía no depende de tus logros o del juicio de los demás. Tu valía no se basa en tus títulos académicos, tu puesto de trabajo, tu desempeño, tu riqueza, tus actos o las opiniones de los demás. A pesar de tus buenas cualidades y de aquellas que no lo son tanto, tienes ni más ni menos la misma valía que cualquier otro ser humano. La aprobación que te concedes no procede de ninguna fuente exterior, procede de ti. La autoaceptación incondicional significa que debes aceptarte y celebrarte como ser humano vivo. Puedes elegir aceptarte a ti mismo a cualquier hora del día, en cualquier momento, e incluso en las situaciones difíciles.

Cierra los ojos y vuelve a concentrar la atención en tu respiración. Siente cómo el flujo de aire entra en tus pulmones y vuelve a salir al mundo. Con cada exhalación, suelta cualquier atisbo de tu voz interior negativa, de autocrítica y juicios sobre ti mismo. Libérate del desprecio, el asco y la vergüenza por ti mismo. Con cada respiración, debes decirte: «Soy valioso tal y como soy. Soy merecedor de felicidad». Cuando estés listo, respira profundo unas veces más y luego abre los ojos y regresa a la habitación en la que estabas.

Puedes volver a este ejercicio de meditación tantas veces como lo necesites, para recordarte a ti mismo que eres valioso tal y como eres.

Apunta algunos pensamientos sobre lo que haya sentido tu niño interior durante esta actividad. Anota las raíces de la idea de «tener que hacer para tener valor». ¿Cuándo ocurrió? ¿Qué edad tenías? ¿Y qué autocreencias tuvieron allí su origen? Por último, escribe algo que tu yo adulto hará para mostrar una autoaceptación incondicional antes de que termine el día. Puede ser una sencilla afirmación, un ejercicio de autocompasión (véase pág. 337) o concederte permiso para tomarte un descanso de tus tareas productivas y dedicar un rato a una afición.

*

Cuando Diane hizo este ejercicio de meditación, descubrió que sus primeros logros se basaban en la capacidad deportiva que había demostrado tener de niña. Toda su familia acudía a sus partidos de futbol y luego salían a celebrarlo juntos, así que era una manera estupenda de pasar un rato con sus padres y hermanos. Pero el apoyo que recibía de ellos (y salir luego a comer helado) se basaba en gran medida en lo bien que hubiera jugado. Se culpaba a sí misma si su equipo perdía (con independencia de su propia actuación).

De adulta, es una mujer muy proclive a fijarse metas y se impulsa a alcanzarlas sin cesar en su trabajo, lo que ha terminado convirtiéndose en un bucle que puede llegar a ser tóxico para ella. Nunca está satisfecha: cuando alcanza una meta, ya está buscando la siguiente. Para agravar este constante afán de mejorar en todo momento, Diane se inscribió a un club de futbol *amateur* y cuando sufrió una lesión de rodilla que la retiró de la actividad física durante varios meses, su autoestima se hundió en picada y se deprimió. Sin sus logros en el terreno de juego, no tenía mucho con lo que reforzar su autoconcepto. Pese a sus éxitos en el trabajo, los sentimientos que tenía por sí misma (que se habían originado en las primeras veces que practicó este deporte) estaban vinculados en gran medida a sus hazañas en el terreno de juego. Con el tiempo, pudo ver que su valor residía en ser Diane, no la Diane que destaca como jugadora de futbol o que es la vicepresidenta de su empresa. Diane es sencillamente una mujer valiosa y tiene valía por ser Diane.

Sesión diaria de trabajo: fluye de camino a la autoaceptación

Mihály Csíkszentmihályi es considerado uno de los fundadores del movimiento de la psicología positiva. Fue pionero del concepto de *flow* (fluir). A menudo oímos decir a los deportistas que entrar en *flow* puede ayudarlos a rendir al máximo. Para los psicólogos, el *flow* es un estado mental al que se accede cuando nos sumimos tan profundamente en una actividad que terminamos perdiendo la conciencia del paso del tiempo, del espacio e incluso de nosotros mismos. Csíkszentmihályi propuso el concepto de *flow* psicológico, que consiste en «un estado de experiencia óptima que surge de una implicación intensa en una actividad que se disfruta [cuando] uno tiene una sensación de control total, de que todo avanza sin esfuerzo y de una concentración completa en la situación inmediata».[2]

La idea de hacer algo porque sí, por el puro disfrute que te brinda, puede parecerle al feroz independiente un tanto extraña, porque estas personas suelen ser adictas al trabajo y orgullosas de serlo. Sin embargo, lo interesante del *flow* es que, pese a no estar impulsado por el afán de alcanzar metas, permite, sin embargo, lograr un alto grado de satisfacción, alegría y sensación de la propia valía.

Si estás concentrado en alcanzar metas para potenciar tu autoestima, aspirar a ese *flow* por lo menos una vez al día puede ser de gran utilidad para cultivar la autoaceptación y separarte de la idea de que debes centrarte en los logros para asegurarte de tu autovalía. Varios estudios han demostrado que las personas en un estado de *flow* psicológico experimentan una reducción de la actividad en el córtex prefrontal,[3] que es la parte del cerebro que gobierna la conciencia autorreflexiva. Este fluir puede acallar a tu crítico interior, así como suscitar una sensación relajada y revigorizante, ya que en este estado el estrés y las prisas se sienten menos.

Cada día, comprométete a entrar en estado de *flow*: veinte minutos de una actividad dedicada a dicho fin deberían bastar. (He visto que esta práctica tiene mayores beneficios si se hace a primera hora de la mañana o cuando uno se relaja por la noche después de la jornada de trabajo). Los fines de semana o en cualquier momento tranquilo en tu horario, puedes dedicar veinte minutos a una actividad *flow*. Pero, de momento, comprométete a reservar veinte minutos a tejer, dibujar, correr, cantar, bailar, cualquier actividad que te funcione.

Tendrás que ir probando y mejorando con los errores hasta que encuentres aquellas actividades que te suman en un estado de *flow*, y es ahí donde entra en escena tu diario. En una página nueva, siguiendo los criterios que enumero más abajo, piensa muy bien una lista de siete actividades para que puedas entrar en *flow* todos los días de la semana sin repetir ninguna actividad. Puedes añadir todas las que quieras, pero si pruebas una que no tiene el efecto deseado, bórrala o táchala, y elige aquellas actividades que sí te funcionan siempre. Cualquier práctica que cumpla los siguientes requisitos puede servirte:

1. Disfrutas haciéndolo por la actividad en sí y no (solamente) porque haya recompensas externas (como que los demás te alaben).
2. Recuerdas emociones positivas relacionadas con hacer la actividad (cuando tienes ganas de hacerla, durante la actividad en sí o después).
3. Tienes una sensación de empoderamiento personal o ves la oportunidad de mejorar y consolidar tus habilidades cuando participas en ella (por ejemplo, mejorar tu dominio de un instrumento musical, aprender a tejer o practicar una actividad física que te hace sentir sano y fuerte, como unas posturas de yoga o taichí, o la **postura de fuerza** descrita por la doctora Amy Cuddy [véase pág. 342]).

Si pierdes la conciencia del paso del tiempo mientras practicas la actividad (por ejemplo, después de terminar, podrías decir: «Se me pasó volando»), es buena señal de que estabas en *flow*.

Cuando hayas creado la lista, comprométete a realizar una actividad al día. Si así lo deseas, puedes hacer la misma varias veces a la semana, pero al principio lo mejor es intentar con todas las actividades a fin de conservar la variedad (y evitar el aburrimiento), así como concentrarse en aquellas que te permiten alcanzar el estado de *flow* con mayor facilidad.

Lista de comprobación del estado de *flow*

Después de cada actividad, usa esta lista para comprobar si has entrado en un estado de *flow*.

¿Esta actividad de ____________________

- me mantuvo interesado y atento?
- me permitió concentrarme en el presente (en el aquí y el ahora) y desconectarme de las preocupaciones y los pensamientos negativos (por lo menos temporalmente)?
- cumplió con la regla de oro de no ser demasiado fácil ni demasiado difícil para mí?

- me permitió sentir que tenía el control y estaba empoderado?
- me hizo perder la noción del tiempo?

Mi autoconfianza después de la actividad era de un ____ (1-10, siendo 10 el mayor nivel de confianza en uno mismo).

Mi estado de ánimo después de la actividad era de un ____ (1-10, siendo 10 el estado de ánimo más positivo).

Si marcaste por lo menos cuatro de las cinco condiciones para la actividad, y si consideras que tu autoconfianza y tu estado de ánimo mejoraron después de realizarla, pon una estrellita junto a la actividad en tu diario para así recordar qué actividades han sido útiles para inducirte un estado de *flow*. Con el tiempo, irás afinando la lista de las actividades de estado de *flow* a medida que las vayas evaluando después de hacerlas. De vez en cuando, también sería conveniente que añadieras nuevas actividades para probarlas. Cuanto más emplees el estado de *flow* para fortalecer tu autoconcepto sin recurrir a recompensas externas, tanto más conectarás con una autoaceptación y una autovalía incondicionales que no dependan de los logros.

«Debo mantener el control en todo momento»

Si crees que eres la personificación de un maniaco del control, no estás solo. Todos podemos dedicar nuestra energía y potencia intelectual a planear y predecir hasta el último detalle de nuestras vidas, a tratar de prevenir un desastre o una catástrofe imaginaria. Sin embargo, necesitar controlarlo todo es agotador y nadie lo sabe mejor que el feroz independiente.

Ya sea que te impulse la presión de rendir, una interminable búsqueda de la perfección o el temor a que, si te relajas, lo pagarás con el caos y no podrás recuperar el control de la situación, estos miedos empezaron cuando eras un niño. Es probable que te pidieran (ya fuera de forma implícita o explícita) que asumieras responsabilidades antes de tiempo. Cuando tus padres o tus cuidadores no satisfacían tus necesidades, te instaron a creer que tenías que valerte solo. Tener que crecer demasiado pronto y cargar con demasiadas responsabilidades te enseñó que tú, y nadie más, eras el único responsable de tu supervivencia.

Como el feroz independiente no confía en que nadie pueda satisfacer sus necesidades (o por lo menos atenderlas en la medida de sus posibilidades), quiere tener el control sobre sus planes y sus horarios, cómo y cuándo hace las cosas, y el ritmo que debe adoptar una relación, porque tener esas rutinas y capacidades para tomar las decisiones de manera independiente lo ayuda a sentirse libre. Sobre todo cuando se sienten estresadas, estas personas no quieren someterse a los proyectos, necesidades o deseos de nadie, y a menudo se refugian en el santuario de su soledad para recomponerse y desestresarse. Tener el control, o por lo menos tener una ilusión de control, es su forma de sentirse a salvo.

Otro aspecto igual de importante es que las personas con un apego evitativo no quieren que los demás piensen que no tienen el control de la situación, motivo por el cual ocultarán cualquier pista de que pasan por algún tipo de dificultad. A fin de cuentas, aprendieron en la infancia que encontrar dificultades era inaceptable, cosa de débiles, y que, si les ocurría, obtendrían menos atención que si parecían tenerlo todo bajo control. De adultas, transmiten una impresión de fuerza y competencia, y parecen perfectamente capaces de superar cualquier cosa, con independencia de la realidad de sus sentimientos.

En sus relaciones, prefieren que todo se someta a su manera de ver las cosas en la medida de lo posible. Por ejemplo, es posible que quieran pasar tiempo solas a menudo, o dedicarlo a actividades sin su pareja. Rehúyen la reciprocidad en sus relaciones o en la toma de decisiones sobre cualquier cosa, desde dónde (y con qué frecuencia) verán a su pareja hasta la hora indicada para cenar. Si les parece que alguien les plantea una demanda excesiva de su tiempo o atención, o bien manifiesta preocupación o afecto por ellas, pueden llegar a sentirse ahogadas o atrapadas. Son proclives a quitarle importancia a las preocupaciones de los demás por su salud, o porque trabajan demasiado, y pueden sentir que la persona que se las expresa está siendo controladora al manifestarles su inquietud.

Creen que no están capacitadas para ofrecer conexiones más profundas y recelan en gran medida de quienes parecer exigirles más. Las atemoriza que esas demandas puedan tener la consecuencia efectiva de atraparlas y convertirlas en alguien interdependiente con otra persona, perdiendo así el control de su autonomía, que fue clave para su supervivencia durante la infancia. Bajar la guardia y ser vulnerable con otra persona es sinónimo de renunciar al control. No quieren cedérselo a nadie porque están convencidas de que esa persona las defraudará o abusará del privilegio que le han concedido. Temen que esa persona no solo pueda ejercer control sobre ellas, sino que pueda tener una opinión sobre cómo deberían ser. En tanto que «alfa» en la relación, tienen más «valor» (por lo menos desde su punto de vista), lo que los autoriza a ejercer el control en sus relaciones personales y a dictar cómo debe desarrollarse todo. Hallarse en algún tipo de relación de pareja entre iguales puede asustarlas, porque no hay nadie al mando y no existe una jerarquía que determine qué es lo que está ocurriendo.

Tienen múltiples tendencias perfeccionistas, que proceden del miedo al fracaso. Si son perfectas y todo lo hacen bien, creen que todo va viento en popa. Si perciben que la situación tiene aspecto de no ser perfecta o supone un riesgo desmesurado, se abstendrán de implicarse. Ello puede llevar a situaciones problemáticas porque, en las relaciones interpersonales, abundan los momentos que distan de ser perfectos (conflictos, desacuerdos), de ahí que esperar que dichas relaciones rayen a la altura de un ideal de perfección no sea realista. Si una relación les parece menos que perfecta, le pondrán punto final o se distanciarán. Asimismo, si pierden la posición de privilegio en la relación, corren el riesgo de sentirse vulnerables.

A las personas con un apego evitativo les encanta resolver problemas, pero no les gustan las situaciones conflictivas, sobre todo si deben dar a conocer sus sentimientos. Su inclinación evitativa se debe en parte al temor a perder el control de sus emociones y comportarse de tal manera que se desmorone el velo tranquilo, relajado y sereno con el que se cubren y por el que se las conoce. Al entrar en conflicto, creen que la situación puede escapárseles de las manos o incluso que podrían «perder», que es palabra prohibida en el vocabulario de las personas con este estilo de apego. Si surge un conflicto y se sienten abrumadas en sus emociones (lo que apuntaría a una posible pérdida del control), ignorarán el conflicto y centrarán su atención en las cosas que sí pueden controlar, como su carrera profesional o sus metas personales. Si su pareja expresa molestia o inicia una discusión, sentirán de pronto la necesidad de ir a la oficina o salir a correr para preparar su próximo maratón.

En lo más profundo, esta necesidad de control obedece a un muy arraigado temor a la incertidumbre. Su niño interior aprendió a adaptarse al mundo anticipándose a las malas situaciones y trazando de antemano un plan de acción. Estas personas siempre están preparadas para lo peor, porque no quieren bajo ningún concepto que las sorprendan con la guardia baja, incapaces de valerse solas. Por ello, tratan de reducir al mínimo los cambios en sus rutinas o combatir cualquier factor desconocido, como la intervención de otras personas en sus vidas. En la infancia, tal vez sintieron que esa necesidad de control les fue impuesta por los demás; se trataba menos de pensar en lo que querían y más de gestionar sus vidas para reducir el impacto negativo de los caprichos de los adultos con los que crecieron. Aprendieron de niños que no podían contar plenamente con los demás, de ahí que ahora crean que las cosas, si no las hacen ellas, no saldrán bien. Cuanto más intentan controlar, más estrés sienten (¡nadie puede hacerlo todo solo!), y tanto más se inclinan hacia la creencia de que no se puede contar con los demás, lo que no hace sino perpetuar el ciclo. Esta necesidad de estar al mando de la situación hace que solo sepan reaccionar a las circunstancias de la vida tomando el mando, sin pensar o ni siquiera plantearse qué es lo que quieren en realidad.

Antídoto a «Debo mantener el control en todo momento»

Estos ejercicios permitirán a tu niño interior vivir las experiencias de la seguridad y la tranquilidad cuando explore su entorno, gracias a que tu yo adulto habrá conectado con él, habrá entendido sus necesidades y estará a su lado para apoyarlo y asegurarse de que permanece sano y salvo. En resumen, tu yo adulto actuará como un mentor sabio o un padre o madre que apoya a sus hijos. Así pues, cuidarás de tu niño interior y lo apoyarás. Aunque tu niño interior fue reprimido en la infancia, hoy día aún puede encontrar el espacio necesario para explorar y jugar, y tener las experiencias de las que habría debido disfrutar en su momento.

Ejercicio de descubrimiento: lo que deseo

Abre tu diario y crea dos columnas. A la de la izquierda ponle el título «Cosas que tuve en abundancia en la infancia». A la de la derecha, «Cosas que me habría gustado tener más a menudo en la infancia». Escribe en cada columna lo primero que se te pase por la cabeza, sin juzgar el contenido. Al cabo de unos minutos, lee lo que has escrito. Aunque pueda resultar difícil, asimila despacio las emociones que surjan. Tal vez te haya costado rellenar una o las dos columnas. Quizá la lista de lo que tuviste en abundancia no sea tan extensa como la de aquellas cosas que te habría gustado tener más a menudo, y eso suele provocar tristeza y dolor. Es posible que el ejercicio te obligue a enfrentarte con cosas con las que hace tiempo que no tratas. Evocar experiencias negativas de la infancia también puede parecerte que es como abrir la puerta a culpar a tus padres por tus problemas actuales. Pero recuerda: este tipo de mirada penetrante no tiene por qué venir acompañada de enojo o rencor hacia tus progenitores. También puedes compadecerte de ellos al mismo tiempo que sientes compasión por tu niño interior. El objetivo de este ejercicio es sacar a la luz cuál fue tu realidad de niño o de niña e identificar por qué fue particularmente difícil, a fin de que puedas brindarle hoy a tu niño interior aquello que le faltó concretamente en aquel tiempo.

Mientras leas lo que escribiste en tu diario, empieza a pensar cómo podrías darte las cosas que te habría gustado recibir en la infancia. En esos años, tuviste que apoyarte en gran medida en los demás para satisfacer tus necesidades y es posible que los adultos te fallaran en este sentido. Por ello, de adulto has llevado las cosas al otro extremo y has decidido, consciente o inconscientemente, obtener lo que necesitas sin depender de nadie (o, cuando menos, dependiendo de los demás en la menor medida posible). Hay un punto medio en el que tus necesidades pueden quedar satisfechas combinando la actividad independiente y la búsqueda de ayuda en personas que te quieren y desean cuidarte y brindarte su apoyo.

En una página en blanco, copia uno de los puntos de la lista «Cosas que me habría gustado tener más a menudo en la infancia» y debajo escribe «Lo que puedo hacer por mí mismo» y «Lo que puedo pedir a alguien». Ahora escribe algo que hoy puedas hacer por ti mismo para satisfacer una de esas necesidades y escribe algo que puedas pedirle a alguien de tu confianza a fin de satisfacer esa demanda. Puedes repetir el procedimiento para cada una de las cosas que apuntaste en tu lista.

Ahora echa un vistazo a la lista «Cosas que tuve en abundancia en la infancia» para estudiar cualquier punto fuerte, habilidad o capacidad innata, así como otros recursos —incluidas otras personas presentes en tu vida— que puedas aprovechar mientras piensas qué puedes hacer por ti mismo.

Si estás acostumbrado a hacerlo todo por tu cuenta, esta parte del ejercicio puede resultarte difícil, pero es necesario pensar cómo puedes pedir ayuda a los demás para curar tu apego. Lo que te reclames a ti mismo, y a los demás, no tiene por qué ser impresionante, pero por lo menos debería ser algo que te permita cambiar la situación.

Los padres de Leo eran buenas personas, pero lo sometieron a mucha presión para que sacara buenas calificaciones y pudiera entrar a una universidad de prestigio que le permitiera labrarse un futuro profesional de éxito. Ambos trabajaban fuera de casa en puestos de mucha responsabilidad y esperaban que Leo siguiera su ejemplo. Cuando iba a la preparatoria, su padre le ponía problemas de matemáticas los fines de semana y durante las vacaciones, y se esperaba de él que fuera a las clases avanzadas. Ya en la universidad, sus padres siempre le preguntaban cómo le iba en los exámenes y lo disuadían de participar en cualquier actividad extracurricular.

Uno de los compañeros de habitación de Leo tenía aficiones artísticas. Leo se interesó mucho por el dibujo, pero sus padres le prohibieron inscribirse en las asignaturas de arte. En cuanto encontró trabajo y voló solo, Leo continuó esforzándose y recibió atención positiva y elogios de sus padres cada vez que alcanzaba una meta profesional o lograba un ascenso.

Al hacer este ejercicio, Leo se dio cuenta de que, a pesar de que sus padres le habían brindado muchas oportunidades, extrañaba poder tomarse un descanso de vez en cuando, hacer algo creativo y no estar afanándose siempre en alcanzar la siguiente meta. Decidió inscribirse a un taller de arte que se llevaba a cabo los fines de semana en un museo cerca de su casa y lo abordó con la actitud de quien sencillamente decide probar algo para ver si le gusta.

Sesión diaria de trabajo: deja salir a tu niño interior para que pueda jugar

Si eres una persona con un apego evitativo, lo más probable es que crecieras un poco más rápido de la cuenta y que te asignaran más responsabilidades que a la gente de tu edad. Seguramente tuviste que aprender a ser un niño más formal o estoico que los demás y, a tu edad, no te quedó más remedio que desactivar la parte lúdica y desenfadada de tu personalidad. Este ejercicio puede ayudarte a descubrir esa parte de ti que se sentía libre y que no conocía ni la vergüenza ni el miedo a equivocarse, fracasar o perder el control. Puedes ejercitar tus capacidades lúdicas y, al mismo tiempo, alcanzar una sensación de seguridad y protección.

La clave para crear ese puerto seguro para tu niño interior es que tu yo adulto —la versión de ti mismo que creció y aprendió a adaptarse a las distintas situaciones— es capaz de ejercer más control sobre su entorno y, por consiguiente, puede velar por esa otra versión más joven de ti mientras intenta recuperar esos valiosísimos momentos de la infancia en los que la vida se resumía en ir encadenando descubrimientos y explorar el entorno sin preocupaciones. Ya sea que puedas remitirte a una época de tu infancia en la que te sentiste libre o que veas en este ejercicio la oportunidad de regalar a tu niño interior una libertad que nunca tuvo, el juego es siempre verdaderamente terapéutico. Reduce el estrés, libera esas sustancias químicas que te hacen sentir bien, como las endorfinas, y hace que te centres muy deprisa en el momento presente (en vez de cavilar sobre qué hiciste mal en el pasado y las posibles catástrofes que traerá el futuro). Cuando juegas, bajas la guardia, te liberas del pensamiento basado en el miedo, y esa necesidad de controlarlo todo se reduce.

Cuando te sientes libre, eres menos consciente de ti mismo y es menos probable que actúes por miedo o por evitación. Gracias a ello, te vuelves más creativo y aventurero, además de adquirir una mayor resiliencia emocional.

*

Dedica un momento a pensar en actividades de las que disfrutaste en la infancia (o, si no te ves capaz de hacerlo, imagina qué te habría gustado hacer si hubieras podido). Rememora algunos días alegres de tus años de infancia e intenta recordar qué estabas haciendo en esos momentos. Mira fotos antiguas o habla con familiares para averiguar qué te gustaba hacer en aquel tiempo. Imagina lo que te gustaría hacer si no te importara el qué dirán.

He aquí una lista de ideas para darte un empujón inicial.

- Jugar en el parque del barrio.
- Jugar rayuela, saltar la cuerda, jugar con un hula-hula.
- Brincar por tu calle.
- Ir a una juguetería.
- Jugar un videojuego o un juego de mesa antiguo.
- Volver a ver las películas favoritas de tu infancia.
- Hacer las manualidades favoritas de tu infancia (colorear, plastilina, Lego).
- Releer tus libros infantiles favoritos.
- Construir una cabaña.
- Cantar/bailar tus canciones favoritas.
- Ir a museos o galerías de arte.
- Ir al zoológico o a un parque de diversiones.
- Disfrazarte.
- Competir en una carrera de obstáculos.
- Hacer castillos de arena.
- Hacer burbujas de jabón.
- Abrazar a tus animales de peluche.
- Jugar con marionetas.
- Patinar o ir en bici.
- Jugar con un simulador de combate con pistolas láser.
- Decorar la casa para días de fiesta.

Permitirte jugar y disfrutar —sin llevar una puntuación ni acumular puntos mentalmente o con otros— brinda a tu niño interior la oportunidad de curar las heridas causadas porque se le negaron los placeres del juego en la infancia. También puedes dedicar tiempo a otras actividades con tus hijos o los de tus parientes y observar cómo se maravillan y asombran al descubrir cosas nuevas. Ser capaz de revivir las maravillas y los tesoros de la infancia y concederte un descanso frente a las tensiones y responsabilidades cotidianas, muchas de las cuales traen aparejadas unas elevadas expectativas que tienen su origen en tu voz autocrítica interior, es un regalo estupendo tanto para tu yo presente como para tu yo pasado o niño interior.

Ejercicio extra de descubrimiento: lucha por un niño

Para sanar algunas de las heridas infantiles en tu apego y explorar a fondo el valor del juego en todos los aspectos de la vida, plantéate luchar por otro niño y ayúdalo a construir unas conexiones de apoyo seguro. Ese niño podría ser hijo tuyo, el hijo de un pariente o de un amigo, o también un niño del barrio o de tu comunidad en un sentido amplio a través de una organización benéfica. Comprométete a darle apoyo y mostrarle constancia y un cariño incondicional.

«Mantengo una prudente distancia con los demás»

¿Alguna vez te has sentido eufórico en los primeros momentos de una relación amorosa, pero después has sentido la necesidad de apartarte e interponer una distancia emocional con tu pareja cuando esta te empieza a reclamar un mayor compromiso? ¿O alguna vez te has desconectado, enojado o sentido incómodo cuando alguien te expresa abiertamente sus emociones (sobre todo si son negativas) y quizá, para tus adentros, has llegado a tildar a esa persona de ser dramática o excederse? ¿Te han acusado alguna vez de ser una persona distante emocionalmente, y cuando alguien se ha referido a ti en esos términos has pensado que era demasiado dependiente o exigente? El feroz independiente probablemente se reconocerá en alguna de las circunstancias descritas o incluso en todas ellas.

Si te identificas con el estilo de apego del feroz independiente, no es raro que temas la intimidad con los demás y la expresión de emociones fuertes (o que te inquiete ver esa expresión en otras personas). A fin de cuentas, cuando eras pequeño te enseñaron que expresar emociones o sentimientos intensos era inaceptable. Si tenías sentimientos fuertes, te rechazaban. Tal vez no te sentiste seguro en momentos de vulnerabilidad si las personas de tu entorno reaccionaban con actitudes negativas, quizá poniéndote en ridículo o haciéndote sentir culpable por el simple hecho de expresarte.

Como la gente con este estilo de apego interiorizó que expresar las emociones era algo malo, su reacción típica ante una situación emocional compleja suele ser retroceder o separarse. Estas personas tratan de distanciarse de las situaciones y de la gente que podrían hacerles experimentar unos sentimientos intensos que no están capacitadas para manejar. Si alguien es muy emotivo o expresa con soltura sus emociones, el feroz independiente se desconecta, porque lo interpreta como síntoma de pérdida de control. De hecho, puede desdeñar las necesidades emocionales de los demás y parece tener una empatía reducida. No es que no se preocupe, pero ha aprendido a ocuparse de sus asuntos por su cuenta, de modo que ¿por qué no iban los demás a hacer lo mismo?

Estas personas se ponen en guardia cuando se les reclama una conexión emocional más profunda con los demás y son muy discretas con las preocupaciones o inquietudes que puedan tener. Nunca olvidaré el día en que mi amiga Brenda, a la que habían despedido sin previo aviso después de diez años en la misma empresa, le quitó importancia a mi preocupación por ella con un «me las arreglaré» y cambió de tema inmediatamente para hablarme de lo enojada que estaba porque habían dejado de vender sus cereales favoritos para el desayuno. No es raro que el feroz independiente aparte de sí a la gente que le hace preguntas o manifieste preocupación por su vida. A veces, incluso le parece insultante. «Pues claro que estoy bien» es la cantaleta habitual. Están firmemente convencidos de que pueden con todo por su cuenta y no confían plenamente en que los demás puedan ayudarlos con sus preocupaciones o inquietudes. Son proclives a reprimir sus emociones y a mantener la compostura incluso cuando pasan por momentos difíciles o de angustia.

Ello no significa que las personas con un apego evitativo no deseen tener conexiones más profundas. Lo que ocurre es que con el tiempo han aprendido que es más fácil ignorar esa necesidad y representar un personaje de una fría e impenetrable solvencia. Cuando los demás tratan de conectar contigo, solo lo permitirás en las condiciones que tú consideres oportunas para no dar demasiado de ti mismo y terminar más tarde decepcionado o dolido una vez más. Podrías ser el alma de la fiesta y dar la impresión de que cuentas con un gran apoyo social, pero siempre te impones límites a lo que revelas sobre ti y casi nadie te conoce de verdad. Estas conductas evitativas tienen la función de protegerlos a ti y a tu niño interior, y reflejan lo que te hace sentir a salvo de manera instintiva como consecuencia de tus experiencias anteriores. Tal vez no seas consciente de que mantienes a los demás a una distancia prudente (en algunas ocasiones o casi siempre), porque para ti es como ir con el piloto automático encendido; es lo que has hecho para sobrevivir durante todos estos años.

En las relaciones, este temor a la intimidad y la conexión te impide acercarte de verdad a los demás, y si se da la circunstancia de que quieres a alguien profundamente, es posible que sabotees la relación provocando peleas o alejándote para que esa otra persona rompa contigo. El feroz independiente no quiere estar en deuda con nadie, y si otra persona se muestra demasiado dependiente, se irá sin despedirse para conservar su independencia. Le cuesta comprometerse plenamente en sus relaciones porque evita las conversaciones de tú a tú, los sentimientos y las experiencias comunes. Siempre prefiere mantener las cosas en un plano ligero y superficial, porque si profundiza demasiado, teme perder el control o sincerarse más de la cuenta, lo que lo situaría en una posición de vulnerabilidad frente a la otra persona.

Asimismo, al decantarse por la ligereza en las relaciones y no permitir que nadie se le acerque demasiado, lo que está haciendo es emplear un mecanismo de defensa para protegerse ante posibles rechazos por haber revelado algo sobre sí mismo si se diera el caso de que permitiera que alguien accediera a sus pensamientos y sentimientos más profundos. Si el temor a un rechazo inminente se vuelve insoportable, el feroz independiente será el primero en saltar de la relación, en lugar de perseverar e intentar descifrar sus sentimientos o comunicárselos a su pareja. Su incomodidad con las emociones y su temor a las consecuencias de expresarlas constituyen el motivo de que prefiera centrar su atención en cosas que puede controlar —como el trabajo o las metas personales— y que se hallan en el núcleo mismo de su sensación de soledad.

Antídoto a «Mantengo una prudente distancia con los demás»

Los ejercicios siguientes tienen la finalidad de ayudarte a trabajar tus miedos con respecto a la intimidad y a abrirte a aquellas personas seguras y comprensivas que quieren satisfacer tus necesidades y ayudarte. El primer paso es ser vulnerable contigo mismo. De eso trata el siguiente ejercicio.

Ejercicio de descubrimiento: enfréntate a tu yo en la sombra

¿Verdad que suena misteriosa la idea que te propongo de enfrentarte a tu yo en la sombra? Lo cierto es que el trabajo en la sombra, que fue planteado en primera instancia por el psiquiatra Carl Jung,[4] es un medio muy potente para descubrir tus impulsos y necesidades subconscientes de una forma segura que aporte claridad a tu vida.

Tu sombra es la parte oculta de tu ser. Hay quien se refiere a ella como la cara más oscura de tu personalidad, que intentas esconder a los demás. Tu yo en la sombra puede estar compuesto de rasgos o características que crees que los demás podrían juzgar indeseables. También es posible que seas tú el crítico severo que considera que estos rasgos no pueden mostrarse a los demás. Gran parte del yo en la sombra no es consciente, pero hubo un momento en tu vida en el que recibiste el mensaje de que, si mostrabas esos rasgos a los demás, serías juzgado o rechazado. Para agradar a los demás y a tu mente consciente, reprimiste, apartaste o rechazaste esas partes de ti mismo. Con el tiempo, cualquier cosa que tú mismo (u otras personas de tu entorno) considerases defectuosa, mala o inaceptable, terminaría pasando a formar parte de tu yo en la sombra. Como un programa informático que funciona en un segundo plano de tu computadora, tu yo en la sombra tiene efectos en ti. De hecho, cuanto más te empeñas en ignorarlo o apartarte de él, tanto más fuerte y mayor se vuelve su influencia sobre ti.

Cuando llegas al mundo, eres en muchos aspectos una *tabula rasa*. Estás aprendiendo cómo funciona tu entorno, así como el papel que te ha tocado en él. Con el tiempo, a medida que vas teniendo experiencias, determinas cómo separar los pensamientos y conductas en las categorías de lo bueno y de lo malo, lo que incluye partes de tu personalidad. Aprendes que cuando te comportas de cierta manera, los adultos reaccionan con calidez y te alaban. También aprendes que cuando haces otras cosas, los adultos muestran desdén por tus actos o te regañan.

Algunas de estas lecciones son buenas, ya que te ayudan a desarrollarte y convertirte en una persona moral y prosocial (por ejemplo, tus padres deben enojarse contigo si robas un paquete de chicles en una tienda). Pero otras lecciones que recibiste no tenían nada que ver con ayudarte a desarrollar la compasión o una brújula ética (por ejemplo, que te castigaran por estar triste o nervioso, o enseñarte a reprimir tus emociones). Esas lecciones no tienen por qué impartirlas personas malas o que quieran hacerte daño; es posible que tus cuidadores creyeran sinceramente que estaban ayudándote. Pero lo que ocurrió es que aprendiste que algunas cosas era mejor ocultarlas, que había partes de ti que eran malas, y que debías fingir que no formaban parte de la persona que eres. Por ello, tu yo auténtico se vio alterado, a veces hasta el punto de que la forma en la que te muestras a los demás no se parece en nada a quien eres por dentro realmente.

Por ejemplo, Tina recuerda que sus padres, desde que tuvo uso de razón, siempre le dijeron que se callara. Tenía una voz potente y era muy expresiva, pero le decían que era una exagerada y que debía bajar el tono. En consecuencia, casi nunca levanta la voz y se esfuerza mucho en tapar sus expresiones y emociones. Sus padres le afearon algo que formaba parte de su personalidad, con lo que se integró en su yo en la sombra.

A veces, los rasgos que más te molestan en los demás forman parte de tu yo en la sombra. Es posible que a veces tengas reacciones exageradas cuando ves esas características en los demás, porque verlas activa al crítico que llevas dentro y te sientes incómodo. Quizá te preguntes por qué una determinada persona no es capaz de ocultar esa parte de su ser.

A Brian lo regañaban a menudo por ser un poco descuidado y despistado. De adulto, ha invertido un gran esfuerzo en mantener bajo llave esta faceta de su personalidad. Sin embargo, si alguien de su entorno exhibe un comportamiento descuidado, se pone muy nervioso. Cuando su hijo olvidó un día llevarse el *lunch* a la escuela, Brian se molestó mucho y lo castigó sin salir de casa todo el fin de semana. Toda vez que Brian comparte estos rasgos, se esperaría que hubiera sido comprensivo e indulgente con su hijo, pero no, no iba a tolerar ese comportamiento.

Tu yo en la sombra es una parte fundamental de tu niño interior. Es la parte infantil de ti mismo que intentaba resolver los problemas con los recursos limitados de los que disponías en una época en la que eras pequeño y debías confiar en que las personas de tu entorno te cuidaran y te enseñaran habilidades adaptativas eficaces. Como forma parte de tu niño interior, tu yo en la sombra tiene necesidades insatisfechas y ansía que le prestes atención, apoyo y amor. Tu niño interior quiere saber que puede salir de su escondrijo y que su existencia y lo que esta representa están bien y son aceptables.

El trabajo en la sombra es útil para sanar tus heridas de apego porque trae a la conciencia esa parte subconsciente de tu persona y te ayuda a dar pasos para zanjar el dolor que has acumulado a lo largo de los años. Afirmar tu yo en la sombra y reconocer que posee múltiples aspectos positivos es un requisito indispensable para alcanzar la autoaceptación incondicional. Finalmente podrás entender que tu valía en el mundo es completa sin tener que esforzarte en que los otros (o tú mismo) te quieran. Es muy probable que descubras que afirmar, comprender y trabajar tu yo en la sombra mejora tu bienestar físico y mental, desbroza el camino hacia unas relaciones más plenas de sentido, y te ayuda a descubrir partes de ti mismo que te permitirán ser la mejor y más auténtica versión de la persona que eres.

*

El trabajo en la sombra te llevará por tres fases sucesivas: sacar tu sombra a la luz, darle amor y compartir el escenario con ella. Cada uno de estos pasos te permitirá asumir el papel que tu sombra desempeña en tu vida y sentirte más cómodo con la idea de aceptar esa parte de ti mismo.

1. **Localiza tu yo en la sombra y sácalo a la luz.** A menudo puedes detectar a tu yo en la sombra prestando atención a tus interacciones con los demás. En concreto, si ves que hay una persona cuyo comportamiento te irrita o revuelve especialmente y a veces suscita reacciones exageradas en ti, piensa en los rasgos de esa persona que más te molestan. Por ejemplo, cuando te desagrada algún aspecto de tu personalidad, es posible que lo señales en otras personas. Algunos ejemplos paradigmáticos son:
   - Una persona con hábitos alimentarios desordenados que prohíbe ciertos alimentos a su hijo.
   - Una persona que se exaspera con facilidad y alza la voz para callar a los demás se enoja cuando alguien lo interrumpe.
   - Una persona chismosa se enoja cuando alguien habla de ella a sus espaldas.
   - Una persona que regaña a los demás cuando llegan tarde, pero nunca es puntual.
   - Una persona a la que le gusta dominar las conversaciones, pero se molesta cuando otra es el centro de atención.
   - Una persona que no es aseada ni organizada se desespera con su hijo y lo regaña si es descuidado.

   Ahora, hazte las siguientes preguntas y anota las respuestas en tu diario:
   - «¿Por qué me molesta tanto el comportamiento de esa persona?».
   - «¿Activa esa persona algún recuerdo desagradable o me suscita pensamientos o sentimientos negativos? De ser así, ¿qué recuerdos, pensamientos o sentimientos surgen cuando me relaciono con ella?».
   - «¿Hay algún rasgo de su personalidad que me recuerde a cosas que no me gustan de mí? ¿Por qué no me gustan esos rasgos ni en los demás ni en mí?».
   - «¿Qué creo que pasará si le muestro al mundo algunos de esos rasgos?».

2. **Da amor a tu sombra.** Visualiza tu yo en la sombra. Es posible que se parezca a ti o tal vez sea una versión más insulsa de ti. Puede parecerse a una sombra de verdad o puede ser un poco amorfo, un ente oscuro, semejante a una nube, por ejemplo. Tu yo en la sombra incluso podría parecerse a una versión en niño de ti mismo. Cuando hayas enfocado esa imagen de tu yo en la sombra, afirma su presencia y su naturaleza. Te propongo algunas afirmaciones que pueden ser de ayuda:
   - Te doy la bienvenida a la luz.
   - Te acepto tal y como eres.
   - Eres importante para mí.
   - Conmigo puedes ser tú mismo.
   - Me despido de la vergüenza, el miedo y la molestia por la persona que eres.
   - Te quiero.

   Visualiza que le das un abrazo a tu yo en la sombra como representación física de tu aceptación. También puedes pensar en observar a tu yo en la sombra en acción, haciendo las cosas que pensabas que no eran un reflejo positivo de ti mismo, y mirando, sin juicios ni críticas, cómo se maneja. Mientras eres testigo de esto, trata de comprender sus motivaciones desde la compasión y reconoce que tu yo en la sombra forma parte de ti.

3. **Comparte el escenario con tu yo en la sombra.** Carl Jung dijo: «Colocar a un hombre ante su sombra significa también mostrar su lado luminoso».[5] Aunque al principio puede parecerte difícil, intenta encontrar la manera de que tu sombra salga a jugar. Te propongo las siguientes estrategias para conseguirlo:
   - Elige uno de los rasgos que atribuyes a tu yo en la sombra y descubre sus beneficios. Por ejemplo, si te castigaron por ser «demasiado emotivo», es posible que escondieras tus sentimientos cuando algo te molestaba y que, desde entonces, hayas puesto siempre una sonrisa ante el mundo incluso cuando te sentías fatal por dentro. Pregúntate: ¿cuáles podrían ser algunos de los aspectos positivos de una expresión emotiva franca? Apúntalos. Por ejemplo, la expresión de las emociones es sana; no temer tus emociones negativas es señal de fortaleza y te ayuda a regularlas y aceptarte tal y como eres.

- Invierte tiempo en abrazar un rasgo de tu yo en la sombra. Por ejemplo, si tu yo en la sombra disfruta siendo irritante e inquieto, mira algo que sea divertido en la tele y permítele reír, gritar, soltar carcajadas y que se exprese libremente.
- Invita a tu yo en la sombra a salir a jugar. Si tu yo en la sombra es creativo, haz manualidades o inscríbete a un taller de arte de tu barrio. Si tu yo en la sombra disfruta manchándose, ve de vez en cuando a un campo de *gotcha* con parientes más jóvenes o permítete no recoger inmediatamente de vez en cuando.

Ejercicio extra de descubrimiento: presenta a tu sombra

Presenta a tu sombra a otras personas de tu confianza. Será difícil, pero mostrar tu yo en la sombra a las personas que quieres es imprescindible para darle la afirmación que necesita y que no se sienta ignorado o rechazado. Empieza con pasos pequeños y permítete expresarle a un amigo un rasgo que has negado o has encerrado. También puedes tener una conversación sobre esta parte de ti mismo con un ser querido. Por ejemplo, puedes decirle a un ser querido que el motivo por el que tanto te molesta un amigo común que siempre llega tarde es porque tú también tienes la tendencia de aceptar demasiados compromisos y luego no eres puntual.

Sesión diaria de trabajo: ¿qué emoción es esa?

El feroz independiente tiende a bloquear, reprimir o apartar los sentimientos que lo incomodan. A veces teme lo que pueda ocurrirle si expresa sus emociones. ¿La gente lo aceptará realmente si las expresan? ¿Lo verán mal? ¿Perderá el control si permite que sus emociones se impongan? Sin embargo, los sentimientos, incluso cuando son negativos, tienen importantes funciones. Nos ayudan a saber si algo es significativo para nosotros y, en ciertos casos, pueden ayudarnos a sobrevivir psicológica y físicamente. Los sentimientos también nos ayudan a conectar con otras personas, lo que es vital para nuestra existencia, ya que los humanos somos seres sociales y necesitamos establecer relaciones plenas de sentido con los demás si queremos prosperar.

Esta sesión diaria de trabajo, en apenas diez minutos, te ayudará a sentirte más cómodo lidiando con las dificultades asociadas a tus sentimientos y emociones. Al evocarlos en un entorno más controlado, podrás ensayar el reconocimiento, la comprensión y la expresión de tus sentimientos con una mayor sensación de seguridad. A medida que te vayas sintiendo más cómodo nombrando tus emociones y transitando por ellas, verás que es más fácil reconocer la existencia de tus sentimientos en entornos más espontáneos o en compañía de otras personas.

*

Para empezar, elige una canción o una escena de una película que te despierte siempre emociones intensas. (En mi caso, siempre recurro a la escena de *El rey león* en la que muere Mufasa. ¡Lloro todas las veces que la veo!). Cuando hayas elegido la pieza a la que habrás de reaccionar, ponte cómodo, respira profundo varias veces y mira o escucha lo que hayas elegido, intentando concentrarte al máximo en tu experiencia sensorial —es decir, empleando el mayor número de tus cinco sentidos—, y permite que surjan todos los sentimientos sin restricción. Cuando te hayas sumido por entero en tus sensaciones, abre el diario y sigue estos pasos:

1. **Nombra tus sentimientos.** Adopta una actitud de curiosidad y comprueba si puedes nombrar los sentimientos que estás experimentando. Los sentimientos pueden describirse con palabras (por ejemplo, «tristeza», «ira», «frustración») o pueden experimentarse como sensaciones físicas (por ejemplo, pulso acelerado, piel de gallina, lágrimas). Procura no juzgar las cosas que vayan surgiendo en tu mente. Si te sientes bloqueado, toma una rueda de sensaciones (puedes encontrarla *online* en <feelingswheel.com>) para ayudarte. Si percibes una sensación física, describe en detalle cómo se manifiesta en tu cuerpo (por ejemplo, «Siento que se me acelera el corazón y me sudan un poco las manos»).

No caigas en la tentación de interpretar el sentido de estas sensaciones. Sencillamente reconoce su presencia, descríbelas y no intervengas.

2. **Acepta y valida tus sentimientos.** Ahora que has abierto un espacio para observar y reconocer tus sentimientos, afirma que está bien sentir cualquier cosa que surja en tu mente. Te propongo algunas afirmaciones que puedes repetirte.
   - «Está bien sentir lo que siento».
   - «No tengo que juzgar o encontrarle un sentido a esta emoción. Puedo dejar que se exprese libremente».
   - «Sentir estas emociones no significa que deba actuar en función de ellas».
   - «Todas las emociones pasan, y aunque esta emoción no me guste, también terminará apagándose con el tiempo».

3. **Encuentra el sentido de tus sentimientos.** Manteniendo una actitud de curiosidad, trata de encontrarle el sentido a tus sentimientos. Hazte estas preguntas sin emitir juicios y sencillamente observa las respuestas que vayan surgiendo.
   - «¿Qué me dice este sentimiento sobre esta obra artística o esta situación?».
   - «¿Hay algo en esta emoción que me inspire miedo? Y, si es así, ¿de dónde procede?».
   - «¿Había sentido esta emoción antes? ¿Cuándo fue la última vez?».
   - «Si se trata de una emoción negativa (ira, pena, tristeza), ¿hay algo que pueda hacer, por pequeño que sea, para lidiar con esta emoción de manera que no me resulte tan estresante? ¿Qué puedo hacer para mejorar este momento, aunque sea mínimamente?».

Cuando estés llegando al final de este ejercicio, recuerda que no tienes por qué reaccionar a tus emociones de ninguna manera en concreto. Puedes quedarte con el sentimiento, reconocer su presencia y contemplar cómo cambia. Si hay un impulso vinculado a este sentimiento que no te parezca productivo en este instante (por ejemplo, si la ira te hace desear tirar algo contra la pared), puedes optar por observar el impulso sin actuar basándote en él. También puedes decidir que quieres expresar tus emociones de una determinada manera, por ejemplo, a través de tus prácticas creativas (dibujar, escribir) o hablándole a alguien de tus emociones. Al margen de lo que hagas a continuación, será en cualquier caso tu decisión. Tus sentimientos no determinan ni tus acciones ni la persona que eres.

«Cuando las cosas se ponen feas, doy mi esfuerzo máximo»

A estas alturas, no te sorprenderá saber que el feroz independiente suele lidiar con las situaciones difíciles a su manera. Las personas con un apego evitativo son la perfecta encarnación del lobo solitario: guardan las distancias con los demás tanto en un sentido emocional como físico, sobre todo cuando se encuentran sometidas a mucha tensión. Suelen replegarse en lugar de acudir a los demás en busca de ayuda durante los momentos complicados. No revelan mucho de lo que piensan o sienten y suelen enojarse en silencio o, en el mejor de los casos, transmitir alusiones veladas sobre lo que les inquieta. Como se comunican de forma tan indirecta sobre sus vivencias o lo que podrían necesitar, los demás (familia, amigos, pareja) no pueden abordar sus necesidades ni ayudarlas, de ahí que se sientan todavía más solas y aisladas. Ello no hace más que reforzar las lecciones que estas personas aprendieron de niñas: sienten que no pueden contar con que los demás las ayuden o satisfagan sus necesidades en alguna medida.

O bien reprimen los sentimientos negativos o bien evitan enfrentarse a ellos cara a cara. También pueden mostrarse irritados o frustrados sin explicar por qué se toman las cosas tan a pecho, lo que aleja a los demás en vez de acercarlos, y tiene el efecto de reforzar la creencia preexistente de que no se puede contar con los demás en caso de necesitar ayuda o apoyo y cariño. Cuando los demás parecen incapaces de ayudar porque el feroz independiente no ha comunicado sus necesidades de forma directa ni ha hecho petición de apoyo, ello no hace sino amplificar su creencia de que solo él o ella puede resolver sus propios problemas.

Incluso en momentos de estrés —una enfermedad grave suya o de un familiar, o una crisis en el trabajo—, es improbable que el feroz independiente busque ayuda, y preferirá alejarse de los demás en lugar de dialogar. Puede ignorar las muestras de preocupación de los demás, y cuando alguien le pregunta cómo podría ayudarlo, lo más probable es que responda que está bien y que no necesita nada.

No se trata de que no quiera que los demás se preocupen por él. Al contrario, eso es lo que quiere. Pero las lecciones que su niño interior arrastra —los recuerdos de cuando sus cuidadores tal vez le reprocharon que expresara sus necesidades o cuando esperaron de él que supiera valerse solo— todavía pesan sobre él y le impiden sentirse seguro pidiendo ayuda o incluso aceptándola. Con el tiempo, tal vez haya asimilado cualquier solicitud de atención, afecto o apoyo emocional con la idea de «dependencia» o, todavía peor, de ser alguien «que no se cansa de pedir». El feroz independiente no soporta ser una carga para los demás y odia que lo vean como alguien débil. En algún momento de su educación, asimiló la sana interdependencia entre las personas a la debilidad, y, por tanto, hará todo lo que esté en sus manos para resolver las situaciones por su cuenta.

Cuando experimenta alguna dificultad, es mucho menos proclive que la mayoría de la gente a compartir sus dilemas interiores, y esta reticencia a comunicar sus dificultades y necesidades le priva de la oportunidad de recibir ayuda de los demás. Trata de hacerlo todo por su cuenta e incluso si su empeño no da el resultado deseado es improbable que le hable a otra persona de sus decepciones, porque posiblemente interpretará este gesto como una especie de fracaso personal o le preocupará que los demás lo vean a él como un fracasado. Hasta es posible que le diga a la gente que es un solitario o que le gusta la soledad, aunque, si es sincero consigo mismo, lo cierto es que siente a veces punzadas de soledad, sobre todo cuando está sumido en una etapa especialmente estresante de su vida. Incluso puede llegar a convencerse a sí mismo de que, en el fondo, necesita menos vínculos que la gente y, a continuación, actuar de tal modo que esa existencia aislada se haga realidad.

Le gusta ayudar a los demás, sobre todo si, al hacerlo, se le ve como a un héroe, pero no acepta que se le ayude a cambio, incluso cuando alguien desea sinceramente cuidar de él y apoyarlo. Puede autoconvencerse de que los demás solo le ofrecen ayuda por educación y que, si llegara a tomarles la palabra, esa otra persona que quería ayudarlo se molestaría con él o creería que sus peticiones son una carga.

Por desgracia, si la situación vivida le sobrepasa, el feroz independiente puede llegar a retirarse tanto que incluso podría desarrollar conductas poco saludables o adictivas. Estas conductas van desde pasarse horas mirando la tele sin parar hasta comer más de la cuenta, pasando por el *doomscrolling* (la adicción a consumir noticias catastróficas en internet) e incluso el consumo abusivo de alcohol, drogas, sexo o apuestas para no enfrentarse a sus problemas.

Es comprensible que no quieran ser excesivamente dependientes de los demás, aunque existe un feliz término medio: la interdependencia. Se trata de la confianza mutua, en virtud de la cual la interconexión entre personas les garantiza apoyo, cooperación y colaboración para alcanzar metas comunes y hacer realidad una vida basada en valores compartidos. En las relaciones interdependientes, tus actos, decisiones y bienestar reciben la influencia de las personas con las que estás conectado, pero aun así sigues ejerciendo tu libertad de acción y autosuficiencia de la misma manera que los demás. Estas relaciones contribuyen a crear un equilibrio mutuamente beneficioso entre personas. Y si bien la capacidad de depender de los demás al mismo tiempo que se conserva un fuerte sentido de la propia identidad es difícil de llevar a la práctica, no está fuera de tu alcance. Cuanto más trabajes en pro de la interdependencia, más te darás cuenta de que tus creencias infantiles tal vez no sean aplicables a la gente que integra tu entorno actual, y podría llegar a sorprenderte el valor que una fuerte red de apoyo puede añadir a tu vida.

Antídoto a «Cuando las cosas se ponen feas, doy mi mayor esfuerzo»

Llegar a sentirse a gusto con la interdependencia es un proceso, y exige abrirse a las personas merecedoras de tu confianza, expresar tus sentimientos y necesidades, solicitar apoyo de manera directa y confiar en que ninguna de estas acciones menoscabará tu independencia o libertad, sino que, al contrario, te ayudará a alcanzar una seguridad íntima más resistente y una autovalía más estable.

Los ejercicios siguientes te ayudarán a alcanzar la interdependencia de una forma segura y compasiva, partiendo de una evaluación de tus fuentes de apoyo actuales.

Ejercicio de descubrimiento: el círculo de la cercanía

El círculo de la cercanía se emplea para comprender el grado de conexión e intimidad que mantienes con otras personas de tu entorno vital. Es un ejercicio muy útil para identificar cualquier patrón peligroso en tus relaciones y cómo puedes crear y conservar conexiones fuertes con los demás, lo que beneficiará tu salud mental y física. Al ser más consciente de los sistemas de apoyo social que tienes a tu alcance, podrás identificar con qué personas puedes mostrarte más vulnerable y tener una mayor intimidad.

Abre tu diario y dibuja un pequeño círculo en medio de una página en blanco. Escribe tu nombre en él y luego añade tres círculos concéntricos a su alrededor, como los anillos del tronco de un árbol (dejando un espacio suficiente para escribir entre ellos).

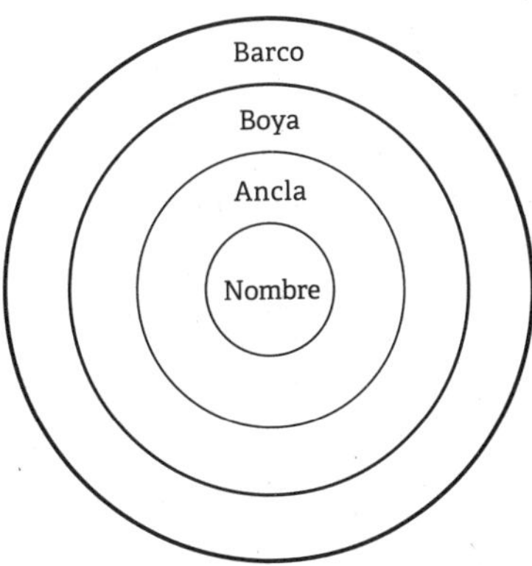

Saliendo del círculo en cuyo centro apuntaste tu nombre, el siguiente anillo es el *Ancla.* Representa a las personas de tu vida en las que más confías y de las que más cerca te sientes. Cuando estás con ellas, podrías barajar la posibilidad de bajar la guardia y sentir que eres vulnerable. Escribe los nombres de las personas que encajarían en esta descripción. Sé sincero. Los familiares no tienen por qué ir automáticamente a este anillo, así que no te sientas presionado para incluir sus nombres si no terminas de verlo claro.

El siguiente círculo se llama la *Boya.* Como una boya que flota en el océano, estas personas son fiables, pero pueden moverse un poco. Las personas que entran en este círculo son importantes para ti, aunque tal vez no sean tan seguras y firmes como fuente de apoyo si se les compara con las *anclas.* Son amigos y colegas con los que mantienes un contacto frecuente y personas a las que podrías acudir en busca de consejo de vez en cuando.

El último círculo se llama el *Barco.* Son personas en las que puedes apoyarte cuando quieres tener compañía o pasarla bien, pero no acudirías a ellas en primer lugar para resolver un problema o cuando necesites hablar de algo más personal. Estas personas podrían ser aquellas con las que pasas buenos ratos o compartes aficiones, porque disfrutas de su compañía y hacerlo te resulta relativamente cómodo (vecinos o compañeros de trabajo podrían encajar en la descripción).

El círculo de cercanía es tan solo un punto de partida para valorar los contactos que tienes en la vida, así que no es preciso que incluyas a todas las personas que conoces en estas tres categorías. Sin embargo, deberías trabajarlo todo el tiempo que necesites hasta que sientas que capta fielmente tus interacciones sociales. Una vez que hayas terminado, tal vez veas que lo llenaste de personas que tienes muy presentes en tu mente o con las que mantienes un contacto asiduo. Si repites este ejercicio dentro de unos meses, tal vez consideres cambiar a las personas de círculo. También es posible que alguien ya no encaje en ninguna de las tres categorías, por ejemplo, aquellas personas de las que te distanciaste o con las que tuviste un conflicto.

Cuando hayas terminado el círculo de cercanía, examínalo para ver si encuentras algún patrón. Apunta en el diario tus respuestas a las siguientes preguntas:

- ¿Te apoyas en tus soportes sociales cuando lo necesitas? ¿Por qué o por qué no?
- ¿Extrañas a alguien en estos anillos (por ejemplo, compañeros de trabajo, familiares cercanos o lejanos, vecinos, amigos)? De ser así, ¿por qué no incluiste sus nombres?

- ¿Hay alguna relación que haya cambiado con el tiempo o por las circunstancias (por ejemplo, alguien que era un ancla pero ahora es un barco)? ¿Cómo te hace sentir este cambio?
- ¿Hay alguna sorpresa en tu círculo de cercanía?
- ¿Ves algo que te gustaría cambiar en tu círculo de cercanía (por ejemplo, desear que pudieras colocar a un hermano o hermana en el anillo de las anclas, pero sentir que el lugar que le corresponde es el de la boya)?
- ¿Ves alguna relación que te gustaría mejorar? Describe una manera concreta para progresar en ese sentido.
- Después de repasar los tipos de intimidad enumerados en la página 116, observa qué relaciones ofrece cada modalidad de cercanía. ¿Hay alguna forma de intimidad a la que creas que das prioridad según el círculo? ¿Hay alguna expresión de intimidad que no esté representada?
- ¿Qué es lo que te agrada y desagrada de cada una de las relaciones que incorporaste en el círculo de cercanía?
- ¿Qué extrañarías de cada una de esas personas si perdieras el contacto con ellas?

Ejercicio extra de descubrimiento: alimenta a tu círculo de cercanía

Si ves que te sientes desconectado o incluso un poco solo, tal vez se deba a que no dedicas el tiempo suficiente a las personas que son tus anclas. O quizá hayas visto que no colocaste a nadie en tu círculo de anclas. Sea como sea, puede serte de ayuda pensar si hay alguna persona en tu círculo de barcos con la que podrías disfrutar de una relación más estrecha si invirtieras un poco de tiempo en fomentarla, tal vez compartiendo más tiempo de calidad con ella o explicándole alguna inquietud o problema que tengas y pidiéndole consejo. Lo mismo sucede con las personas que situaste en tu círculo de anclas: piensa en cómo podrías pasar tiempo a solas con ellas para fortalecer esa conexión y practicar la interdependencia.

A veces, el feroz independiente notará que sus anclas no están cerca o no lo conocen tan bien como él a ellas, porque le cuesta bajar la guardia incluso con estas personas que incluye en su círculo interior. Stephanie, por ejemplo, se sorprendió al descubrir que solo había colocado a dos personas en su círculo de anclas: su mejor amiga de la escuela, Susan, y un compañero de trabajo, Ryan. No tenía a nadie a quien pudiera incluir en su círculo de boyas, pero tenía a más de diez personas en su círculo de barcos, entre las que se contaban sus hermanos y sus padres.

Al observar con más detenimiento su círculo de anclas, se fijó en que disfrutaba de una intimidad más intelectual con Ryan y de una intimidad más experiencial con Susan. Stephanie pensó que tal vez pudiera aprender a mostrarse más vulnerable con Susan y así aprovechar su intimidad experiencial para explorar actividades con un matiz más espiritual o personal, como participar en una actividad de voluntariado. Stephanie había experimentado cierta inseguridad alimentaria en su juventud, pero nunca lo hablaba con nadie, de modo que pensó que el voluntariado podría darle la oportunidad de hablar con Susan sobre la cuestión. En lo que respectaba a su familia, que parecía quedar al margen de su sistema de apoyo, Stephanie pensó que podría proponerle a su hermana pequeña salir a comer un día, ya que viven en la misma ciudad, y tratar así de forjar una relación viéndose de manera regular.

Sesión diaria de trabajo: el ejercicio del espejo

La vulnerabilidad requiere bajar la guardia y el ejercicio del espejo es una manera estupenda, y sin demasiados riesgos, de trabajar el desasosiego que suele acompañar a un mayor grado de intimidad. Desarrollado originalmente por Louise Hay,[6] el ejercicio del espejo te permite acceder a los secretos de la relación que mantienes con la persona que eres, lo que incluye la relación de apego contigo mismo. Dicho de otra forma, el ejercicio del espejo puede exponer la parte vulnerable, asustada y desatendida de tu niño interior.

Si te sientes incómodo cuando los demás expresan emociones fuertes o una intensa vulnerabilidad, ello puede deberse en parte a que su comportamiento se convierte en un espejo que refleja tus propios temores e inseguridades. Aunque mirarte en el espejo puede resultar desagradable, es importante practicar el ejercicio del espejo a diario para seguir exponiéndote a ese desasosiego hasta que ya no te resulte incómodo o difícil.

El ejercicio del espejo puede ayudarte a liberarte del miedo que te inspiran el mundo y las reacciones que puedes provocar en los demás. El espejo puede sacar a la luz tu voz interior negativa con efectos sorprendentes e intensos; al principio, puede ser una experiencia un tanto violenta e incluso aterradora. Sin embargo, a medida que lo practiques, te irás liberando de esos juicios y empezarás a verte como una persona que merece el apoyo, la atención y el amor de los demás.

*

Para empezar, siéntate o ponte de pie delante de un espejo en el que puedas ver tu cara al completo y con claridad. Ten a la mano un cronómetro o el celular con la aplicación correspondiente. Respira profundo varias veces y centra tu atención en el momento presente. Si percibes otros pensamientos, orienta suavemente tu atención a la tarea. Pon en marcha el cronómetro. Mírate a los ojos y sostén con dulzura tu propia mirada. Cuando te sientas incómodo hasta el punto de que debas apartar la mirada de ti mismo, para el cronómetro. ¿Cuánto tiempo has aguantado mirándote a los ojos en el espejo?

A tenor de mi experiencia con los pacientes de mi consultorio, la mayoría de la gente con un apego evitativo para el cronómetro bastante rápido. Me han dicho que se sentían inquietos, raros, incómodos o afectados. Otros pacientes me han explicado que la voz interior negativa empezaba a hablar casi de inmediato. Estas reacciones son perfectamente normales en esta actividad. No te juzgues a ti mismo por haber parado el reloj demasiado rápido. En vez de ello, adopta una actitud de curiosidad y procura hacerte una idea de lo que esta experiencia ha representado para ti. Escribe algunas de tus observaciones de este primer paso del ejercicio en tu diario.

Me gustaría que reservaras por lo menos tres minutos del día para el ejercicio del espejo. Aunque esta actividad no consume demasiado tiempo, es importante hacerla sin prisas. También es fundamental que dispongas de una total intimidad y que te asegures de que nadie te interrumpirá. Ten a la mano tu cronómetro y tu diario.

Será útil tener preparadas dos o tres afirmaciones para emplearlas durante cada sesión del ejercicio del espejo. Estas afirmaciones te ayudarán a reducir el temor a la vulnerabilidad, afirmarte como una persona de valía, y acallar la voz interior negativa que suele aparecer durante esta actividad. Puedes usar distintas afirmaciones según el tema que estés abordando ese día o elegir las que te funcionen mejor. Enumero a continuación algunas de mis favoritas:

- «Te quiero».
- «Estoy contigo».
- «Soy valioso tal y como soy».
- «No pasa nada si me siento así».
- «Te acepto tal y como eres».
- «Estás a salvo».
- «Lo superarás».
- «Dame tus miedos para que yo cargue con ellos».

Después de cada sesión del ejercicio del espejo, apunta algunas de las impresiones que hayas tenido. También pido a mis pacientes que puntúen su estado de ánimo según una escala del 1 al 10 (el 10 equivale a la máxima felicidad/tranquilidad) antes y después de cada sesión. A medida que vayas practicando esta actividad, notarás que cada vez eres capaz de sostener tu mirada más tiempo y que tu estado de ánimo mejora. Con el tiempo, este trabajo redundará en un sentimiento de mayor comodidad, aparejada a una mayor vulnerabilidad, con las personas de tu confianza, empezando por las que forman parte de tu círculo de anclas. A fin de cuentas, debes empezar a confiar en ti mismo y a mostrarte vulnerable contigo mismo antes de poder bajar la guardia con las personas que consideras más cercanas.

También puede ocurrir que, después de hacer el ejercicio, te des cuenta de que no has permitido que las personas a las que has atribuido el papel de anclas conozcan demasiado de la parte más profunda y verdadera de ti mismo (lo cual es especialmente válido para quienes tienen un apego evitativo). El ejercicio del espejo es un primer paso para alcanzar esta importante conclusión y aprender a confiar en ti mismo y en las personas de tu entorno que merecen tu confianza.

Pedir ayuda

Aunque en última instancia aspiramos a conseguir cambios duraderos en nuestra habilidad de pedir ayuda, a veces ser capaz de acudir a los demás por algo sin aparente importancia también puede ser clave para el crecimiento personal. La próxima vez que te sientas bajo presión o estresado, desafíate planteándote esta sencilla pregunta: «¿Hay algo que pueda pedirle a alguien que haga por mí y que pueda aliviarme, aunque solo sea un poco?». El feroz independiente casi siempre intenta encontrar la manera de arreglárselas solo. Sin embargo, puedes delegar una parte de tu lastre emocional en un ser querido, aun en el caso de que, en la práctica, no necesites que se ocupe de ello. Identifica de qué se trata y luego pide ayuda.

Para pedirla, esta fórmula, según he podido comprobar, puede ser muy útil. Es directa, comunica tus necesidades de manera efectiva, y lo hace sin complejos, pero también con dulzura y cariño.

1. Declara tu necesidad sin rodeos.
2. Haz la petición describiendo qué necesitas de la persona a la que pides ayuda.
3. Describe el impacto que tendrá su ayuda en tu vida.

Por ejemplo, si estás muy estresado con el trabajo y tu plan habitual es refugiarte en los videojuegos cuando llegas a casa, pregúntate: «¿Hay algo que alguien pueda hacer por mí para aliviarme, aunque sea solo un poco?». Sea cual sea la respuesta (por ejemplo, «pedir a mi pareja que veamos juntos mi película favorita en el sofá»), haz la petición siguiendo esta fórmula: «Tengo mucho estrés y me gustaría hacer algo para relajarme. ¿Podrías sentarte conmigo en el sofá para que veamos juntos mi película favorita? Me ayudaría muchísimo a relajarme y a despejar la mente de ciertas cosas».

Inténtalo la próxima vez que tengas estrés y una ayuda pudiera hacerte bien (aunque no la necesites en la práctica). Cuando estás aprendiendo esta capacidad, es bueno empezar con situaciones de poco riesgo en las que la ayuda de otra persona no tendrá una influencia decisiva sobre la situación en la que te encuentras. Elige resistirte a tu inclinación habitual de arreglártelas solo e implica a alguien para que te ayude a lidiar con el estrés. Se trata de un ejemplo maravilloso de las bondades de la corregulación con respecto a confiar solamente en ti mismo para superar tus problemas e inquietudes. Con el tiempo, empezarás a sentirte menos vulnerable cuando hagas estas peticiones de ayuda, y asumirás sin temor y con mayor soltura la idea de apoyarte en personas que quieran ayudarte.

Fotografía del autoconcepto

¿Recuerdas la fotografía del autoconcepto que hiciste en el capítulo 2? Era tu punto de referencia antes de abordar estos ejercicios. Ahora que has terminado estas actividades, me gustaría que hicieras otra fotografía de tu autoconcepto y señalaras las diferencias. Lee las afirmaciones siguientes y elige la opción que te describa mejor.

1 = no verdadero, 2 = a veces o en parte verdadero, 3 = en gran parte o totalmente verdadero.

- «Si tuviera la oportunidad, no cambiaría muchas cosas de mí».
- «Tengo confianza en mi capacidad de tomar buenas decisiones».
- «No me preocupo demasiado por lo que piensen los demás de mí».
- «Me gusto incluso cuando tengo conflictos con otras personas».
- «Me valoro positivamente incluso cuando cometo errores».
- «Creo que mi esfuerzo contribuye a mi éxito».
- «Controlo mis reacciones en situaciones difíciles».
- «Me gusto».

- «Puedo empezar y terminar proyectos sin contar con la ayuda o la aprobación de otras personas».
- «Tengo una idea clara de quién soy».
- «Tengo rasgos positivos y admirables».
- «Puedo superar los retos si me esfuerzo».

¿Ha mejorado tu puntuación después de los ejercicios? No está de más hacer este chequeo cada dos o tres semanas para ver cómo mejora tu autoconcepto a medida que vas progresando en tu autoconocimiento gracias a los ejercicios de este capítulo, así como con cualquier otro capítulo que creas que pueda aplicarse a ti (por ejemplo, si crees que predomina en ti el apego evitativo, pero también tienes un estilo de apego secundario).

El camino por delante

¡Enhorabuena por haber terminado los ejercicios de este capítulo! Las heridas del apego son profundas y solo pueden curarse con un trabajo y una conciencia constante. Espero que con estos ejercicios hayas empezado a notar algunos cambios en tus modelos operativos internos.

A medida que avances en el viaje que debe llevarte de un apego evitativo a uno seguro, verás que el deseo de mantener a la gente a distancia para protegerte y encontrar el equilibrio ya no pesa tanto en ti, lo que te permitirá honrar tu inclinación independiente sin experimentar la desconexión y el aislamiento que sufren muchas de las personas con un apego evitativo. Descubrirás la fuerza de ser vulnerable con personas escogidas de tu entorno vital y aprenderás a pedir ayuda sin pensar que das una mala imagen. Al perfeccionar la habilidad de identificar tus emociones, podrás aplicar entonces la estrategia adaptativa más eficaz, en vez de recurrir a la represión o la evitación como métodos socorridos de lidiar con pensamientos o sensaciones difíciles. Al procurar apoyo y consuelo emocional a los demás sin sacrificar una parte excesiva de ti mismo, forjarás vínculos duraderos y plenos de sentido con las personas más importantes de tu vida.

Estos ejercicios deberían ayudarte a encontrar un autoconcepto equilibrado que no dependa en demasía de tus logros y que, en cambio, haga honor a esas otras facetas igualmente singulares e importantes de ti mismo.

Comprueba tu autoconcepto con frecuencia para evaluar dónde has llegado en tu progreso en un determinado momento, sobre todo cuando estés pasando por un momento difícil en un aspecto importante de tu vida. Repite los ejercicios que te funcionen mejor e incorpóralos a tus rutinas semanales. Cuando tu autoconcepto haya alcanzado una valoración cercana o superior a los veinticuatro puntos, será un buen momento para echar mano de los consejos recogidos en la conclusión del libro, «Tu yo resiliente». Si quieres probar otras técnicas para reforzar tu autoconcepto, consulta el apéndice C, en la página 341.

También te será útil leer los capítulos de los otros estilos de apego para ver cómo te relacionas con ellos. Esos capítulos te ayudarán a mejorar tus relaciones y la calidad de tus vínculos con personas cuyo estilo difiere del tuyo.

Asimismo, consulta el apéndice A en la página 327, donde encontrarás ejercicios que te ayudarán a identificar los detonantes de las conductas propias de un apego inseguro y a saber qué debes hacer en esos instantes para abordar la situación de manera más efectiva.

EL ESTILO DE APEGO ANSIOSO

CAPÍTULO 7

El apego ansioso: el guerrero preocupado

Cuando salgo con mi amiga Agnes, la conversación suele terminar derivando a sus novios. Encadena relaciones de pareja y en los últimos dos años ha tenido cinco casi sin pausas entre ellas. Se compromete muy deprisa con sus novios y a menudo se siente insegura al pensar que ellos tal vez no se entregan a la relación en la misma medida, sobre todo al principio. Cuando no dan señales de vida durante uno o dos días, empieza a imaginar todo un repertorio de hipótesis terribles. Si tardan más de lo que ella esperaba en devolverle una llamada, empieza a sospechar que se habrán visto con otra mujer o que han perdido el interés. Su novio más reciente fue muy paciente con sus constantes peticiones de que disipara sus dudas, pero todo terminó derivando en conflictos, porque al final se cansó de que ella no confiara en él.

Hace un par de semanas, mientras esperábamos que nos dieran mesa en un restaurante, Agnes buscó fotos de Max, el hombre con el que está saliendo, en la galería de imágenes de su celular para enseñármelas. Lo conoció en un congreso y hacía unas tres semanas que se veían. Agnes reconoce que a veces le manda mensajes de texto y lo llama múltiples veces antes de recibir noticias suyas. «Es como si no pudiera controlar la compulsión de enviarle un mensaje, aunque sea consciente de que debo dejar que él vuelva a ponerse en contacto conmigo». Durante la comida, Agnes tomaba el celular cada vez que le llegaba un mensaje con la esperanza de que fuera Max, y en cada ocasión se desilusionaba cuando veía que no era él.

Agnes es una mujer maravillosa con un sinfín de grandes virtudes, pero nunca había sido capaz de confiar plenamente en que alguien fuera a quererla de verdad. Aunque una relación fuera viento en popa, siempre alimentaba dudas sobre la situación y creía que su pareja iba a abandonarla. A veces se enganchaba en discusiones o ideaba pruebas para cerciorarse de que su novio todavía la quería. El bienestar o la confianza en la relación nunca duraban demasiado y Agnes no tardaba en sentirse insegura nuevamente. Me parecía evidente que Agnes mostraba síntomas de un apego ansioso que le causaba grandes dificultades, no solo en sus relaciones, sino también en cómo se sentía consigo misma.

Las personas con un apego ansioso son guerreras preocupadas porque a menudo se empeñan en analizar a las personas y las situaciones. No suelen sentirse a gusto en soledad, así que estas inquietudes apuntan por lo general a la necesidad de que los demás las valoren positivamente para no perder su apoyo y su tutela. Sin cesar buscan indicios de posibles problemas, lo que puede derivar en un ciclo de dudas sobre sí mismas, conflictos en las relaciones y un progreso más lento hacia sus metas. Varios estudios sugieren que las personas con un apego ansioso se hallan en una situación de riesgo mayor ante los trastornos por ansiedad y depresión.[1]

Orígenes del apego ansioso

Al igual que los demás estilos, el apego ansioso se desarrolla en la más temprana infancia en respuesta a experiencias en los primeros años de vida. A menudo, este estilo nace de una crianza inconstante y demasiado impredecible en el entorno cotidiano del niño.

Los padres de los guerreros preocupados tal vez se muestren atentos a la crianza algunas veces, para luego mostrarse inalcanzables emocionalmente, críticos o ensimismados en los problemas de sus vidas. También pueden ser lentos en responder a los signos de angustia de su hijo o angustiarse muchísimo cuando tienen que atender sus necesidades. Cuando los cuidadores están presentes un día para dejarlo de estar al siguiente, ello puede llevar a los niños a desarrollar un mayor sentimiento de peligro y temor cuando tratan de adaptarse a estas circunstancias cambiantes. El niño puede terminar sumido en la confusión al no poder entender el sentido de las conductas de sus progenitores o descifrar qué comportamientos debería adoptar para obtener una respuesta positiva de ellos.

En otras ocasiones, los padres pueden mostrarse extremadamente preocupados y angustiados por la seguridad y el bienestar del niño, incluso en situaciones en las que este se encuentra perfectamente a salvo y goza de buenos cuidados.

Por ejemplo, Ellie estaba ilusionada porque había planeado hacía semanas salir una noche con su marido y lo había organizado todo para que su madre cuidara de su hijo, Tyler. Sin embargo, durante la noche no paró de enviarle mensajes y llamarla para comprobar cómo estaba el niño, aunque estuviera perfectamente a salvo en la casa de sus abuelos. Estas actitudes pueden llevar al niño a sentirse inseguro sobre los comportamientos que debe adoptar, así como a concebir la creencia de que el mundo es un lugar peligroso, lo que a su vez conduce a una exacerbación de la inseguridad y las conductas temerosas.

Como vimos en la extraña situación, los niños con un apego ansioso exhiben un comportamiento visiblemente estresado cuando se les separa de sus padres o sus cuidadores y es difícil consolarlos cuando estos regresan.[2] Estos niños se dan cuenta de que tal vez no puedan confiar plenamente en que sus cuidadores satisfagan sus necesidades, pero también saben que deben aceptar cualquier forma de apoyo que reciban de ellos —por más inadecuado o inconstante que sea—, porque su supervivencia, literalmente, depende de que los adultos los vigilen. Por ello, su comportamiento adopta formas que no tienen otro objeto que mantener a sus padres lo más cerca posible: por ejemplo, no se despegan de sus padres o se muestran dependientes para impedir que los abandonen. Un niño también puede ocultar aquellas cualidades que considera que podrían ser motivo de desagrado para sus padres. Cuando los padres se ausentan emocionalmente, estos niños tratan de entender por qué y a menudo concluyen que sus padres se desconectaron de ellos porque hicieron algo mal.

Con el tiempo, la inconstancia que sienten en el lazo con sus cuidadores los lleva a actuar con mucha precaución con sus padres y se convierten en víctimas crónicas del deseo de complacer a los demás. Según su lógica, si la gente de su entorno está contenta con ellos, sus seres queridos no los abandonarán. En consecuencia, sus propios sentimientos, deseos y necesidades a menudo quedan silenciadas o enterradas.

El apego ansioso en la vida adulta

Las personas con un apego ansioso a menudo abrigan en su personalidad experiencias de su más temprana infancia relacionadas con el temor al rechazo y al abandono por parte de adultos importantes en su vida, o la sensación de que el amor y el apoyo de sus padres estaban supeditados a que se portaran bien (al margen de si era cierto o no). Por este motivo, incluso siendo adulta, una persona con un apego ansioso puede necesitar que los demás le muestren constantemente que todo va bien. La opinión de los demás es el árbitro de la valía del guerrero preocupado, de ahí que su autoestima y autoconcepto puedan depender en gran medida de las reacciones que suscitan en los demás en cada momento o de lo que les suceda cualquier día. Casey lo nota en sus cambios de humor: hay días que se despierta feliz, pero si percibe en su esposa una alusión crítica, por pequeña que sea y con independencia de si ella tenía esa intención o no, puede verse arrastrado a un estado más turbulento y pesimista que terminará tiñendo cómo abordará el resto de sus quehaceres ese día.

Como los guerreros preocupados dependen del refuerzo positivo de los demás para mantener un sentido de identidad, evitar estar solos es una lucha común. Para afrontarlo, pueden intentar mantenerse ocupados con actividades y eventos sociales, de modo que no se queden a solas consigo mismos, ya que es en esos momentos cuando surgen su ansiedad e inseguridades.

Tienden a temer el rechazo más que la persona promedio, a menudo sienten celos, se comparan constantemente con otras personas y tienen la sensación de que no están a la altura. La hipersusceptibilidad frente a cualquier alusión a un posible rechazo o desinterés de los demás hace de los guerreros preocupados la encarnación más perfecta de la figura del eterno complaciente, pues les preocupa sobremanera la felicidad de los demás y anteponen las necesidades del otro a las suyas propias. Se desviven por conseguir agradar a los demás y seguir recibiendo su apoyo.

Los guerreros preocupados se preocupan en gran medida de ganarse la aprobación de los otros, sirviéndose a tal efecto de conductas complacientes; emplean esta estrategia para preservar las relaciones, asegurarse el apoyo de los otros y reducir su ansiedad.[3] Como dependes de la gente de tu entorno para saber cómo debes sentirte acerca de ti mismo, no puedes estar tranquilo a menos que los otros también lo estén, u orgulloso de ti mismo a menos que los demás lo estén también. Su malestar es tu malestar, y estarías dispuesto a todo con tal de conseguir su felicidad para así estar feliz tú también.

Como se preocupan en exceso por su sistema de apoyo, por lo que los otros piensan de ellos y por su desempeño, los guerreros preocupados pueden llegar a imaginar que los van a rechazar y a idear planes para evitar a toda costa que los otros los abandonen.[4] Muchos individuos con un apego ansioso pueden encontrar más estresantes las situaciones sociales que el promedio. Pueden pasarse todo el día dándoles vueltas a sus actos e interacciones anteriores con otros y preguntarse si habrían debido comportarse o hablar de otra forma. Pretenden que los tranquilicen constantemente diciéndoles que son buenas personas y que son merecedores de amor y atención por parte de los demás. Al depender de ellos para forjar y dar forma a su autoconcepto, les cuesta muchísimo mantener una idea estable de quiénes son si no cuentan con el refuerzo positivo de su entorno y de las personas que los rodean.

Según varios estudios, la gente con un apego ansioso también muestra una menor precisión en su autopercepción,[5] de ahí que sean más proclives a extraer conclusiones falsas, a menudo negativas, sobre cómo los perciben los demás. Tienden a ignorar la información positiva, prestando especial atención a los sucesos negativos y haciéndose responsables de los malos resultados. Cuando las cosas no les salen como desean, ya sea en las relaciones, amistades, aspiraciones profesionales o no alcanzando las metas que se han fijado, a menudo se culpan a sí mismos. En vez de ver la situación con una perspectiva más equilibrada, se apresuran a señalar sus supuestos errores o carencias para explicar por qué algo no funcionó. A menudo creen que les ocurren cosas malas porque se lo merecen.[6] La necesidad de agradar a los demás, profundamente arraigada en el guerrero preocupado, a menudo a expensas de sus propios intereses, y el efecto que esta tiene sobre su capacidad de creer en sí mismo y en lo que pueda alcanzar, deja sentir su impacto en todas las facetas de su vida. Vamos a examinarlo con más detalle.

El apego ansioso en las relaciones sentimentales

Las personas con un apego ansioso se preocupan mucho por el papel que tienen en el mundo y el valor que les asignan los demás. ¡Por eso decidí llamar a este estilo «guerreros preocupados»! Dedican mucho tiempo a pensar sobre cómo reaccionó alguien a algo que hicieron o dijeron, y pueden interpretar señales sociales ambiguas como algo negativo o perjudicial, incluso cuando la persona que las emitió no tenía en absoluto esa intención. En las relaciones amorosas íntimas, en las que la gente suele sentirse más vulnerable, esas conductas se magnifican. Ello se debe a que la gente (no solo la que tiene un apego ansioso) nunca se siente tan expuesta como en las relaciones íntimas y para muchas personas las relaciones sentimentales son las interacciones sociales más estrechas y vulnerables de todas las que tienen.

Obsesionarse con la pareja sentimental no es raro en ellos; eso es precisamente lo que le ocurría a mi amiga Agnes. Se comprometen con una relación nueva muy deprisa y a menudo sin pensarlo a fondo. Se enamoran de la gente intensa y rápidamente, pero no esperan que el otro les corresponda, de ahí que vivan con el temor constante de que su pareja no los quiera o de que los abandone en cuanto entienda quiénes son realmente. La baja autoestima que los caracteriza da pie a las dudas sobre sí mismos y les hace cuestionarse su propia valía. Por ello, ocultan sus necesidades o aquellas facetas de su persona que podrían no ser bien recibidas o resultar inoportunas. Hacen todo lo posible para que su pareja vea siempre su lado bueno, llevando su inclinación a complacer a los demás al extremo.

En resumen, lo dan todo para asegurarse de recibir un flujo constante de atención positiva y afecto de sus parejas.[7]

Buscan sin tregua que sus parejas les den tranquilidad y aprobación y se muestran hipersusceptibles frente a cualquier indicio de su falta de atención o de su rechazo, como tardar un poco en responder a un mensaje de texto o a una llamada. Cuando sus parejas se comunican de forma constante con ellos, los halagan y los tranquilizan, se sienten a gusto y seguros en la relación. Pero si sus parejas se muestran escuetas en sus comunicaciones o no les dedican un comentario muy halagador (por ejemplo, porque tienen sus motivos, o porque es un día laboral y les ha tocado un turno muy movido), se sienten cada vez más inseguros y actúan de distintas maneras para buscar la confirmación del afecto de estas. Es lo que hacía Agnes enviando múltiples mensajes de texto a su nuevo novio cuando este no le respondía inmediatamente. Para corroborar o comprobar cuánto le interesa la relación a su pareja, el guerrero preocupado puede provocar una discusión o exhibir conductas celosas o posesivas a fin de suscitar señales de estima en su pareja.

El apego ansioso con los amigos y la familia

Las personas con un apego ansioso pueden ser muy desprendidas en sus relaciones y a menudo son las primeras en acudir a la persona amada cuando esta se halla en situación de necesidad. Aunque prácticamente nadie les estorbe cuando se trata de invertir esfuerzos en ayudar a un amigo o un familiar, a menudo lo hacen en su propio detrimento. Ayudar a los demás las hace sentirse bien. Las hace sentir que son necesarias, indispensables e importantes. Es como si su niño interior quisiera reivindicar para sí esos sentimientos que unos padres más consistentes en su atención y apoyo habrían podido fomentar en él. De niños, nunca sabían si pisaban en un lugar seguro, y esa preocupación la han arrastrado hasta sus relaciones adultas. Al mismo tiempo, son proclives a sentir que los demás no las aprecian o las subestiman,[8] de ahí que en ocasiones tengan sentimientos encontrados cuando se trata de recurrir a los demás. Ello no hace más que alimentar sus escasas ilusiones sobre el afecto real que los demás les tienen. Estos patrones refuerzan a su vez las percepciones negativas sobre sí mismas (por ejemplo, que nadie las quiere de verdad y que es imposible que alguien las ame).

Las manifestaciones del apego ansioso pueden ser algo más sutiles en sus relaciones de amistad. La necesidad de recibir atención de un amigo puede ser menos intensa, pero si este no les prodiga el reconocimiento que esperan y necesitan, es probable que acudan a otro amigo para conseguir que alguien les diga que no deben preocuparse. Se adhieren a las nuevas amistades muy deprisa y a veces, en un lapso de tiempo muy breve, pueden volverse muy dependientes de la aprobación de otra persona.

Como el apego ansioso suele desarrollarse desde la más temprana infancia, el guerrero preocupado puede recrear de adulto algunas de las dificultades que experimentó de niño en sus interacciones con sus parientes. Estos individuos pueden verse en la situación de buscar de manera permanente la aprobación de un padre o una madre que no los alentó como esperaban de niños. Pueden sentir celos de un hermano porque sus padres parecen más atentos o cariñosos con él, lo que menoscaba, en la persona con un apego ansioso, la capacidad de tener una relación positiva con ese hermano.

Los guerreros preocupados pueden buscar llamar la atención a través de conductas negativas si las positivas no parecen funcionar, provocando, por ejemplo, conflictos sobre cualquier trivialidad para así despertar el interés de sus parientes, aun a pesar de que la atención suscitada sea negativa. Uno de mis pacientes, Javi, creció con tres hermanos. Solía actuar como abogado del diablo y llevar siempre la contraria. Todos los domingos, cuando cenaba con su familia, elegía el lado polémico del debate —aunque no siempre coincidiera con sus creencias— con la única intención de que sus padres y sus hermanos se fijaran en él.

Si eres padre o madre y tienes un estilo de apego ansioso sin curar, tal vez abordes las exigencias de la crianza de tus hijos con un temor excesivo a la incertidumbre y una ansiedad crónica. Si tus hijos manifiestan cualquier emoción negativa, seguramente corres a rescatarlos y te afanas en atajar cualquier señal de malestar. O quizá merodeas demasiado cerca de ellos, temiendo que puedan equivocarse o sufrir dolor, experiencias ambas que son de esperar en condiciones normales de crecimiento y desarrollo.

El apego ansioso en el trabajo

Nuestros entornos laborales están repletos de interacciones sociales y nuestro estilo de apego puede incidir en nuestra actuación y desempeño en el trabajo de la misma manera que afecta a cualquier otro tipo de relación. Aunque hagas *home office* casi siempre, la mayoría de los empleos exigen un alto grado de interactividad: comunicarte con los compañeros y superiores por email, teléfono o videoconferencia, asistir a reuniones y someter tu trabajo a la evaluación de otras personas. Los investigadores han aplicado la teoría del apego a las dinámicas sociales en el entorno laboral[9] y han comprobado que las dinámicas de apego que se manifiestan en las relaciones íntimas y en las familiares también se dan en las relaciones de la gente con sus compañeros de trabajo y jefes o directores.

Como las personas con un apego ansioso tienen una baja autoestima, una elevada inseguridad y grandes dudas sobre sí mismas, pueden buscar constantemente la aprobación de sus colegas[10] y depositar más expectativas de las necesarias en sus relaciones laborales. Sus preocupaciones casi incesantes sobre cómo las percibirá la gente las obligan a esforzarse más de la cuenta en gustar a todo el mundo. Esta inquietud perjudica su desempeño en el trabajo porque les cuesta tomar la palabra en las reuniones y expresar sus puntos de vista por temor a que alguien los ridiculice o a ser rechazados. También puede llevarlas a caer en la trampa del pensamiento de grupo o a desgastarse intentando impresionar a sus compañeros o jefes. Asimismo, es posible que se obsesionen con detalles menores que no tienen importancia para intentar hacerlo todo «a la perfección», y que basen su autoestima en los elogios que reciben por su trabajo.

Si pasan un par de días sin recibir un refuerzo positivo, tal vez empiecen a cuestionarse su productividad, su valía como empleados o si sus colegas los aprecian. Esta necesidad de aprobación puede causar problemas en el lugar de trabajo. Sus compañeros pueden hartarse de tener que aplacar sus temores constantemente —sobre todo, si el compañero es una persona con un estilo de apego evitativo—, y con el tiempo pueden distanciarse de ellos, lo que provoca en el guerrero preocupado una mayor ansiedad que lo obliga, a su vez, a insistir en su búsqueda de elogios. Todo ello redunda en un mayor distanciamiento por parte de los colegas y levanta suspicacias entre los superiores jerárquicos sobre sus capacidades y desempeño.

Los guerreros preocupados pueden tener problemas cuando se trata de iniciar proyectos o tomar decisiones sin contar con las aportaciones y la aprobación de los demás, lo que puede entorpecer sus progresos y limitar su capacidad de crecimiento profesional, de asumir mayores responsabilidades y de conseguir ascensos. Corren el riesgo de ser amonestados por encallarse en detalles, entregar tarde los proyectos y tener dificultades para alcanzar el desempeño que se les exige. Como líderes, sus tendencias complacientes pueden suponer un escollo para la toma efectiva de decisiones, porque están más preocupados por cómo reaccionarán los demás a sus directrices que una persona normal. En resumidas cuentas, todo ello puede traducirse en una gran variedad de ineficiencias en su vida cotidiana, y el pensamiento sobre los puntos de vista de los demás puede consumir una parte muy sustancial de valioso espacio cognitivo.

El temor a las evaluaciones negativas puede confinarlos a acciones rutinarias. Son personas proclives a mantenerse en su zona de confort y a no correr riesgos por temor a las críticas o al menosprecio. Con el tiempo, estas conductas limitan su capacidad para la innovación y para abordar labores con una meta clara. A menudo, como consecuencia de esta tendencia a interponer un filtro negativo en la mayoría de sus interacciones, pueden sentirse subestimadas e insatisfechas, lo que puede llevarlas a invertir menos esfuerzos en su identidad laboral e incluso a abandonar sus trabajos o a tirar la toalla antes que una persona promedio en su trayectoria profesional.

El apego ansioso en la persecución de las metas

Las personas con un apego ansioso suelen tener un autoconcepto inestable, poco claro y excesivamente dependiente de los roles que han asumido en la vida. Los guerreros preocupados pueden derivar gran parte de su autovalía de esos roles y juzgarse a sí mismos en función de la felicidad y satisfacción que creen dar a los demás. Como estos sentimientos positivos son efímeros, pueden buscar alcanzar muchas metas distintas, algunas de las cuales tal vez nazcan de intereses genuinos, aunque las persigan porque creen que alcanzarlas les granjeará atención positiva en forma de respeto o admiración por parte de los demás.

Una de mis pacientes, Denise, tenía dudas sobre su carrera profesional y a menudo se cuestionaba su decisión de dedicarse al Derecho. Desde pequeña, la había apasionado la moda y había querido ir a una escuela de diseño. Sin embargo, aunque sus padres jamás le manifestaron su deseo de que fuera abogada, sintió que recaía sobre ella la expectativa de que se dedicara al Derecho porque tanto su padre como su madre eran abogados. En consecuencia, cada vez que encontraba alguna dificultad en su profesión, lamentaba haber elegido aquel campo y fantaseaba con lo distinta que habría sido su vida si hubiera elegido otra carrera.

Como los camaleones, los guerreros preocupados son más proclives a adoptar las metas de las personas con las que mantienen una relación o a las que admiran, sin reflexionar detenidamente si esas metas tienen sentido para ellos. Mi amiga Janice solía adoptar las aficiones e intereses de sus novios, y, cuando rompían, las abandonaba y se centraba en otras formas de ocio que reflejaran los intereses de la gente con la que estuviera pasando más tiempo. Cuando entró en terapia, empezó a preguntarse quién era ella realmente y qué cosas la emocionaban y hacían feliz, y se dio cuenta de que no se había hecho esas preguntas desde hacía mucho tiempo.

El guerrero preocupado puede tener problemas en identificar y desarrollar sus valores personales, y conocer sus propios intereses, porque sus valores dependen de lo que esté ocurriendo en su entorno en un determinado momento en lugar de basarse en algún aspecto interno y singular de su ser. Como sus metas no están firmemente arraigadas en un sentir propio y profundo sobre el significado de sus vidas, a veces carecen de la motivación necesaria para perseguir con todas sus fuerzas una determinada meta y perseverar en el empeño cuando encuentran obstáculos o dificultades.

Las personas con un apego ansioso pueden desesperarse cuando intentan alcanzar un objetivo y culparse a sí mismas por un mínimo revés. Cuando eso ocurre, pueden sentirse tan desmoralizadas que abandonen por completo la meta perseguida y empleen luego esa renuncia como alimento para reforzar su autovisión negativa. Son proclives a la indecisión en su carrera, en parte como consecuencia de esa autocrítica.[11] No creen en sus propias capacidades para alcanzar metas y pueden pensar que no lograrán el éxito si no cuentan con el apoyo de los demás. Por ello, tienden a ser menos independientes en su persecución de las metas y reclaman frecuentes contactos con otras personas para no perder el rumbo. También les preocupan más sus progresos durante el camino hacia la meta y miran al mundo exterior en busca de pruebas de que lo están haciendo bien. Cuando comparan sus progresos con los de otras personas, son más proclives a pensar que no están a la altura que a valorar cualquier avance que hayan conseguido.

El lado positivo del apego ansioso

Aunque los guerreros preocupados se enfrentan a dificultades en muchos ámbitos de la vida, también existen varios puntos fuertes vinculados con este estilo de apego. Para empezar, las personas con un apego ansioso suelen ser muy consideradas con los sentimientos de los demás y su gran sensibilidad puede ser beneficiosa cuando se precisa actuar con tacto. Son capaces de empatizar profundamente, a menudo son personas que saben escuchar, y lo darán todo porque un ser querido se sienta mejor. Les alegra poder cuidar de sus amigos y a menudo se esfuerzan mucho en mantener el contacto con las personas que quieren. Cuando ven a alguien en situación de necesidad, casi siempre le echarán una mano, aun a pesar de que tal vez tengan muchas cosas de las que preocuparse. Con su capacidad exacerbada para percibir las necesidades de los demás, a menudo toman el mando cuando se trata de organizar actos sociales y se aseguran de cuidar de todos los detalles e intentan tener en cuenta las preferencias de cada asistente para que todo el mundo esté contento. La felicidad de los demás es importante para ellos. Son personas a las que se les da maravillosamente bien repartir elogios sentidos y pueden ayudar a subir la moral si alguien pasa por un mal momento. Como no quieren verse enfrentados a ningún tipo de crítica, se esfuerzan en su trabajo y pueden ser grandes empleados. Son excelentes elementos y saben colaborar con los demás, demostrando su buena disposición a confiar en las capacidades y habilidades de sus compañeros.

¿Y AHORA QUÉ?

Has aprendido los orígenes del apego ansioso y has leído sobre las consecuencias de ser un guerrero preocupado para las distintas facetas de tu vida, desde el autoconcepto hasta las relaciones laborales y sentimentales, pasando por la persecución de metas. De niño, tuviste dudas sobre cómo debías comportarte para motivar reacciones positivas y coherentes en los adultos de tu entorno, por lo que no es de extrañar que necesites más palmaditas en la espalda que la persona promedio para cerciorarte de que vas por buen camino en lo que te hayas propuesto hacer. De adulto, te esfuerzas en evitar a toda costa que te abandonen o rechacen, lo que a menudo te lleva a perder de vista quién eres en lo más profundo de tu ser, porque estás más preocupado por las reacciones, los sentimientos y las necesidades de los demás que por los tuyos.

He comprobado por experiencia que las personas con un apego ansioso suelen expresar sus heridas de apego sirviéndose de cuatro autodeclaraciones principales, que son reflejo de sus modelos operativos internos. No todo el mundo expresa esas heridas de la misma manera, de ahí que algunas de estas autodeclaraciones quizá no te interpelen tanto como las otras. O tal vez descubras que las cuatro te son familiares. Sea como sea, en el próximo capítulo te enseñaré varios ejercicios avalados por la ciencia que te ayudarán a superar las consecuencias negativas derivadas de esos modelos operativos. También aprenderás a educar a tu niño interior a asentarse, afirmarse y asegurarse, orientando el desarrollo de un autoconcepto que esté arraigado en tus necesidades y que tenga pleno sentido personal.

CAPÍTULO 8

Curar el estilo de apego ansioso

En el capítulo anterior, viste que tu estilo de apego ansioso se desarrolló en respuesta a tus cuidadores. Tu adaptación a la inconstancia de las atenciones que recibiste consistió en prestar especial atención a las personas de tu entorno, buscando en ellas una mayor tranquilidad y la afirmación de tu persona, y modulando tu conducta para que estuvieran satisfechas contigo. Estas características tal vez te ayudaron a resistir psicológicamente y a sobrevivir al estrés y las turbulencias que viviste en aquel tiempo, pero con los años esa obsesión por complacer a los demás, siempre mirando al exterior, le ha pasado factura a tu autoconcepto.

Los rasgos que desarrollaste para lidiar con esas experiencias difíciles de tu infancia han dejado su sello en tus modelos operativos internos y se manifiestan como autodeclaraciones que reflejan lo que piensas sobre ti mismo y tu manera de manejarte en el mundo. Familiarizarte con esas autodeclaraciones es un primer paso importante sin el cual no podrás aplicar cambios a tu comportamiento.

De adultos, solemos suponer que nuestros modelos operativos son intrínsecamente ciertos y válidos, aunque es más probable que sean relatos que aprendimos de niños y que aún hoy nuestro niño interior carga sobre sus espaldas.

Para las personas con un apego ansioso, esas autodeclaraciones suelen sonar más o menos en los siguientes términos:

1. «No soy tan valioso como los demás».
2. «Necesito salvar a todo el mundo».
3. «Me da miedo estar solo».
4. «Tengo que analizarlo todo».

En este capítulo veremos con más detalle esas autodeclaraciones y trabajaremos para curar las necesidades insatisfechas de tu niño interior que subyacen a cada una de ellas. Los ejercicios de descubrimiento te servirán para aprender a contrarrestar esas declaraciones típicas del guerrero preocupado. También te propondré sesiones diarias de trabajo en las que encontrarás actividades que podrás realizar tan a menudo como te apetezca para fortalecer tus técnicas de adaptación. En el capítulo anterior, abordaste una labor de comprensión. En este, pasarás de la teoría a la práctica. Lo ideal es hacer los ejercicios en orden, pero si te sientes rebasado en alguno de ellos o vas mal de tiempo, también puedes hacerlos a tu ritmo y en el orden que te resulte más cómodo. Siempre tienes la opción de retomar un ejercicio que te saltaste cuando dispongas del tiempo y el espacio emocional necesarios para asimilarlo. Conviene que tengas tu diario a la mano para anotar tus respuestas a los ejercicios y seguir de cerca tus progresos.

Test de impacto

A medida que leas estas autodeclaraciones, tal vez descubras que algunas te reflejan en mayor medida que otras. También cabe la posibilidad de que te cueste saber si una de ellas te impacta o no realmente. Tal vez tengas curiosidad por saber en qué modelo operativo debes centrarte en primer lugar para curarlo. Si haces mi test de impacto a cada uno de estos modelos operativos, podrás identificar los que te perjudican y, por tanto, qué ejercicios habrás de priorizar.

El test de impacto es sencillo. Cuando leas las autodeclaraciones y sus descripciones y ejemplos, hazte las cuatro preguntas siguientes y, si tu respuesta es afirmativa en al menos uno de los casos, lo más probable es que debas atacar esa autodeclaración por medio de mis ejercicios. Como actividad extra, puedes reflexionar más a fondo sobre ellas y anotar en tu diario las respuestas a las preguntas en cursiva:

- **Impacto en los ámbitos vitales.** ¿Afecta negativamente este modelo operativo a mi vida en ámbitos principales (trabajo, relaciones amorosas, relaciones familiares, amistades, consecución de objetivos)? *Si la respuesta es afirmativa, apunta uno o dos ejemplos concretos para cada uno de los ámbitos afectados.*
- **Impacto en la consecución de objetivos.** ¿Suele apartarme este modelo operativo de mis objetivos? *Si es así, ¿cómo?*
- **Impacto en la vida basada en valores.** ¿Es contradictorio este modelo operativo con mis valores? *¿Cuáles son algunos de mis valores prioritarios y cómo contribuye este modelo operativo a alejarme de ellos o a no vivirlos como querría?*
- **Impacto en el autoconcepto.** ¿Este modelo operativo hace tambalear o menoscaba mi autoconcepto? *Si es así, ¿cómo?*

«No soy tan valioso como los demás»

Si las personas con un apego ansioso tienen en baja estima su autovalía, ello obedece en parte a que tienen una opinión mucho más elevada y universalmente positiva del valor de los otros.[1] De niño o niña, deseaban fuertemente la aprobación y la atención de sus cuidadores, y puede que hayan antepuesto esos deseos a la construcción de un autoconcepto sano y estable.

Como guerrero preocupado, tiendes a dar más importancia a las opiniones de los demás que a las propias al formar tu autoconcepto, lo que te impulsa a buscar constantemente su aprobación y a depender en gran medida de sus opiniones para sentirte bien contigo mismo. La baja autoestima puede surgir de no haber recibido un apoyo y una aprobación constantes por parte de personas importantes en tu entorno vital en los primeros años de infancia, lo que puede provocar que, con el paso del tiempo, hayas empezado a cuestionar tu propio valor. Es posible que hayas desarrollado las creencias de que no mereces amor, de que no eres digno o de que eres incapaz. Luego, a través del sesgo selectivo, que es un proceso en gran medida subconsciente, prestas más atención a los sucesos y situaciones que podrían apoyar estas creencias negativas que anidan en lo más profundo de tu ser, lo que provoca que se fortalezcan en tu mente con el tiempo.

Si sus cuidadores principales fueron parcos o esporádicos con su amor y atención, ello podría llevar a las personas con un apego ansioso a buscar constantemente señales y comportamientos cariñosos en los demás que «demuestren» que son dignas de amor. Sin embargo, incluso cuando obtienen esa validación, parece que no les resulta fácil conservar esta sensación por mucho tiempo. De ahí que busquen la validación una y otra vez,[2] a menudo en una misma persona que es importante para ellos.

Con el tiempo, la importancia que los guerreros preocupados dan a los pensamientos, sentimientos y comportamientos de los demás, anteponiéndolos a los suyos propios, los lleva a formar, de manera subconsciente (o consciente), la idea de que no son tan dignos como los demás, ya sea de amor, atención o logros. Les basta observar su propio comportamiento para confirmarlo: trabajan tan duro y de manera tan constante para perseguir la validación de los demás, y otorgan tanto valor a las opiniones, valores y experiencias de otras personas, que la única explicación es que no son tan importantes como los otros. En su afán por complacer a los demás y satisfacer sus necesidades —a menudo a costa de las suyas propias—, se vuelven más autocríticos y no se tratan con el mismo amor y compasión que a otras personas.[3] La proverbial «palmadita en la espalda» de los demás es solo un parche temporal para el anhelo más profundo que tienen de validar a su niño interior con algo menos transitorio y más arraigado en lo que realmente son. Su cerebro empieza a interiorizar estos mensajes, y la creencia de que no tienen valor se solidifica e impulsa sus comportamientos.

Antídoto a «No soy tan valioso como los demás»

Con independencia de cuáles sean las raíces de tu baja autoestima, la buena noticia es que, al realizar los siguientes ejercicios, podrás fortalecer tu autoconcepto y aumentar tu resiliencia. Al crear un vínculo emocional positivo contigo mismo y con tu niño interior, podrás fomentar un estilo de apego seguro, formativo y receptivo que promueva tu bienestar, mejore la consecución de tus objetivos y apoye conexiones sanadoras con los demás.

Ejercicio de descubrimiento: trabajo con el niño interior

El trabajo con el niño interior te ayuda a acceder a las necesidades, anhelos y deseos de tu yo más joven, y a descubrir las raíces de unos modelos operativos que han dejado sentir su impacto en tus comportamientos hasta el día de hoy. Este trabajo tiene especial importancia para los guerreros preocupados, ya que te da la oportunidad de satisfacer tus propias necesidades de aprobación y validación. En lugar de buscar la aprobación de tu valía en los demás o pensar que las opiniones, las necesidades y los deseos de los otros son más importantes que los tuyos, tu yo adulto puede ser el padre que no tuviste de niño. Mediante la constancia y la atención plena hacia las necesidades de tu niño interior, podrás reeducarlo, sanar sus heridas y transmitir un conjunto diferente de lecciones que sean más adaptativas y adecuadas para el momento presente. Este simple ejercicio de visualización te dará la oportunidad de conectarte con tu yo más joven.

*

Ponte cómodo y cierra los ojos. Respira profundamente unas cuantas veces, centrándote en tu respiración mientras inhalas y sueltas el aire. Centra tu atención en tus pensamientos. No intentes apartar ningún pensamiento, juzgarlo o analizarlo. Simplemente observa aflorar los pensamientos y déjalos estar. Ahora, imagina que eres un niño. Intenta recordar la ocasión en la que tu niño interior se encontró por primera vez con la idea de que no eras tan valioso como los demás. ¿Cuándo fue la primera vez que sentiste que tus necesidades y deseos no eran importantes? ¿Te ignoraron tu padre o tu madre cuando estabas angustiado? ¿Cuándo fue la primera vez que pensaste que debías ocuparte de las necesidades o sentimientos de otra persona para que no te dejara solo? ¿Sentías que debías evitar causar problemas a tu familia para que así no se enojaran tus padres?

Pon la imagen de tu yo infantil en primer plano y visualiza todos los detalles de cómo te veías y te comportabas de niño. ¿Dónde estabas? ¿Cómo era tu cabello? ¿Qué ropa llevabas? ¿Cuánto medías? ¿Cuál era tu juguete favorito? Cuantos más detalles puedas añadir a la visión de tu yo infantil, mejor.

Ahora imagina a tu yo adulto entrando en la habitación con tu yo infantil. Visualiza a tu yo adulto tomando a tu yo infantil de la mano y asegurándole que es amado, que es suficiente, y que siempre te tendrá a su lado, pase lo que pase. Recuérdale a tu yo infantil que las cosas cambiarán y no siempre serán tan difíciles. Dile que, aunque tus padres eran imperfectos, cometieron errores y no siempre estaban disponibles, no fue culpa suya. Pregúntale a tu niño interior qué es lo que más necesita de ti, y escucha lo que te dice. Quizá tu niño interior quiera decirte:

- «Necesito que me animen».
- «Necesito que me digan que importo y que me quieren».
- «Necesito que me digan que no pasa nada si me equivoco».
- «Necesito que me orienten sobre cómo expresar mis emociones y que no me rechacen por hablar o portarme mal».

Escucha atentamente las necesidades de tu niño interior y hazle saber cómo podrías ayudarlo a obtener lo que quiere. Asegúrale que no siempre hace falta recurrir a otras personas para satisfacer sus necesidades, porque su yo adulto siempre estará a su lado para ayudarlo.

Da las gracias a tu niño interior por haberse esforzado en hacer las cosas de la mejor manera posible para sobrellevar las situaciones difíciles de su infancia. Hazle saber que puede contar contigo siempre que te necesite. Por último, ofrécele un abrazo a tu niño interior. Si te parece adecuado, dile cuánto lo quieres. Luego, despídete y hazle saber que estás deseando volver a visitarlo muy pronto.

Después de completar este ejercicio, dedica unos minutos a escribir en tu diario cómo te sentiste durante el ejercicio y cómo te has sentido inmediatamente después. Anota cualquier pensamiento que te venga a la mente y reflexiona sobre lo que piensas acerca de la experiencia de que tu yo adulto proporcione a tu yo infantil una base segura y una forma de satisfacer sus necesidades.

*

Cuando Theresa hizo este ejercicio de visualización del niño interior, se emocionó mucho. Se dio cuenta de que, de niña, a menudo temía el juicio de sus padres, ya que eran muy críticos y, en sus propias palabras, «personas que ven el vaso medio vacío». Nunca supo si sus padres la querían de verdad. A ojos de sus padres, su hermano nunca se equivocaba, y Theresa, al verse comparada, se sentía atacada. Por más que se esforzara, era como si siempre hiciera algo mal que decepcionaba o enojaba a sus padres. Empezó a perseguir su aprobación y se desanimaba cuando no recibía las reacciones que esperaba. Esta dinámica con sus padres continúa aún hoy. Theresa reconoce: «Antes de tomar una gran decisión, siempre pasa por mi mente: ¿qué pensarán mis padres?».

El niño interior de Theresa necesitaba el apoyo incondicional de su yo adulto. Gracias a este ejercicio, Theresa pudo ver que, en lugar de esperar que sus padres se convirtieran en las personas que ella esperaba que fueran, podía reeducar a su yo infantil y darle a su niño interior lo que había necesitado entonces (y lo que aún hoy necesita). Theresa comenzó a incorporar el trabajo con su niño interior a su rutina semanal de meditación. También dedicó un tiempo al cuidado personal intencionado, como una extensión de la reeducación de su niño interior. Le sugerí que honrara los intereses de su yo infantil y pensara en lo que le gustaba hacer de niña. ¿Qué hacía que el tiempo volara cuando era pequeña? Theresa recordó lo mucho que le gustaba ir al parque y jugar en toboganes y columpios, así que empezó a visitar distintos parques del vecindario los fines de semana. Fue una forma divertida de practicar el autocuidado que honraba la parte inocente, alegre y pura de su psique.

Ejercicio extra de descubrimiento: redescubre el juego

Al igual que a Theresa, puede resultarte útil reflexionar sobre lo que te gustaba hacer de niño para reconectar con las cosas que te proporcionan alegría, prescindiendo de lo que puedan pensar los demás. Escribe una lista con todas esas actividades y comprométete a practicar una o dos todas las semanas. Trata de abrazar ese asombro infantil mientras lo haces e imagina que experimentas el juego como lo hizo tu niño interior por vez primera.

Sesión diaria de trabajo: logros y mejoras

Una sesión diaria de trabajo que puedes incorporar a tu rutina matutina o nocturna es algo que llamo «logros y mejoras». Se trata básicamente de un diario de autoestima: una forma sencilla de repasar tu día y reconocer conscientemente algo que has logrado y de lo que te sientes orgulloso, así como identificar algo que te gustaría cambiar.

Para disfrutar de un fuerte sentido del yo y de una autoestima saludable es preciso que tu mirada sobre el yo sea holística y precisa, y que reconozca tus flaquezas y celebre tus mejores virtudes. Las personas que se sienten bien consigo mismas no piensan que sean intrínsecamente perfectas. Se trata, más bien, de que creen que pueden pasar a la acción y dar forma a quienes son, corregir sus errores y resolver los problemas de manera efectiva. Como eres un guerrero preocupado, tiendes a preocuparte más por los aspectos negativos, tus facetas mejorables, los aspectos en los que no estás a la altura de los demás. Cuanto más reflexiones de forma consciente sobre tus fortalezas y las reconozcas, más equilibrado y seguro será tu autoconcepto.

*

Cada noche, durante una semana, quiero que dediques cinco minutos a escribir un logro de las últimas veinticuatro horas, un aspecto en el que te gustaría mejorar y algo que puedas hacer, por discreto que sea, para mejorar en ese aspecto en las siguientes veinticuatro horas. El logro y el aspecto de mejora no tienen por qué enmarcarse en el mismo ámbito de la vida (por ejemplo, uno puede estar relacionado con el trabajo y otro con una amistad). Hace poco, Dobson, que es uno de mis pacientes, me dio a leer dos entradas de su diario:

Fecha: 7 de marzo
Logro: supe estar junto a mi esposa cuando esta mañana pasó por un mal momento y necesitaba hablar sobre cómo se sentía.
Mejora: necesito volver a comprometerme con el objetivo de ir al gimnasio al menos tres veces por semana.
Qué voy a hacer: programar en el calendario ir a clase de yoga mañana por la mañana.

Fecha: 8 de marzo
Logro: hoy hice una buena presentación en el trabajo. Mi jefe me felicitó y recibí comentarios positivos de mis compañeros.
Mejora: para los próximos proyectos, debo mejorar cómo colaboro con mis compañeros, sobre todo porque lo hice todo yo solo y fue agotador.
Qué voy a hacer: organizar una breve reunión con al menos un colega esta semana para planificar la estrategia de la próxima presentación.

Es importante apuntar ideas en una entrada continua del diario. El beneficio de escribirlas en el mismo lugar ordenadamente es que luego podrás revisar tus logros y áreas de mejora de un vistazo, además de celebrar tu progreso y éxitos. Siéntete orgulloso de la manera en que estás dando forma a tu vida por tus propios medios y reconoce el inmenso valor que aportas a ella. Con el tiempo, tendrás una colección de maravillosos recordatorios de las muchas razones por las que quererte y sentirte orgulloso de ti mismo. También podrás ver cuánto has avanzado en la mejora de las áreas en las que te has comprometido a trabajar, en particular, en la autovalía.

Revisa regularmente los logros que consignaste en tu diario para dar un impulso a tu autoestima y para alimentar y consolidar el autoconcepto seguro que estás construyendo, basado en los cimientos firmes que has sentado en tu interior, en lugar de depender de otras personas o situaciones para sentirte bien contigo mismo.

«Necesito salvar a todo el mundo»

Las personas con apego ansioso tienen el fuerte deseo de solucionar los problemas de los demás, a menudo a expensas de sí mismas. Dan prioridad al bienestar y la felicidad de los demás por encima de los suyos propios, y mientras están ocupadas resolviendo los problemas ajenos, sus propias necesidades quedan desatendidas, y dejan en suspenso su propia vida. Aunque disfrutan ayudando a los demás, lo hacen principalmente porque temen que, si no lo hacen, la gente los abandone o los rechace.

Aunque ser una persona dispuesta a ayudar sea un rasgo maravilloso, si te exiges demasiado en todo momento, puedes acabar sintiéndote emocionalmente agotado, perpetuamente ansioso y estresado. También es una fórmula segura para acabar resentido. Cuando sacrificas tu propia felicidad por los demás, incluso si crees que tus necesidades no deben ser lo primero, reprimir una y otra vez lo que deseas o necesitas en tus relaciones con parejas, familiares o amigos termina teniendo efectos corrosivos para esas relaciones. También es más probable que te desgastes en el trabajo mientras te esfuerzas en exceso para agradar a tus compañeros, jefes o clientes. Cualquier interacción o proyecto es una oportunidad para demostrar de lo que eres capaz, pero lo llevas a tal extremo que puede hacer que te sientas fatigado y, paradójicamente, menos capaz de dar lo mejor de ti.

Cuando los guerreros preocupados se concentran excesivamente en los estados de ánimo, necesidades y comportamientos de los demás, harán lo que sea para asegurarse de que esas otras personas estén bien atendidas. Si perciben que alguien que les importa está pasando un mal día, a veces se sumergen tanto en la experiencia de esa persona que es como si ellos mismos estuvieran pasando por ese mal trance. A menudo reflejan los sentimientos de la otra persona; tanto es así que, si esa persona está enojada, ellos también lo estarán. Si la otra persona fracasa, sienten que ellos mismos son los que han fracasado. Estar tan ligados a las experiencias emocionales y al comportamiento de otro puede causar muchos altibajos en su vida emocional,[4] porque la forma en que se sienten depende de lo que suceda a su alrededor o en la vida de las personas con las que tienen relaciones. Esta dificultad para mantener un límite saludable entre ellos y las personas cercanas los lleva a tener problemas para separar su sentido del yo y su identidad individual de aquellos con quienes tienen relaciones.

Este estilo de relacionarse hace que a las personas con un apego ansioso les resulte difícil anteponer sus necesidades y cuidarse como es debido. Uno de mis pacientes, Randy, tenía grandes dificultades para expresar lo que quería, incluso en interacciones sociales informales. Le costaba mucho hablar de sus preferencias, incluso si se trataba simplemente de decidir dónde ir a comer con sus compañeros de trabajo. Se esforzaba tanto en su empleo que descuidaba su propio bienestar, y aplazaba su rutina de ejercicio y el cuidado de su alimentación. Este tipo de sacrificios es muy común entre las personas con un apego ansioso. Dan preferencia a los demás y a los proyectos a expensas de su propio bienestar, pero son propensas a sentirse infravaloradas e insatisfechas con todo lo que tienen entre manos. No solo pueden acabar con *burnout*,[5] sino que también su salud mental y física puede verse afectada.

La responsabilidad que los guerreros preocupados sienten por la felicidad de los demás a menudo los lleva a exhibir conductas codependientes que les hacen empeñarse en «rescatar» a las personas de su entorno. Como su autoconcepto fluctúa, sienten la necesidad de implicarse en más proyectos y relaciones para confirmar que les está permitido sentirse bien consigo mismos. A veces, lo hacen de tal manera que crean vínculos poco saludables o permiten que la persona a la que quieren rescatar persevere en su mal comportamiento, porque, cuando tienes un apego ansioso, siempre la excusarás o la sacarás del apuro. Cuanto más anteponen a los otros, más les dice su mente subconsciente que son menos importantes que ellos, y el ciclo se retroalimenta.

Antídoto a «Necesito salvar a todo el mundo»

El antídoto a anteponer las necesidades de los demás a las propias consiste en volver a concentrar tu atención en ti mismo y darte el tiempo necesario para entender quién eres, tus sueños y esperanzas, lo que te gusta y lo que te molesta, y lo que te emociona cuando te despiertas por la mañana. No es un gesto frívolo o egoísta. Al contrario, es un requisito fundamental para comprender qué necesitas y valoras en la vida, y para continuar siendo generoso con los demás sin olvidar o perder una parte de ti mismo.

Ejercicio de descubrimiento: quién eres

Si estás habituado a anteponer a los demás, es muy posible que lleves un buen tiempo sin relacionarte con lo que eres en realidad. Te presento mi versión de una actividad japonesa llamada *ikigai*. En japonés, *iki* significa «vida» y *gai* alude al valor o la valía. El término *ikigai* puede interpretarse como «razón de ser». Conocer tu *ikigai* te anima a salir de la cama cada mañana con entusiasmo, con el corazón contento, y a vivir tu mejor vida posible. También te ayuda a ser fiel a las cosas que consideras importantes y a todo aquello que te aporta sentido, un objetivo en la vida y la sensación de ser una persona realizada, al tiempo que contribuyes al bien común y te pones al servicio de los demás.

Mi versión del *ikigai* se centra en una autoexploración profunda de lo que es más importante para ti y te convierte en una persona única. Te reclama que te concentres en tus valores y tus necesidades, hace que cobres conciencia de tus rasgos positivos y te permite identificar las cosas que te molestan o que, en casos extremos, te llevarían a decir basta. Saber lo que te molesta te ayudará a trazar y hacer valer unas fronteras más sanas en tus relaciones y te permitirá tener una idea más clara de las cosas que debes combatir y de cuándo debes dar un no por respuesta.

*

Echa un vistazo a mi versión del diagrama del *ikigai* que encontrarás más abajo y tómate un tiempo para reflexionar sobre cada uno de estos ámbitos. Dibuja este círculo en tu diario y escribe los títulos de cada apartado. Luego, piensa en cosas que puedan encajar en cada categoría y anótalas.

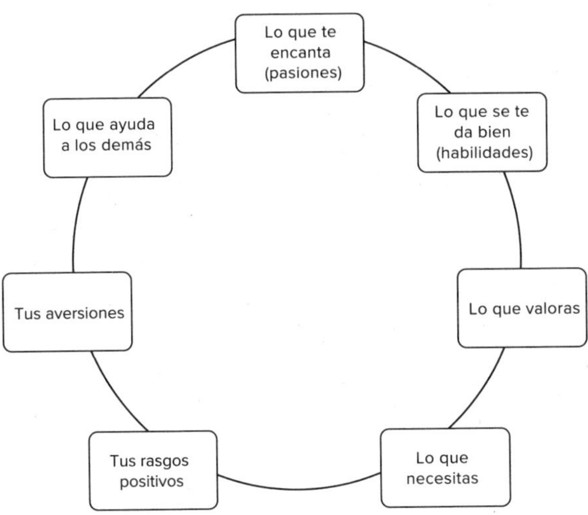

Si te cuesta crear una lista, encontrarás a continuación algunas preguntas que pueden estimular tu pensamiento.

- *Lo que te encanta (pasiones).* ¿Qué actividades te causan alegría y te hacen sentir más vivo y realizado? ¿Qué actividades te hacen perder la noción del tiempo y te facilitan estar presente?
- *Lo que se te da bien (habilidades).* ¿Cuáles son algunas de tus habilidades, aficiones o talentos? ¿En qué te suelen alabar los demás?
- *Lo que valoras.* ¿Cuáles son las cualidades personales más importantes que eliges encarnar para orientar tus acciones? ¿Qué palabras describen el tipo de persona que quieres ser? ¿Cuáles son las creencias básicas que guían o motivan tus acciones?
- *Lo que necesitas.* Intenta evaluar tus necesidades siguiendo la pauta de la jerarquía de Maslow: fisiológicas (hambre, sed, sueño, sexo), de seguridad (protección y estabilidad en la vida diaria), de pertenencia y amor (sentirte conectado a otras personas), de autoestima y de autorrealización (convertirte en la persona que tienes el potencial de ser, con un propósito en la vida).
- *Tus rasgos positivos.* ¿Cuáles son algunas de las características de ti mismo que más valoras o de las que estás más orgulloso? ¿Qué destacan las personas cuando se refieren a lo que te hace especial?

- *Tus aversiones.* ¿Qué cosas que hace la gente te molestan mucho? ¿Cuáles serían los límites que no estás dispuesto a tolerar en cómo te tratan los demás?
- *Lo que ayuda a los demás.* ¿Qué haces que ayude a otras personas, aligere sus cargas o las haga sentirse cuidadas?

Cuando termines mi versión del diagrama de *ikigai* para descubrir quién eres, puedes escribir en tu diario las respuestas a las siguientes preguntas o llevar a la práctica estas sugerencias para comenzar a incorporar este autoconocimiento a tu vida cotidiana.

- Dedica unos minutos diarios a reconocer tus necesidades principales y a perseguir al menos una de ellas. Asegúrate de priorizarla poniéndola en tu lista de tareas diarias.
- Piensa en cómo puedes seguir creciendo y alimentando tus cualidades positivas. ¿Qué puedes hacer para compartir una de tus características positivas con los demás? Por ejemplo, si la empatía es una de tus mejores cualidades, ¿cómo puedes expresarla con alguien que te importa (sin descuidarte a ti mismo)?
- Haz al menos una de las actividades de tu lista de cosas que te encantan cada día.
- ¿Cómo puedes utilizar una de tus habilidades para alcanzar un objetivo importante o para alegrar a otra persona?
- ¿Cómo puedes honrar tus valores principales hoy? ¿Qué acción puedes realizar en aras de tus valores más importantes?
- ¿Cómo puedes aprovechar tu lista de *aversiones* para fijar unos límites más saludables con las personas que te piden demasiado? ¿Cómo puedes usar tus *aversiones* para saber cuándo decir no a una solicitud y así no sobrecargarte?
- ¿Cómo puedes seguir ayudando a los demás sin sacrificar las cosas que te encantan o tus valores? Piensa en cómo puedes servir y ayudar a los demás al mismo tiempo que sacas provecho de esa experiencia más profunda de la realización personal que hace honor a quién eres tal y como ha quedado de manifiesto en este ejercicio.

Cuanto más practiques el *ikigai*, más fácil te será percibir cuándo se ponen a prueba tus límites y cuándo debes honrarte a ti mismo ante todo. A fin de cuentas, debes cuidarte antes de poder servir a los demás tal y como deseas realmente, no para ganarte su aprobación, sino porque hacerlo es significativo y te brinda satisfacción a ti.

Sesión diaria de trabajo: autocuidados simplificados

Muchas personas afirman que no tienen tiempo para los autocuidados. Aseguran que son un lujo, que resultan demasiado caros, que consumen demasiado tiempo y que son una de tantas cosas que deberían añadir a su lista de tareas pendientes. Otras personas dicen que no los merecen. Solo recurren a ellos como una recompensa y se las regalan cuando creen que se las han ganado. Si tienes tendencias complacientes hacia los demás, es muy probable que consideres que los autocuidados debes ganártelos y que te sientas culpable cada vez que hagas algo que se parezca a ser bueno y dulce contigo mismo. Las personas con un apego ansioso a menudo se niegan los autocuidados porque persiguen sin cesar unas metas que son subjetivas y que rara vez llegan a alcanzar.

Sin embargo, descuidar tus autocuidados —es decir, dejar de hacer cosas que te ayudan a vivir bien y nutren tu salud física y mental— puede derivar en un alud de consecuencias negativas para tu bienestar general, entorpecer la consecución de tus objetivos, y redundar en una pérdida de productividad y en unas relaciones de peor calidad. Es esencial que dispongas de un plan de autocuidados, sobre todo si tu inclinación a complacer a los demás te causa problemas y siempre antepones sus necesidades a las tuyas.

Un pozo seco no da agua y por más que te importen las personas con las que te relacionas, si no te das la oportunidad de cuidarte, te resultará más difícil tener interacciones positivas con tus seres queridos. Hay seis ámbitos del autocuidado que mejorarán tu salud, tu bienestar emocional y tu relación con los demás.

- *Autocuidado emocional.* Actividades que te ayudan a conectar, asimilar, expresar y reflexionar sobre una amplia gama de emociones. Entre otras, podemos destacar: escribir en un diario, crear arte, tocar música, bailar, ir a terapia o ver una película o serie que te provoque reacciones emocionales.
- *Autocuidado social.* Actividades que fomentan las relaciones y te ayudan a sentirte conectado con los demás. Entre otros ejemplos, podemos destacar: llamar a un amigo, comer con un pariente, ayudar a un vecino con una tarea, unirte a un club o asistir a una fiesta.
- *Autocuidado mental.* Actividades que estimulan tu mente o amplían tu repertorio de habilidades. Entre otros ejemplos, podemos destacar: leer un libro, ir a un museo, armar un rompecabezas, aprender algo nuevo o practicar un nuevo *hobby*.
- *Autocuidado práctico.* Tareas que completas para cumplir con aspectos fundamentales de tu vida y evitar situaciones estresantes. Entre otros ejemplos, podemos destacar: lavar los platos, cepillarte los dientes, bañarte, confeccionar y gestionar tu presupuesto o lavar la ropa.
- *Autocuidado físico.* Actividades que mejoran tu bienestar físico. Entre otros ejemplos, podemos destacar: dar un paseo, dormir bien, mantenerte hidratado, tener una dieta saludable, hacer estiramientos, practicar ejercicio, cortarte el cabello o ir al médico.
- *Autocuidado espiritual.* Actividades que nutren tu espíritu y te ayudan a pensar en cosas que te trascienden. Entre otros ejemplos, podemos destacar: meditar, hacer yoga, ir de excursión al campo, ir a un lugar de culto, practicar la gratitud o reflexionar sobre tus valores.

*

Los verdaderos beneficios del autocuidado se cosechan cuando dedicas un tiempo todos los días a atender tus necesidades. A tal efecto, vamos a crear un plan sencillo de tres pasos para comenzar a incorporar el autocuidado a tu vida. El objetivo es encontrar un conjunto de actividades que nutran todos los aspectos de tu persona y que puedas engarzar en una serie que nunca te falle. ¡Copia en tu diario la tabla que viene a continuación y comencemos!

1. Piensa varias actividades para cada uno de los seis ámbitos del autocuidado —emocional, social, mental, práctico, físico y espiritual— y escríbelas en los espacios correspondientes.
2. Haz una actividad cada día, rotando entre los seis ámbitos. Por ejemplo, podrías hacer un «lunes mental», un «martes social», y así sucesivamente. Los domingos, selecciona una actividad de tu ámbito favorito entre los seis.
3. Puntúa tu grado de satisfacción inmediatamente después de realizar la actividad en una escala del 1 (menor satisfacción) al 5 (máxima satisfacción). Elimina cualquier actividad con una puntuación inferior a 3 tachándola de tu lista, pero ve alternando entre todas las demás. Las que conserves pasarán a integrar tu kit de herramientas de autocuidado. Cada semana, considera añadir una nueva idea de autocuidado a cada uno de los seis ámbitos, repite el proceso puntuando tu grado de satisfacción con cada nueva actividad y descarta las que obtengan una puntuación inferior a 3.

Por ejemplo, después de unas semanas, la lista de mi paciente Mireille quedó así:

Día de la semana	Forma de autocuidado	Actividades	Satisfacción (1-5)
Lunes	Emocional	Escribir un diario	4
		Crear arte	5
Martes	Social	Llamar a una amiga	4
		Comer con un familiar	2
Miércoles	Mental	Leer un libro	5
		Ir a un museo	4
Jueves	Práctico	Pagar las facturas	3
		Lavar la ropa	3
Viernes	Físico	Dar un paseo	4
		Ir al médico	3
Sábado	Espiritual	Hacer yoga	5
		Ir a un lugar de culto	2
Domingo	Social	Ir de *brunch* con las amigas	5

Una actividad de autocuidado puede ser muy práctica y no requerir demasiado tiempo, lo que es una gran ventaja en días de ajetreo. Lo más importante es que tengas claras tus intenciones a propósito del autocuidado. Comprométete con un plan, síguelo a rajatabla y evalúa constantemente las actividades para ver cuáles son las que te van mejor.

Sesión diaria de trabajo extra: ejercita tu «no»

A menudo, las personas con un apego ansioso dicen sí sin pensar detenidamente qué se les pide, porque no quieren defraudar a los demás y porque temen lo que una respuesta negativa pueda suponer para una relación o para lo que piensen los demás de ellas.

Pero el tiempo es una de esas cosas que es imposible recuperar y tu energía no es un recurso infinito. Cada cosa a la que digas sí supone decir no a otra, y para los guerreros preocupados, esa «otra cosa» es a menudo su propio bienestar. Si quieres proteger tu tiempo y energía para dedicarlo a las personas y las oportunidades en las que quieres invertir, es fundamental adquirir el hábito de decir no. Tal vez te parezca muy difícil, extraño o incluso aterrador al principio, pero verás que con la práctica cada vez te resultará más fácil.

La próxima vez que te hagan una petición que haya de robarte energía y tiempo de tus prioridades, pregúntate: «¿Hacerlo me dará alegría y satisfacción personal?». Si tu respuesta es un sí rotundo, adelante. Si la respuesta es cualquier cosa que no sea un sí que te sale del alma, di no.

Te ofrezco otros consejos si te cuesta rechazar las peticiones de los demás:

1. No des demasiadas explicaciones ni te disculpes en exceso. Repite conmigo: tienes derecho a decir no a cosas que en realidad no quieres hacer y aun así mantener relaciones positivas y una imagen fuerte y positiva de ti mismo.
2. El objetivo es comunicar a la persona que entiendes o agradeces su petición, pero luego recházala de manera firme (pero amable). Si es posible, ofrece una solución alternativa.

3. En caso de duda, prueba una de estas frases para mitigar la culpa y mantener unos límites saludables:
   - «Gracias por pensar en mí, pero tengo muchas cosas entre manos y no podría asumir más en este momento».
   - «Me encantaría ayudar/participar, pero no puedo hacerlo ahora».
   - «¡Hola! Esta vez no puedo ir, pero gracias por invitarme».
   - «Hoy no puedo ayudarte con eso, pero tendré tiempo este fin de semana. ¿Te gustaría que lo hiciera entonces?».

«Me da miedo estar solo»

¿Sabías que el miedo a estar solo tiene nombre? Se llama *autofobia* (o a veces *monofobia*). La autofobia puede hacerte sentir muy ansioso cuando estás solo, lo que puede afectar tus relaciones, vida social y carrera profesional. Una de mis pacientes, Cecily, me dijo que le costaba estar sola porque temía «lo que mi mente puede inventarse». No quería enfrentarse a las dudas sobre sí misma ni obsesionarse con lo que la persona con la que estaba saliendo pensara de ella. De ahí que siempre tuviera su agenda social repleta de compromisos. Incluso después de una larga jornada de trabajo, casi todos los días de la semana tenía algo planeado con compañeros o amigos, todo con tal de no pasar demasiado tiempo sola en su apartamento.

Los guerreros preocupados son más propensos a volverse emocionalmente dependientes de los demás en comparación con las personas con otros estilos de apego.[6] Estar con otras personas les brinda acceso a la validación, la seguridad y la proximidad física que necesitan para sentirse queridos y aceptados. Cuando están solos durante largos periodos, pueden sentirse vacíos, decaídos o inseguros. En cierto modo, prefieren rodearse de gente para evitar la autorreflexión, que en su caso suele conducir a pensamientos negativos y autocríticos.

Estos sentimientos de soledad pueden agravarse si no tienes una relación sentimental y deseas tenerla, si tus amigos íntimos no viven cerca de ti, si mantienes relaciones conflictivas con miembros de tu familia o si sientes que constantemente te están dejando fuera de los círculos sociales en el trabajo o en tu vida personal. Ver a otras personas que tienen relaciones puede hacerte sentir triste. Asimismo, navegar por las redes sociales y ver a otras personas que disfrutan juntas te puede provocar una mayor ansiedad y malestar si estás solo. El miedo a perderse algo es una constante para las personas con un apego ansioso. Aunque anhelan que los incluyan en las actividades sociales, su soledad es tan persistente que los guerreros preocupados pueden sentirse solos incluso cuando están con otras personas. La soledad prolongada puede dañar tu autoestima, haciéndote creer que eres inferior a los demás o que no mereces amor y atención. Las personas con un apego ansioso ya tienden de por sí a tener estas opiniones negativas sobre sí mismas, y la soledad puede empeorarlas todavía más.

Muchas de estas personas también experimentan una amplificación de sus peores temores cuando están solas. Su pensamiento catastrofista se adueña de la situación y empiezan a imaginar todos los motivos por los que sus necesidades nunca serán satisfechas, nunca alcanzarán sus metas y siempre serán inferiores a otro miembro de la familia o a un amigo cercano. Sin alguien cerca para contrarrestar estos pensamientos, estas ideas crecen y se vuelven más aterradoras hasta que la persona se siente abrumada y pierde toda esperanza. Comienzan a creer que sus pensamientos son la verdad, en lugar de reconocer que son simplemente actos mentales, pequeños destellos entre los numerosos pensamientos que todos tenemos cada día. Debido a que les cuesta encontrar una sensación de seguridad y calma en su interior, pierden la oportunidad de observar y gestionar sus pensamientos de manera más positiva. Para el guerrero preocupado, estar solo es lo mismo que ser abandonado. Su identidad depende de la atención y el reconocimiento de los demás: sin otras personas que validen el conocimiento que tienen de sí mismos, pierden de vista quiénes son. Es como si sintieran que no son nada si no forman parte del grupo, pero incluso en un grupo pueden sentirse desamparados y solos.

Antídoto a «Me da miedo estar solo»

Superar el miedo a estar solo requiere descubrir la raíz del problema. Hay razones por las cuales has desarrollado una mayor dependencia emocional con respecto a los demás para obtener apoyo y validar tu autoestima. La raíz de tus miedos al rechazo y al abandono probablemente se encuentre en las primeras relaciones que tuviste en la infancia, cuando necesitaste sentirte seguro y amparado de manera constante. Con el tiempo, la ausencia emocional o física de figuras de apego te condujo a este miedo irracional que tienes de adulto, el miedo a que estar lejos de tu pareja y de los miembros de tu familia signifique que te van a desamparar y olvidar, cumpliendo con el dicho de «ojos que no ven, corazón que no siente».

Tus padres y otros adultos importantes en tu vida no son perfectos. Tienen sus defectos, sus carencias y sus luchas internas, y a todo ello pudo deberse que actuaran de la manera en que lo hicieron. Para superar tu miedo a estar solo, debes alcanzar una comprensión más profunda de sus acciones, ampliar tu perspectiva y avanzar hasta superar el duelo de una forma u otra. Tal vez te sorprenderá saber que puedes llevar a cabo este proceso de sanación sin tener un diálogo directo con ellos. Esto es útil porque a veces no es posible hablar con ellos directamente, ya sea porque tus figuras de apego no estén disponibles físicamente (por ejemplo, fallecieron) o porque no lo estén emocionalmente. El primer ejercicio, la técnica de la silla vacía, te brinda una forma excepcional de comunicación curativa.

Ejercicio de descubrimiento: la silla vacía

La técnica de la silla vacía fue desarrollada por Fritz Perls (el fundador de la terapia Gestalt) y Jacob L. Moreno (fundador del psicodrama). Sus descripciones de este poderoso ejercicio son ligeramente distintas, y mi versión combina elementos de las teorías de ambos.

La idea de la silla vacía es permitirte trabajar y superar tus conflictos interpersonales o internos y ver tu situación desde una perspectiva diferente, alcanzar una mayor comprensión de ti mismo, y sanar las heridas y traumas del pasado. Al imaginar a otra persona en una silla vacía, puedes conversar con ella como si estuviera presente en este momento. Esta técnica te permite centrarte en cómo te interconectas con tu entorno y tus relaciones, y te anima a expresar tus pensamientos y sentimientos en un ambiente seguro y neutral. El acento se pone en el aquí y el ahora para que adquieras conciencia de tus patrones de pensamiento y comprendas por qué piensas como lo haces. Además, te ayuda a aceptarte y valorarte tal y como eres, al mismo tiempo que logras una comprensión más profunda de las experiencias tanto negativas como positivas de tu vida. Esta práctica puede ayudarte a mitigar tu carga emocional y a superar el pasado. El ejercicio se basa en el autodescubrimiento y en decir la verdad de tal forma que te ayude a superar algunos de tus mayores temores, evitando que continúes esquivando experiencias incómodas. Todo ello te ayudará a crecer como individuo.

La técnica de la silla vacía te permite mantener una charla con una persona que tuvo influencia en tu desarrollo temprano. En el caso de un apego inseguro, esta persona es con toda probabilidad un cuidador principal, un miembro importante de la familia o un mentor adulto. Te voy a pedir que pienses en la primera persona que te hizo sentirte rechazado o que despertó en ti el temor a ser abandonado.

*

Coloca dos sillas frente a frente. Lo primero que debes hacer es sentarte en una de ellas. Ahora imagina que delante de ti se sienta la persona de tu infancia que, según tu recuerdo, te llevó a cuestionarte por primera vez tu valía en cualquier aspecto. Quizá fue tu padre, o tu madre, que hizo que te preguntaras si te quería de verdad. Quizá fue otro miembro de la familia con quien siempre confiaste que podrías contar, pero que te defraudó o abandonó de una forma u otra. Quizá fue un mentor o un cuidador que te hizo sentir rechazado o te hizo creer que debías probar tu valía para ganarte su amor y apoyo.

Cuando hayas evocado la imagen de esta persona en tu mente, quiero que hables con ella como si estuviera sentada en la silla de delante. Quiero que le digas en voz alta lo primero que se te ocurra. Es tu oportunidad de expresarte libremente con esta persona, sin miedo a que te interrumpa, te ningunee, se ponga a la defensiva, evite tocar ciertos temas o se muestre inalcanzable emocionalmente de cualquier otra forma. Es posible que hayas temido sincerarte con esta persona en el pasado o incluso ahora (si sigue teniendo presencia en tu vida), pero en este ejercicio podrás decirle lo que se te antoje sin temer su juicio.

Si no sabes por dónde empezar, arranca explicándole lo que sientes y por qué. Recoge las emociones que afloran cuando piensas en esta persona e interactúas con ella, y ponles nombre. Habla de toda la gama de influencias que ha ejercido sobre ti: dile por qué es importante para ti y qué impacto positivo tuvo sobre tu vida, así como los momentos en los que te defraudó, te hirió o te causó malestar. Hazle cualquier pregunta que te apetezca. Date un poco de tiempo para hablar sobre las cosas que han ocupado tu pensamiento y presta especial atención al modo en que la relación con esta persona pudo llevarte a desarrollar el temor a verte desamparado o estar solo.

Al cabo de unos minutos, ponte en la otra silla y encarna a la persona con la que has estado hablando. Intenta recordar su gestualidad, su forma de colocar el cuerpo y su manera de hablar: inflexiones, ritmo y tono. Imagina que esta persona te ha escuchado atentamente, se ha esforzado en recibir con una mente abierta lo que querías decirle, y ha intentado ponerse en tu piel y tener empatía con tus sentimientos. Aunque esa persona diste mucho de ser perfecta, procurará explicarte los motivos por los que actuó de esa forma contigo y por qué se equivocó en su forma de tratarte. También intentará dar respuesta a algunas de las preguntas incisivas que le has planteado. Ahora permite que esa persona manifieste en voz alta sus pensamientos al respecto. Intenta hablar en la medida de lo posible desde su punto de vista, y si te resulta difícil, ofrece sencillamente una respuesta visceral basada en lo que crees que podría decir si hubiera oído lo que le comunicaste.

No pasa nada si la respuesta que le atribuiste imaginariamente es realista y acorde con tu comprensión de quién es y de cómo se comporta. Es posible que esta persona sea poco colaboradora o incluso combativa, pero trata de imaginar qué podría decir si fuera capaz de reflexionar sobre sí misma en mayor o menor medida. Ello podría traducirse en que todavía se mantiene a la defensiva, pero es capaz de reconocer que te hizo daño y hacerse responsable hasta cierto punto de que su relación fuera problemática. Podría ocurrir que reconozca que cometió un error, pero al mismo tiempo te culpe por algunos de los conflictos entre ambos. En cualquier caso, lo que intentas hacer es evocar una versión de esa persona que te atienda de manera activa y que se esfuerce por poco que sea en comprender tus necesidades.

Cuando llegues a un silencio natural en la conversación, vuelve a la primera silla, respira profundo y retoma la experiencia en tu propio papel. Mientras reflexionas sobre las cosas que esa persona te contó, mira adentro para comprobar cómo te sientes. ¿Han cambiado tus emociones desde que empezaste el ejercicio? ¿Ha expresado algo esa persona que te haya procurado cierto consuelo? ¿Ha dicho algo que te haya planteado más preguntas o haya suscitado nuevos sentimientos o pensamientos negativos que quieres asegurarte de poder expresar? No te reprimas. Di lo que te parezca oportuno en respuesta a las palabras de esa persona y añade más preguntas si lo consideras necesario.

Una vez más, cambia de silla y date un momento para ponerte en la piel de esa persona y poder retomar la conversación. Responde como si fueras ella, igual que antes, intentando ser lo más auténtico que puedas y manifestándote desde la honestidad, la transparencia, la justicia y la empatía. Es posible que esa persona también tenga preguntas que hacerte. Permite que formen parte del diálogo si surgen.

Cambia de silla un par de veces más hasta que percibas que has alcanzado un buen punto en el que detenerte. Sabrás que ha llegado el momento si sientes que has agotado todas tus preguntas (al menos por ahora), si has ganado algo de perspectiva sobre las experiencias que compartiste con esa persona, o si sientes un giro en tus emociones desde que empezó el ejercicio (por ejemplo, desde una mayor intensidad a una menor, o desde un lugar con una carga más negativa a otro que te parece más relajado). Recuerda que siempre puedes volver a este ejercicio para retomar el diálogo con esta persona, ampliar la comprensión sobre experiencias pasadas y aprender más sobre ti mismo.

Al hacer este ejercicio, bajar la guardia y colocarte en una posición de vulnerabilidad, lo que conseguiste es, de hecho, estar solo sin que nadie pueda ayudarte. Si eres capaz de abordar una exploración tan profunda de tus pensamientos y sentimientos por tu cuenta, y si vuelves a hacer esta actividad (véanse más adelante otras ideas para el ejercicio de la silla vacía), ganarás paulatinamente la confianza necesaria para hacer otras cosas por tu cuenta con menos inquietud y preocupación por un posible rechazo o abandono.

Ejercicio extra de descubrimiento: nuevas propuestas para la silla vacía

Cuanto más cultives tu diálogo interior, más seguro te sentirás estando a solas, así como con tus pensamientos, sentimientos y relaciones. Cuando hayas adquirido experiencia con el ejercicio de la silla, puedes plantearte estas propuestas para profundizar todavía más:

- Mantén un diálogo con alguien con quien tengas un conflicto e intenta alcanzar un punto intermedio y una comprensión mutua. Emplea esta experiencia para ensayar lo que le dirás en persona cuando hables con ella.
- Habla con una parte de ti mismo que repita ciertos patrones que agravan tu apego ansioso (por ejemplo, esa parte que teme tanto estar sola que te impulsa a participar en actividades que no son de tu agrado).
- Haz el ejercicio con una persona que haya tenido una influencia positiva en tu autoconcepto, quizá alguien que siempre te haya brindado su apoyo y te haya dicho que cree en ti. Pídele consejo sobre cómo abordar una situación difícil en tu vida.
- Entabla conversación con una parte de ti que necesite una charla motivacional antes de atacar un reto difícil. Haz el papel de alguien que te quiere, y escucha lo que tenga a bien decirte y los consejos que pueda darte para que tengas éxito en tu reto.

Sesión diaria de trabajo: pasa tiempo de calidad contigo

Los miedos se hacen fuertes si no los enfrentas, porque las catástrofes que imaginas no tienen límites. Al enfrentarte a tu miedo, aprendes por experiencia que aquello que más temes en realidad no es para tanto. Lo más importante es que entiendes que sobreviviste a una situación temida, lo que te deja con una mayor confianza en tus propias capacidades.

Al pasar tiempo a solas, aprenderás a valorarte a ti mismo tal y como eres y empezarás a sentirte a gusto con tus pensamientos y sentimientos cuando estés sin compañía. A medida que practiques esta capacidad, aprenderás a sentirte más cómodo contigo mismo y te reconciliarás con tus circunstancias y defectos (todos los tenemos). Es como entrenar para aumentar la masa de un músculo con el objetivo de que se fortalezca paso a paso. Aprenderás a valorar el tiempo que pasas a solas y a disfrutarlo, lo que también te ayudará a poner límites más sanos con los demás, sobre todo con aquellas personas a las que tal vez te hayas sentido atado, pese a que pasar tiempo con ellas no te hiciera sentir mejor contigo mismo ni tampoco más conectado. Una de las grandes ventajas de aprender a sentirte a gusto a solas es que, durante esos momentos, tus pensamientos, sensaciones y actos solo estarán influidos por ti, y no por los demás. Podrás hacer lo que se te antoje sin tener en cuenta lo que los otros puedan esperar o desear de ti.

*

Haz una lista en tu diario con todas las cosas que te gusta hacer o apunta algunas aficiones o habilidades nuevas que te hayan interesado pero que has tenido que aplazar porque no disponías del tiempo necesario para aprenderlas. Por lo menos una vez a la semana, comprométete a desafiarte a ti mismo a hacer algo a solas que normalmente harías con otras personas o a explorar una actividad nueva. Empieza con algo pequeño y poco a poco amplíalo a actividades de más envergadura y amplitud. Por ejemplo, empieza pidiendo una taza de café en tu cafetería favorita y siéntate solo en una mesa sin un libro, el celular u otro tipo de distracción. Lo único que debes hacer es quedarte sentado, observar a la gente y disfrutar de tu café en un estado *mindful.* Con el tiempo, puedes plantearte regalarte una cena a solas sin distracciones o acudir a una reunión de tu comunidad o a una fiesta de tu sector empresarial sin acompañante.

Al principio, cuando participes en estas actividades sin distracciones o sin un acompañante, tal vez temas el juicio de los demás. Podrías preguntarte: «¿Qué pensarán de mí al verme cenar solo?». Cuando percibas este tipo de pensamientos, respira profundo unas cuantas veces para serenarte y envíale a tu cerebro el mensaje de que todo va bien y de que no hay razón para dejarse llevar por la respuesta de lucha o huida. Entonces, cuestiona tus propios pensamientos. Recuérdate a ti mismo que, durante el 99% del tiempo, la gente solo piensa en sí misma y en cómo le va la vida. Aunque se fijen por un instante en que estás solo, es muy posible que verte no motive en ellos ninguna opinión particular, y aun en el caso de que sea así, seguramente será tan solo un destello en su mente y al cabo de un segundo ya estarán pensando en otra cosa.

Puedes repetirte mantras para ayudarte a consolidar tu decisión de hacer más cosas a solas. A continuación, encontrarás algunos que pueden serte útiles:

- «Hago todo esto para sentirme más seguro y cómodo conmigo mismo».
- «Estoy aprendiendo a disfrutar de mi tiempo a solas y lo valoro porque me permite conocerme mejor».
- «Todo esto me ayudará a tener relaciones más sanas y a alcanzar otras metas en mi vida».
- «Hoy me siento más a gusto estando a solas que ayer. Y cada día me gusta más la idea de pasar tiempo por mi cuenta».

Si notas algún malestar estando solo, también es útil abrir tu diario y escribir tus pensamientos y sensaciones. Es otra actividad *mindful* que puedes hacer para entender los temores subyacentes que tienes a estar solo, y a medida que vayas comprendiéndote mejor, podrás abordar otras maneras de resolver los miedos que te surgen y enfrentarte a ellos con experimentos conductuales como estos.

Sesión diaria de trabajo extra: autoconsolarse y desestresarse solo

Cuando te aventures más en la experiencia de estar solo, irás ganando confianza en tu capacidad de encarar las cosas por tu cuenta e incluso terminarás disfrutando de esos días de soledad. Pero como todavía estás ensayando y creciendo, habrá momentos en los que experimentes malestar y ansiedad como consecuencia de tus viejos modelos operativos, sobre todo cuando te encuentres en una nueva situación o sometido a mucho estrés. El temor que experimentas hunde sus raíces en la preocupación por no poder satisfacer tus demandas en la misma medida que otras personas. Por eso, las prácticas de autoconsuelo son tan fundamentales. Cuando veas que estas técnicas te funcionan, estarás más convencido de que, en efecto, puedes cuidar bien de ti mismo. A continuación, te propongo algunas de mis favoritas. Haz un hueco en tu agenda para practicar por lo menos una de ellas a diario y luego, si te ves en un aprieto, podrás emplearlas para aplacar tus temores y encontrar la relajación incluso en momentos de alto estrés en los que estés solo.

- **El contacto de autoconsuelo.** El impacto de esta estrategia queda demostrado por la disminución de los índices de cortisol —la hormona del estrés— en quienes la practican.[7] Emplea tu cuerpo para consolarte, calmarte o encontrar alivio a la angustia emocional o el malestar físico. Intenta poner la mano sobre tu corazón o estréchate entre tus propios brazos con suavidad, acariciándote ligeramente el brazo y la mano con las yemas de los dedos, pasando suavemente los dedos por tu cabello o por tu cuero cabelludo, masajeándote con dulzura las sienes, el perfil de la mandíbula o la frente, o presionando suavemente los puntos de presión, como el hueco entre tu pulgar y tu índice y el centro de la palma de la mano.
- **Técnicas de liberación emocional.** Esta técnica cuenta con el aval de la ciencia y combina elementos de la acupresión, la psicología y la terapia de exposición para aliviar el estrés emocional y reducir las emociones negativas.[8] Puedes encontrar una guía detallada sobre estas técnicas en la página web de EFT International (<https://eftinternational.org/wp-content/uploads/2023/11/EFT-International-Free-Tapping-Manual.pdf>).

- **El método Voo.** Esta técnica la emplean los terapeutas experienciales para ayudar a regular las respuestas orgánicas y las reacciones emotivas. Por la proximidad de las cuerdas vocales con el nervio vago, hacer sonidos y vibraciones —como la que da nombre a esta técnica en inglés— puede ayudarte a relajarte durante un episodio de angustia o después del mismo.[9]
- **Distracción sensorial.** Activa tus sentidos concentrándote en algo placentero. Disfruta de una reconfortante taza de té, huele un relajante aceite esencial o acaricia un objeto suave.
- **Visualización rápida.** Cierra los ojos y visualiza una escena o situación relajante, como una playa tranquila o un bosque en paz. Imagínate allí, completamente sumido en ese entorno reconfortante.
- **Un cambio de aires.** Pasa unas horas en la naturaleza o sencillamente sal de casa a respirar aire fresco. Conectarte con el entorno natural, aunque solo sea un momento, puede tener un efecto relajante y rejuvenecedor.

«Tengo que analizarlo todo»

Analizamos constantemente la información que recibimos, lo que nos ayuda a tomar decisiones, hacer planes y transitar por el mundo para garantizarnos la supervivencia. Sin embargo, el apego ansioso puede llevarnos a darles demasiadas vueltas a las cosas y analizarlas hasta extremos poco sanos, convirtiendo lo que es un rasgo adaptativo humano en un hábito que puede sabotearte y arrebatarte la motivación y el impulso.

Los guerreros preocupados a menudo se obsesionan con sus relaciones y, en especial, con las íntimas. Se abruman analizando las situaciones hasta llegar al agotamiento. A menudo no están seguros de que sus necesidades vayan a ser satisfechas o de si sus sentimientos y acciones serán correspondidos, de ahí que intenten predecir las reacciones que suscitarán en los demás y cómo podrían reaccionar ellos frente a los demás para obtener lo que quieren de esa persona o con ella.

Ese excesivo y perpetuo darles vueltas a las cosas los lleva al agotamiento y, muchas veces, cuando se proponen «leer la mente» de alguien, no son efectivos. No es raro que sus interpretaciones de lo que ocurre en una relación o una situación dada puedan ser completamente erróneas, y que sus acciones subsiguientes, basadas en esa mala interpretación de las circunstancias, puedan provocar el resultado que habían temido desde el principio: rechazo por parte de la pareja, pérdida del contacto con un familiar, o desilusión y falta de éxito en el trabajo.

Carmen, una de mis pacientes, a menudo me refiere que trata constantemente de «leerle la mente» a su jefa para averiguar qué quiere. Acababa de empezar a trabajar en una empresa y su jefa era alguien a quien admiraba de verdad. Carmen interpretó que su jefa era una persona que no se andaba por las ramas, de modo que procuraba no hacerle demasiadas preguntas. Su jefa le expresaba qué esperaba de ella, pero hablaba muy deprisa, y como Carmen no quería dar la impresión de que no la había escuchado con la debida atención o de que necesitaba que se lo dijeran todo dos veces para quedarse tranquila, no le pedía que le aclarara lo que quería de ella. Después de cada reunión con su jefa, Carmen se pasaba un buen rato obsesionada con lo que pensaba que su jefa esperaba, y armaba proyectos casi a ciegas, esperando causarle una buena impresión. Por desgracia, como intentaba predecir qué era lo que su jefa quería en lugar de dar un paso al frente y preguntarle qué esperaba de ella, sus trabajos no terminaban de alcanzar el nivel esperado. Finalmente, recibió una evaluación de desempeño mediocre en la que su jefa comentaba que a Carmen le costaba aparentemente seguir sus instrucciones.

Los guerreros preocupados se preocupan profundamente por la aceptación de los demás y sienten un deseo abrumador de proximidad interpersonal. Por ello, invierten más esfuerzos de los debidos en las relaciones sociales y, como forma de autoevaluación, se obsesionan con detalles menores de las interacciones que mantienen con otras personas. A menudo tratan de averiguar si, con su comportamiento, han logrado agradar a los demás, y son muy susceptibles a cualquier indicio de que hayan podido molestar a alguien. Este examen sin tregua del propio comportamiento les dificulta tener una actitud espontánea y relajada en situaciones sociales, sobre todo en aquellas en las que la persona con un apego ansioso todavía no ha descubierto la mejor manera de encajar, o en situaciones en las que le resulta difícil leer o predecir lo que los demás quieren o esperan de ella.

Cuando tienes un apego ansioso, el temor a quedar en ridículo o ser rechazado es un lastre. Por ello, no paras de estudiar tu entorno en busca de pistas que puedan anunciar que tus peores temores pueden hacerse realidad.[10] Ello te lleva a pensar obsesivamente en la última conversación que tuviste con tu jefe, en lo que pudo querer decir la expresión facial que puso tu pareja sentimental justo antes de salir de casa una mañana, o en qué quiso decir realmente tu amigo cuando soltó un comentario relajado sobre la carrera profesional que habías elegido. Es muy posible que interpretes en el peor sentido posible lo que te haya ocurrido y te quedes con esa idea, basando todas tus acciones posteriores en esa valoración incorrecta. Eso puede desencadenar un alud de acontecimientos que desemboquen en una profecía que se autocumple y en la materialización de tus peores temores.

El impulsor subyacente de esta exagerada preocupación por la gente, los detalles y las situaciones es la ansiedad de base que padecen muchos guerreros preocupados. Para intentar aplacar las dudas o temores, se entregan a un análisis excesivo y a una preocupación incesante, y todo ello reduce la efectividad de su resolución de problemas. Al dirigir mal sus esfuerzos, la persona con un apego ansioso encuentra más dificultades cuando trata de resolver de manera efectiva los problemas, lo que la aleja aún más de sentirse en igualdad de condiciones con la persona con la que mantiene una relación de pareja. A veces se queda con la sensación de que invierte mucho más esfuerzo en la relación que su pareja, lo que hunde aún más su autoconcepto y la hace sentirse insegura. Todo ello se traduce en que a estas personas les resulte más difícil entablar relaciones genuinas con los demás y en ocasiones pueden llegar a expulsar a sus seres queridos cuando sus preocupaciones y pensamientos obsesivos se manifiestan de manera poco saludable, como en las conductas rencorosas, celosas o posesivas.

Los guerreros preocupados pueden obsesionarse con los detalles en la persecución de sus objetivos, con la consiguiente pérdida de perspectiva. Pueden dedicar mucho tiempo a planear con toda precisión los pasos que van a dar para llegar a su objetivo, pero luego quedarse sin energía para dar esos pasos. O pueden pasar mucho tiempo pensando planes b que están anclados en su pensamiento catastrofista, con la consecuencia de que el temor que sienten les impida dar algún paso adelante. Todo ello se deriva de un temor a no poseer las capacidades, la motivación o la fuerza de voluntad para lograr aquello a lo que han aplicado sus energías mentales.

Cuando sufren un revés o encuentran un obstáculo, pueden tirar la toalla, lo que reforzará la autocreencia negativa de que no son capaces o dignos de experimentar buenos resultados o éxitos en sus vidas.

Antídoto a «Tengo que analizarlo todo»

Los ejercicios de las páginas siguientes te ayudarán a aceptar esa parte de ti que piensa y analiza en exceso las cosas. En el fondo no se trata de un defecto. Lo que ocurre es que posiblemente es un rasgo de carácter que se ha vuelto excesivo, todo en aras de intentar protegerte. Aprenderás a dejar de buscar mensajes ocultos y cambiarás tu forma de pensar de manera que se alinee con lo que ocurre, para que tus decisiones posteriores estén mejor fundamentadas y sean más adecuadas a las situaciones en las que te encuentres.

Ejercicio de descubrimiento: ¿cuál es la realidad? Vamos a reescribir tu guion

Ben vino a verme a mi consultorio porque le costaba prosperar en su carrera profesional. Acababa de incorporarse a una empresa —en un puesto que lo ilusionaba mucho— y desde el primer minuto intentó dar lo mejor de sí para agradar a todo el mundo. Para congraciarse con sus nuevos compañeros de trabajo, organizó comidas de equipo y se presentó voluntario para participar en comisiones, aunque no tuviera tiempo, porque quería que lo vieran como un buen elemento y que no lo dejaran al margen de nada.

Aunque su primer informe de desempeño fue muy bueno, Ben, para asegurarse de que su jefa no lo mirara con malos ojos, se obsesionaba con los detalles de su trabajo hasta el punto de confundir los árboles con el bosque. Esa atención extrema a los detalles, muchos de los cuales carecen de importancia si se miran las cosas con otra perspectiva, lo llevó a entregar varios proyectos casi fuera del plazo que le habían concedido. «No era procrastinación —me dijo—. Lo que me ocurre es que paso demasiado tiempo obsesionado con todo, porque quiero asegurarme de que mi jefa esté contenta conmigo. Hay mucha gente que quiere quitarme la silla y no quiero que ella se arrepienta de su decisión».

La mente de Ben estaba siempre llena de preocupaciones a propósito de cómo lo veía la gente y de si su desempeño superaba lo exigido. Cuando vino a verme, Ben comentó que estaba a punto de dejar el trabajo porque no podía soportar la presión. Era un cambio radical de actitud si se comparaba con cómo había recibido la noticia de que lo habían contratado: se había puesto eufórico al saber que había conseguido entrar en una gran empresa desempeñando un trabajo que le apasionaba y que creía que se le daba bien.

El mayor temor de Ben era que la gente descubriera que no merecía el puesto de trabajo y que lo sustituyeran por otro. Pese a ello, reconocía que las reacciones iniciales de sus compañeros y su jefa fueron elogiosas, pero le preocupaba que fueran tan solo una muestra de cortesía y que en realidad no valoraran sus capacidades.

Conversé con Ben sobre su apego ansioso durante varias sesiones. Había logrado superar algunos problemas con esa forma de apego en su relación amorosa, pero ahora volvía a asomar la cabeza en el trabajo, algo que en mi opinión tenía todo el sentido del mundo: a fin de cuentas, Ben se hallaba en un entorno completamente nuevo, con unas personas desconocidas que tal vez tuvieran opiniones y expectativas distintas sobre él con las que no estaba familiarizado. Es posible que en tu caso también veas que el apego ansioso se activa de pronto en circunstancias que no dominas o cuando te ves enfrentado a algún reto.

En las situaciones nuevas, los guerreros preocupados se vuelven más inseguros de lo habitual. Sus respuestas de lucha o huida se activan porque desconocen la fórmula para obtener la aprobación que necesitan, con lo que a veces se desviven por conseguir lo que desean para sentirse mejor. Cualquier información recabada que sea un poco ambigua y difícil de descifrar les causa una gran ansiedad, y como estos guerreros ven el mundo a través de un tamiz negativo y a veces se quedan selectivamente con los datos pesimistas y descartan o restan peso a los aspectos positivos de la situación, son proclives a ver malas intenciones en las más inofensivas relaciones sociales. Recordarás que eso es precisamente lo que le ocurría a mi amiga Agnes, cuando pensaba que no tener noticias de su nuevo novio, Max, significaba que él había perdido el interés por la relación. Tomaba la circunstancia de un mensaje no respondido y la tergiversaba hasta convertirla en la confirmación de que la habían abandonado y de que nunca sería capaz de encontrar y conservar a un hombre.

En cuanto perciben una información que pueda resultar amenazante, los guerreros preocupados empiezan a emplear estrategias adaptativas deformadas para obtener el efecto tranquilizador necesario con el que serenar su sistema nervioso. Se parten la espalda por complacer a los demás, se entregan en exceso, y les cuesta decir no incluso cuando saben que deberían dar un paso atrás. Dedican un tiempo excesivo a intentar asegurarse de no hacer nada que pueda suscitar una respuesta negativa. Esta actitud puede ser muy distractora y restarles la capacidad de concentración y la motivación necesarias para tener éxito. Es difícil ser productivo cuando tus emociones se convierten en un torbellino desbocado a la mínima provocación, sobre todo si tenemos en cuenta que muchas de esas provocaciones en realidad no tienen ninguna importancia.

La técnica que te propongo consiste en reescribir tu guion. Funciona bien porque reúne los beneficios de recrear un supuesto difícil mediante el juego de roles antes de que se produzca en realidad con los beneficios demostrados de la visualización y las imágenes mentales,[11] todo ello para darle a tu mente la oportunidad de ensayar de antemano una habilidad e imaginarte logrando el resultado deseado.

Reescribir tu guion permite a tu mente consciente asimilar un resultado distinto del que tus expectativas pesimistas preexistentes te dicen que va a producirse. Con el tiempo, reescribir tu guion empezará a erosionar tus creencias negativas, abriendo el espacio necesario para que las sustituyan unas creencias nuevas y más equilibradas.

La investigación demuestra que, si has ensayado una situación, es mucho más probable que seas capaz de actuar como lo has imaginado cuando te veas en un supuesto parecido. Es como practicar tus golpes antes de un partido de tenis, para luego tener un golpe más seguro y preciso. Es probable que tengas más confianza en tus acciones y creas que estas conducirán a un resultado mejor. Así, la próxima vez que te veas en un momento de ambigüedad y percibas que estás empezando a analizar las cosas más de lo debido, date un momento de pausa y ensaya este ejercicio de reescritura.

*

Para empezar, abre tu diario y recuerda una situación reciente que hayas dedicado mucho tiempo a analizar. Quizá no quedaste satisfecho con lo que le dijiste a un amigo mientras comían o no te gustó el resultado de una interacción con un pariente, lo cual te llevó a cuestionarte las decisiones que habías tomado y a preguntarte si habrías tenido que hacer las cosas de otro modo. Apunta algunos de los detalles de lo ocurrido. Luego, escribe una versión diferente, en la que sales sintiéndote satisfecho contigo mismo y con cómo te comunicaste y comportaste. Imagina en detalle lo que podrías pensar y sentir durante esta versión de lo ocurrido, y escríbelo también.

En una escala del 1 al 10, siendo 10 el más alto grado de confianza en que podrías materializar esa hipótesis, puntúa la versión que imaginaste. En general, si puedes escribir una versión de lo ocurrido a la que otorgues una puntuación igual o superior a 6, es muy probable que seas capaz de materializarla con un poco de trabajo preparatorio y algo de ánimo.

*

Veamos cómo le funcionó este ejercicio a mi paciente Ben. En una de nuestras sesiones, Ben me contó que, después de una conversación reciente con su jefa, empezó a tener un ataque de pánico. Ella había aparecido junto a su mesa sin previo aviso y le preguntó cuándo tendría listo un proyecto para que ella pudiera revisarlo. Aunque no parecía molesta, a Ben empezó a preocuparle que su jefa se impacientara. Analizó aquel encuentro mentalmente una y otra vez y se preguntó por qué había hecho su jefa una parada especial en su mesa para preguntarle, como quien no quiere la cosa, por el estado de su proyecto. Al final, Ben fue derecho al despacho de su jefa, prometió más de lo que debía y podía, y le dijo que lo tendría terminado enseguida. Al volver a su mesa, estaba muy angustiado y estresado porque no creía tener el tiempo suficiente para entregar un trabajo que estuviera a la altura de lo que él podía hacer. Se pasó buena parte de la tarde suponiendo qué pensaría ella acerca de su mediocre desempeño y cómo podría explicarle los motivos sin causarle una mala impresión. ¡No quería que lo viera mortificándose por una fecha de entrega que él mismo se había impuesto!

Conversé con Ben sobre este patrón: analizaba excesivamente las situaciones, se autosaboteaba al actuar impulsivamente según lo que creía que estaba ocurriendo, y lo hacía todo sin ningún tipo de aportación o comentario por parte de la otra persona. Le pedí que escribiera una versión distinta de lo ocurrido en la que hubiera terminado sintiéndose bien consigo mismo, con cómo se había comunicado con su jefa, y con la fecha de entrega acordada. Asimismo, le pedí que imaginara en detalle lo que pensaría y sentiría durante esta versión del suceso y que también lo escribiera. Esto es lo que Ben escribió:

> Mi jefa llega a mi despacho y me pregunta cuándo le entregaré el borrador del proyecto. Aunque me puse muy nervioso porque no sabía si ella ya estaba molesta conmigo por no haberlo hecho todavía, le pregunté cuándo querría recibir el borrador. Ella me dijo: «¿Qué tal el lunes que viene? ¿Tendrás tiempo suficiente para tenerlo listo?». Aunque parecía un plazo razonable, sabía que tenía que acabar otra entrega ese fin de semana y quería poder concentrarme del todo en el proyecto que me reclamaba mi jefa. Pese a que me hacía sentir algo incómodo pedirle un poco más de tiempo, sabía que sería para bien. Así que le dije: «Este fin de semana debo trabajar en el informe del equipo. Si me das hasta el martes, creo que podré tener un borrador mucho mejor del que ambos estemos muy satisfechos». Mi jefa estuvo de acuerdo en que el martes lo entregara. Solté un suspiro de alivio al ver que ella parecía conforme con mi propuesta. También supe que ahora que disponía de más tiempo podría hacerlo mucho mejor.

Le pregunté a Ben cómo se sentía al leer esta versión imaginada de lo ocurrido, y él me dijo que no solo se sentía mejor, sino que, además, deseaba que esa versión hubiera sido la ocurrida en realidad. Luego, le pedí que puntuara esta escena imaginada en una escala del 1 al 10, siendo 10 el máximo nivel de confianza en que fuera capaz de mantener una conversación en la vida real en los términos en los que la había descrito. Ben me respondió que creía que su nivel de confianza se situaba en un 7.

Al escribir esta hipótesis, Ben pudo imaginar cómo reaccionar de manera más productiva a una situación, en lugar de caer por defecto en su viejo hábito de apego de analizar las cosas más de la cuenta, comprometerse por encima de sus posibilidades y ponerse en una situación difícil. Al redactar una reacción mejor, estaba reeducándose para lidiar mejor con los retos del trabajo desde una perspectiva más atinada: sin hacer suposiciones sobre lo que deseaba su jefa y logrando que ella se manifestara con claridad sobre las expectativas que tenía depositadas en él.

Sesión diaria de trabajo: experimentos conductuales para curar el apego ansioso

Los guerreros preocupados analizan las cosas más de la cuenta porque tienen un temor exacerbado al abandono o al rechazo. Este seguimiento constante de las relaciones y las situaciones hipotéticas es un mecanismo adaptativo que los ayuda a combatir sus miedos mediante una falsa sensación de control. Por lo general son altamente susceptibles a cualquier indicio o señal sutil en las relaciones, y sacan conclusiones injustificadas de lo que ocurre a su alrededor, aunque no exista ninguna prueba concreta que avale un rechazo o ridículo inminente. A menudo, este análisis exacerbado se traduce en normas de conducta, y los guerreros preocupados concluyen que existen maneras de hacer las cosas para evitar un posible abandono o un juicio severo.

Por ejemplo, Jacob, uno de mis pacientes, tenía como norma no pedir nunca favores, porque pensaba que los demás lo verían como una carga. Para evitar una posible negativa a sus peticiones, prefería no pedir nada. La solución no era muy práctica, porque trabajaba en una agencia publicitaria en la que los proyectos de grupo eran la norma. Las pocas ocasiones en las que sí se atrevía a pedir un favor, siempre se veía analizando de arriba a abajo cómo hacerlo exactamente y lo que ocurriría cuando lo hiciera. ¿Su interlocutor se molestaría con él, lo respetaría menos, pondría una excusa para no hacerlo? Esas preocupaciones llenaban sus pensamientos y era difícil poner freno a toda esa charla mental.

Le pedí a Jacob que ideara una situación hipotética en la que pudiera cuestionar directamente su creencia de que los demás no le harían un favor sin que ello entrañara ninguna repercusión negativa para él. Hacerlo exigiría que le pidiera a alguien un favor, ver cómo esa persona respondería y tomarse su respuesta al pie de la letra, sin analizar en exceso su posible significado.

Le propuse a Jacob que redactara para empezar su norma sobre los favores. Él escribió:

No debo pedir favores a la gente porque tal vez se lo tomen como una molestia y se distancien de mí o pongan una excusa para no hacerme el favor.

Luego le pedí que pensara un favor que pudiera pedirle a un compañero de trabajo: algo que no fuera tan pequeño como para no requerir demasiado esfuerzo a la persona a quien se lo pidiera, pero también algo que no fuera tan significativo como para que a esa persona le costara decir sí, aunque de verdad quisiera ayudarlo. Después de pensarlo, Jacob escribió lo siguiente:

Voy a pedirle a Jenna, una compañera de trabajo, si puede sacar fotocopias de la presentación que debo hacer mañana y repartirlas de mi parte porque estaré ocupado con otra entrega.

Luego le propuse que redactara lo que creía que podía ocurrir, como un vaticinio. Podemos ver el análisis excesivo en su patrón de pensamiento. Jacob escribió:

Creo que Jenna seguramente accederá a lo que le pido, pero solo porque cree que es lo que debe hacer. En el fondo, se sentirá molesta conmigo, y seguramente empezará a evitarme en el trabajo. O Jenna tal vez invente una excusa para decirme que no puede hacerlo, porque no le apetece tomarse esa molestia y, además, no me aprecia lo suficiente para ayudarme.

El siguiente paso consistía en que Jacob le pidiera ayuda a Jenna y observara sus reacciones. Así pues, Jacob le pidió antes del final de la jornada si podía sacar las fotocopias y repartirlas para la reunión. Jenna accedió y las sacó. Le pedí a Jacob que se esforzara en no intentar imaginar cómo podía responder Jenna, o en lo que ella podía pensar, y que se centrara en cambio en sus comportamientos reales, y que luego los describiera en su diario por si necesitaba ayuda para recordarlos fielmente. Le propuse también que observara sus interacciones con Jenna en los días posteriores. ¿Había algún cambio en cómo reaccionaba ella a su presencia? ¿Lo saludaba menos en el pasillo o había dejado de proponerle comer juntos?

La siguiente vez que me vi con Jacob, revisamos juntos los resultados de su experimento. Jacob me explicó que, si bien se había sentido un poco incómodo pidiéndole ayuda, estaba contento de haberlo hecho. También señaló que no había apreciado ningún cambio en la conducta de Jenna hacia él con posterioridad a la petición del favor. Jenna hablaba con él tan a menudo como antes, y también comieron juntos varias veces.

Entonces le dije a Jacob que era muy importante que apuntara en su cuaderno qué había ocurrido y lo comparara con su predicción. En cuanto comparó sus apuntes, le pregunté qué pensaba sobre las diferencias. Jacob advirtió que, al escribir su predicción, estaba convencido de que los acontecimientos iban a desarrollarse de esa forma, pero ahora veía que sus temores no se habían hecho realidad. Luego, le pedí que reescribiera su norma de modo que incorporara esa observación nueva. Su norma anterior consistía en no pedir ningún favor porque la gente lo vería como alguien molesto. Después del experimento, la reescribió en estos términos: «Puedo pedir favores razonables y a la gente normalmente le parecerá bien».

Estos experimentos conductuales son muy potentes porque te permiten comprobar en la vida real de qué forma se desarrollan las cosas cuando pones en tela de juicio tus normas de una en una. Puedes comprobar que esas normas en realidad podrían estar alimentadas por tu análisis excesivo. Luego, puedes volver a tus normas y modificarlas según lo que ocurrió en la práctica, y no sentirte atrapado en tu mente, sobreanalizando los supuestos hipotéticos que se basan en tu temor a lo que podría ocurrir o no.

La experiencia te enseña que analizar en exceso las cosas no es una técnica para la resolución de problemas. En cambio, la observación y prestar atención a la información objetiva sí lo son.

Con el tiempo, este ejercicio te ayudará a liberarte de esas reglas irracionales basadas en el miedo y a volverte más flexible en tus creencias fundamentales, para no quedarte aferrado a unas ideas globalmente negativas que no tienen correlato en tus interacciones cotidianas.

Puedes diseñar tu propio experimento conductual siguiendo estos pasos:

- Redacta una norma que hayas adoptado para lidiar con el miedo al rechazo, la incertidumbre o el juicio negativo de los demás.
- Redacta una situación hipotética en la que puedas retarte a quebrantar esta norma que diseñaste, y escribe una predicción sobre lo que crees que podría ocurrir.
- Por último, enfréntate al reto y lleva tu atención del análisis interno a los aspectos observables de lo ocurrido. Redacta lo que ocurrió realmente y señala si lo ocurrido coincide con tu predicción inicial.

Continúa imaginando otras formas de cuestionar tus reglas mediante la creación de otros experimentos conductuales. Plantéate someterte a desafíos progresivos, de manera que cada reto sea un poco más difícil (con lo que tendrán también un impacto mayor en la transformación de tus creencias fundamentales negativas).

Fotografía del autoconcepto

¿Recuerdas la fotografía del autoconcepto que hiciste en el capítulo 2? Era tu punto de referencia antes de abordar estos ejercicios. Ahora que terminaste estas actividades, me gustaría que hicieras otra fotografía de tu autoconcepto y señalaras las diferencias. Lee las afirmaciones siguientes y elige la opción que te describa mejor.

1 = no verdadero, 2 = a veces o en parte verdadero, 3 = en gran parte o totalmente verdadero.

- «Si tuviera la oportunidad, no cambiaría muchas cosas de mí».
- «Tengo confianza en mi capacidad de tomar buenas decisiones».
- «No me preocupo demasiado por lo que piensen los demás de mí».
- «Me gusto incluso cuando tengo conflictos con otras personas».
- «Me valoro positivamente incluso cuando cometo errores».
- «Creo que mi esfuerzo contribuye a mi éxito».
- «Controlo mis reacciones en situaciones difíciles».
- «Me gusto».
- «Puedo empezar y terminar proyectos sin contar con la ayuda o la aprobación de otras personas».
- «Tengo una idea clara de quién soy».
- «Tengo rasgos positivos y admirables».
- «Puedo superar los retos si me esfuerzo».

¿Mejoró tu puntuación después de los ejercicios? No está de más hacer este chequeo cada dos o tres semanas para ver cómo mejora tu autoconcepto a medida que vas progresando en tu autoconocimiento gracias a los ejercicios de este capítulo, así como con cualquier otro capítulo que creas que pueda aplicarse a ti (por ejemplo, si crees que predomina en ti el apego ansioso, pero también tienes un estilo de apego secundario).

El camino por delante

¡Enhorabuena por haber terminado los ejercicios de este capítulo! Has aprendido a trabajar en los distintos aspectos de tu estilo de apego ansioso a través de estas estrategias adaptativas y de descubrimiento. Las heridas de tu apego tienen una larga historia, así que tendrás que ser constante en tus ejercicios y en el trabajo consciente para curarlas. Estos ejercicios te liberarán poco a poco de tu afán por complacer a los demás y te permitirán ganar confianza en tu toma de decisiones. Aprenderás paulatinamente a abrazar y honrar tus propias necesidades y a no perderte intentando salvar a los demás. La esperanza es que en estos momentos estés aprendiendo ya que tienes un valor intrínseco. Por medio de estos ejercicios, llegarás a amar el tiempo que pases a solas, con la confianza de que te vales solo y de que no necesitas a nadie más para validar tu mérito. La labor que ya hiciste debería ayudarte a atravesar y superar la parálisis por análisis que estás experimentando y a lidiar con las situaciones de estrés que te abrumen con mayor dominio.

Al proseguir en este viaje, aprenderás a equilibrar tus intensas necesidades de intimidad y conexión con la experiencia de ser autosuficiente. Asimismo, aprenderás a autoconsolarte cuando no puedas disponer inmediatamente del cuidado de tus seres queridos. Con más tiempo y una atención concentrada, encontrarás la manera de alcanzar un autoconcepto resiliente que no dependa en exceso de lo que piensen los demás o de lo que te ocurra en un determinado día.

Comprueba tu autoconcepto con frecuencia para evaluar dónde has llegado en tu progreso en un determinado momento, sobre todo cuando estés pasando por una etapa difícil en un aspecto importante de tu vida. Repite los ejercicios que te funcionen mejor e incorpóralos a tus rutinas semanales. En cuanto tu autoconcepto haya alcanzado una valoración cercana o superior a los veinticuatro puntos, será un buen momento para echar mano de los consejos recogidos en la conclusión del libro, «Tu yo resiliente». Si quieres probar otras técnicas para reforzar tu autoconcepto, consulta el apéndice C, en la página 341.

También te será útil leer los capítulos de los otros estilos de apego para ver cómo te relacionas con ellos. Esos capítulos te ayudarán a mejorar tus relaciones y la calidad de tus vínculos con personas cuyo estilo difiere del tuyo.

Asimismo, consulta el apéndice A en la página 327, donde encontrarás ejercicios que te ayudarán a identificar los detonantes de las conductas propias de un apego inseguro y a saber qué debes hacer en esos instantes para abordar la situación de manera más efectiva.

EL ESTILO DE APEGO DESORGANIZADO

CAPÍTULO 9

El apego desorganizado: el especialista de la vigilancia

De todos los estilos de apego, el desorganizado es quizá el que da pie a más malinterpretaciones. Para empezar, la gente suele suponer que no es más que una mezcla entre los estilos ansioso y evitativo de apego, cuando, en realidad, es un estilo arraigado en unas heridas que le son propias, en gran medida como consecuencia de traumas y de desatención. Por su naturaleza compleja y contradictoria, suele pensarse que las personas con este estilo de apego son impredecibles y dramáticas, y se considera habitualmente que no es posible su curación. Estas ideas y estereotipos inexactos pueden ser estigmatizadores y hacer que a las personas que se identifican con este estilo de apego les cueste creer que pueden incorporar cambios positivos. Aunque es cierto que el apego desorganizado puede ser difícil de superar, puedes lograrlo sin lugar a duda. He presenciado multitud de historias de éxito en mi consultorio y en los de mis colegas.

La triste realidad es que la mayoría de la gente que desarrolla un apego desorganizado lo hace porque tuvo una infancia difícil o incluso traumática. Cuando los niños crecen en una familia en la que la impredecibilidad, la desatención y el trauma son la norma, empiezan a temer los entornos en los que se encuentran. Es una reacción normal, e incluso adaptativa, pero ese temor conduce a que todas las cosas y personas que te rodean te inspiren desconfianza y la necesidad de vigilarlas. Te conviertes, en resumidas cuentas, en un especialista de la vigilancia.

Mi paciente Todd, por ejemplo, identifica amenazas por todas partes. Aunque algunas personas puedan moverse por el mundo siguiendo una pauta de «confía, pero verifica», su lema era «desconfía, desconfía y nunca confíes de verdad». En el trabajo, si alguien lo felicita por un proyecto o por sus aportaciones a una reunión, no puede aceptar el cumplido sin preguntarse no solo si es sincero, sino si existe además algún motivo oculto. Se pregunta si lo halagan para sacar algo de él o endilgarle alguna obligación. Si alguien tiene un detalle con él, enseguida empieza a especular sobre lo que querrá recibir a cambio: nunca se trata de lo que han hecho por él, sino de lo que al final le costará. En lugar de disfrutar de ese gesto amable, casi siempre actúa como si le hubieran entregado algo que algún día lo perjudicará.

No importa de quién proceda el gesto de gentileza —una persona que le gusta, sus mejores amigos—, porque el miedo que siente lo lleva a rechazar a la gente sin distinción, criticando el regalo o el gesto, con lo que al final todo el mundo lo toma por un desagradecido o un desconfiado. A veces, ante un cumplido o un gesto amable, Todd se queda paralizado y no muestra prácticamente ninguna reacción, si es que llega a reaccionar de algún modo. Ahora está trabajando muy duro para resolver estos problemas de confianza y se enfrenta con éxito a las cosas que le ocurren en el trabajo. Está abordando las distintas facetas de su vida de una en una.

Los especialistas de la vigilancia pueden implicarse en toda una gama de conductas de autosabotaje, con lo que van encadenando trabajos y relaciones. Pueden decir que les da igual si tienen que cambiar de trabajo. Al final, todos los trabajos son más o menos iguales. Sin unos objetivos a largo plazo y con la tendencia a crear el caos, a menudo se ven sumidos en la inquietud e incluso en la falta de objetivos vitales, privados de un sentido fuerte de sus metas y con una falta de claridad sobre quiénes son y a qué aspiran. En esencia, su autoconcepto, o sentido de la identidad, parece ausente o puede cambiar rápidamente según las circunstancias. Pueden adoptar distintos personajes temporales dependiendo de con quién se encuentren. También pueden oscilar entre metas y aspiraciones distintas, sin ser capaces de comprometerse a largo plazo con un solo objetivo. Su falta de claridad en el autoconcepto también puede vincularse a un sentimiento de vaciedad que es doloroso y difícil de describir a personas que nunca se han sentido de esa forma.

Buscar más apoyos

Aunque cualquiera de los estilos de apego puede beneficiarse de las perspectivas nuevas que puede aportar trabajar con un profesional, recomiendo especialmente a las personas que quieren curarse de un apego desorganizado que busquen más apoyo. Como muchas de estas personas han experimentado traumas en mayor o menor grado, su sistema nervioso carga con un lastre más pesado, y puede resultar más complicado hacer progresos constantes sin restricciones. Si crees que es tu caso, no desesperes: podrás superar estas heridas de apego con un poco más de ayuda. Un terapeuta experto que se haya especializado en el apego podrá ayudarte a trabajar los pensamientos, sentimientos, comunicaciones, conductas e intercambios personales que has reprimido o amplificado como consecuencia de tus experiencias tempranas con tus cuidadores. Desarrollar un apego seguro con el terapeuta puede constituir en sí mismo una pauta de conexión sanadora para muchas personas.

Si la información en este capítulo te resulta en algún caso abrumadora o te confunde, te recomiendo que hagas este ejercicio con un profesional de la salud mental que pueda ayudarte a descubrir más cosas sobre ti mismo y brindarte un apoyo más intensivo a medida que vayas avanzando hacia la curación.

Si el dinero es un obstáculo para acceder a un tratamiento profesional, te recomiendo encarecidamente que te informes sobre centros comunitarios de bajo costo y con tarifas variables en función de tus recursos. Muchos médicos aplican honorarios variables en sus consultorios. También puedes trabajar con universidades de tu zona que tengan una cartera de estudiantes que hagan prácticas de terapia (todos ellos reciben la supervisión de psicoterapeutas titulados).

Orígenes del apego desorganizado

Como todos los estilos de apego, el desorganizado se desarrolla en la primera infancia en respuesta a experiencias que se tienen en los primeros años de vida. Por desgracia, en el caso del apego desorganizado, esas experiencias fueron estresantes o traumáticas de forma persistente.

Los cuidadores del niño tal vez lo dejaron desatendido o lo ignoraron en gran medida. También pudieron no protegerlo de unas circunstancias que lo llevaron a temer por su integridad física o psicológica. Es probable que los cuidadores no le proporcionaran unas estrategias adaptativas útiles o efectivas para lidiar con el estrés y no le dieran el ejemplo de unas estrategias adaptativas efectivas cuando pasaban por malos momentos.

En días de necesidad, el niño tal vez quedó expuesto a una respuesta negativa de sus padres. Por ejemplo, su llanto siendo bebé quizá fue ignorado o motivó ira, gritos o exasperación. En algunos casos, el trauma se lo infligieron sus propios cuidadores, ya fuera en forma de maltrato físico, emocional o sexual, o mediante una desatención extrema.

A veces, la desatención o maltrato que experimentó el niño es consecuencia de las dificultades del cuidador para enfrentarse a problemas propios como los conflictos matrimoniales, el alcoholismo, la drogadicción o enfermedades orgánicas o psicológicas sin tratar. Los padres tal vez lo hicieron tan bien como pudieron dadas sus circunstancias, pero aun así fueron los responsables de las experiencias traumáticas vividas por el niño.

Algunos padres tal vez sufrieron traumas en su infancia o tuvieron varias experiencias adversas en la infancia (EAI)[1] que quedaron sin resolver o sin tratar. En sus investigaciones, la doctora Mary Main y su marido, el doctor Erik Hesse,[2] descubrieron que el trauma y el duelo no resueltos en la vida de uno de los progenitores eran el mejor predictor de un apego desorganizado con el hijo. Las experiencias de maltrato, desatención o traumas no resueltos en las primeras etapas de la vida del progenitor pueden tener consecuencias duraderas y hacer de él o de ella una persona proclive a dejarse arrastrar por las emociones en momentos de estrés con su hijo. En esencia, ese trauma no resueltos menoscaba la capacidad del progenitor de advertir las necesidades de su hijo y responder a ellas de una forma sensata y sensible.[3]

Esta suele ser la dinámica a la que nos referimos cuando hablamos de cómo se perpetúa el trauma intergeneracional: el apego desorganizado puede transmitirse de generación en generación, porque los padres que sufren por traumas no resueltos y no son capaces de regular sus emociones pueden tener dificultades a la hora de tolerar la amplitud de emociones que puede sentir su hijo. Su propia incapacidad para encontrarle el sentido a lo que les ocurrió durante su infancia influye en cómo ejercen su función de padre o madre, y es posible que adopten conductas confusas e incoherentes con su hijo.

Por ejemplo, pueden reaccionar a sus hijos con miedo u otras emociones primarias (como ira, tristeza y asco) que surgen en momentos de estrés. En esas ocasiones, el progenitor puede enfurecerse o participar de una conducta destructiva sin ser plenamente consciente de cómo se comporta. Puede reprender al niño y volcar su ira injustificadamente en él, con frases como «ojalá no hubieras nacido» o «si bebo es por tu culpa». Después de un estallido así, el padre o la madre puede mostrarse arrepentido en exceso, alimentando una relación de dependencia emocional extrema con el niño y suplicándole que lo perdone, o, por el contrario, dejarse arrastrar más por la ira que siente hacia su hijo, castigándolo severamente por pequeñas equivocaciones o mostrándose indiferente hacia el hecho de haber herido los sentimientos del pequeño. En general, todo ello puede dar pie a que los padres no respondan a las necesidades de su hijo con un patrón definible. El llanto puede motivar expresiones de consuelo o un castigo. Permanecer callado y sin moverse puede derivar en expresiones de elogio o en que el niño sea ignorado.

Con el tiempo, el progenitor se convierte en una figura que inspira miedo y es inabordable, de ahí que el niño sea menos proclive a acudir a él en busca de ayuda. Como es tan volátil en sus reacciones emocionales y puede entrar en erupción por cualquier pequeñez (en especial si su hijo necesita algo de él o de ella), el niño no aprende a regular sus emociones; no entiende cómo puede responder con una reacción emocional adecuada a una situación. Empieza a darse cuenta de que sus intentos de interactuar con el padre o la madre o acudir a él o ella en busca de ayuda no reciben una respuesta sistemática o que esa respuesta es en gran medida negativa. El niño empieza a adoptar una posición de indefensión adquirida: se siente impotente tanto para conseguir que su vida cambie como para conectar emocionalmente con su padre o madre.

La indefensión adquirida y el estudio del rostro impasible

Al principio de nuestras vidas, aprendemos, por experiencia, cómo son las reacciones que motivamos en los demás y cómo nuestra conducta puede afectarles. Tener un progenitor no receptivo en pequeñas dosis no es un problema. Sin embargo, como descubrió el doctor Edward Tronick, si ello ocurre de manera frecuente durante periodos más dilatados, puede menoscabar el desarrollo del bebé. Edward Tronick[4] describió un fenómeno peculiar: un bebé, tras tres minutos de interacción con una madre no receptiva e inexpresiva, «se serena rápidamente y se vuelve receloso». En su estudio original del rostro impasible, a las madres se les pedía que interactuaran como de costumbre con sus bebés, y que luego adoptaran una actitud inexpresiva y no receptiva durante tres minutos antes de retomar sus juegos habituales con ellos. Cuando la madre se volvía inexpresiva siguiendo las indicaciones del investigador, el bebé parecía confundido y ensayaba el uso de todas sus habilidades para suscitar una respuesta en ella.

Cuando sus intentos de conectar con ella seguían siendo ignorados, el bebé empezaba a mostrar malestar y frustración. Finalmente, empezaba a llorar y pronto el llanto se convertía en berreo. El sistema nervioso central del bebé se veía tan sobrepasado que incluso podía llegar a desmayarse. Un bebé podía incluso morderse la mano para autoconsolarse. La experiencia de ver cómo un bebé se disuelve emocionalmente puede ser perturbadora. Hacia el final del experimento, el bebé se ensimismaba, perdía toda esperanza y ya no intentaba relacionarse con la madre o concitar su atención.

Este experimento también se llevó a cabo con padres, y los videos de las interacciones muestran claramente que los bebés reaccionan con la misma intensidad al rostro impasible del padre que al de la madre. Los comportamientos que exhibían luego para intentar conectar con sus padres eran los mismos que adoptaron cuando intentaron hacer lo propio con sus madres. Por último, se rendían y mostraban señales conductuales de una indefensión adquirida. Todo ello demuestra que la influencia del padre es fundamental para el desarrollo y vida del niño.

Quiero dejar claro que no todos los estilos desorganizados de apego tienen su origen en el maltrato del niño. A veces, este apego es fruto de una confianza sistemáticamente rota. El cuidador tal vez haya hecho promesas, grandes y pequeñas, que luego no cumplió. Una serie de promesas incumplidas y frecuentes mentiras erosionará la confianza de un niño en su padre o su madre. Sus problemas de drogodependencia también pueden influir en gran medida en el estilo de apego del niño. De hecho, un niño que crece con un padre o una madre alcohólico tiene cuatro veces más probabilidades de exhibir un apego desorganizado de adulto.[5]

Al margen de las conductas o motivos concretos, los padres de niños con un apego desorganizado pueden haber tenido comportamientos que crearon límites poco sanos con sus hijos, haciéndolos sentir responsables de la seguridad emocional o física de sus padres. Un niño pudo haber sido castigado o amenazado cuando buscaba el consuelo de su progenitor o cuidador en un momento de nerviosismo; por ejemplo: «¡Crece de una vez! ¡No necesitas que te ayude!» o «¡Si no paras de llorar, te daré motivos para que llores de verdad!».

De ahí puede nacer una relación desequilibrada que se caracteriza por un ensimismamiento emocional o físico, apatía, y conductas hostiles o intrusivas, que pueden llevar al niño a desarrollar un miedo extremo a su padre o su madre.[6,7]

Los padres de niños desorganizados pueden haber verbalizado su arrepentimiento de tener hijos o haber responsabilizado al niño de sus sentimientos, en especial cuando estaban molestos, gritándole, por ejemplo, «¡me sacas de quicio!». Cuando el comportamiento de los padres es impredecible —pueden reaccionar exageradamente a una situación, despreciar los temores o inquietudes del niño, o sencillamente no estar disponibles cuando su hijo los necesita—, el niño nunca aprende a conseguir que sus necesidades sean satisfechas o si es posible lograr tal cosa. Los padres tal vez crearon un entorno impredecible en el hogar, que podía inspirar miedo o traumatizar al niño, lo que creó esta constante sensación de precariedad en su mundo. En este caos, el niño no es capaz de encontrar una manera estable de relacionarse con el mundo. Puede experimentar grandes dificultades cuando trata de desarrollar una estrategia organizada para enfrentarse al estrés y a los conflictos que lo haga sentir seguro.

El apego desorganizado y la extraña situación

Los niños de la extraña situación (véase pág. 22) a los que se clasificó como desorganizados exhibían conductas que sugerían un conflicto entre desear conectar con su cuidador y, simultáneamente, huir de él. En el experimento de la extraña situación, los bebés desorganizados sumaban un 19% de todos los estudiados. Cuando se les restituía el contacto con el padre o la madre, después de su ausencia, se mostraban asustados, en conflicto, y actuaban de maneras inesperadas con su cuidador o progenitor.[8] Cuando un bebé asustado busca consuelo, acudirá de manera natural a su figura de apego como fuente de seguridad. Sin embargo, en situaciones en las que esa figura se convierte en motivo de angustia o alarma, el niño tal vez experimente señales contradictorias. Tendrá que resolver el conflicto entre querer acercarse a su figura de apoyo para encontrar consuelo y el impulso de alejarse de ella.[9]

Esta ruta produciría, según la hipótesis de Main, «una situación de conflicto irresoluble que en última instancia se autoperpetuaría» entre acercamiento y aplazamiento.[10] Las conductas de los bebés que fueron clasificados como desorganizados incluían:

- actuar con miedo al cuidador;
- comportamientos contradictorios o muestras de emoción que ocurrían de manera simultánea o en rápida secuencia;

- movimientos físicos extraños o
- parálisis y disociación aparente (parecían desconectarse del mundo que los rodeaba y se mostraban muy escasamente receptivos a los estímulos del entorno).[11]

Aunque muchos de los niños a los que se incluyó en la categoría de estilo desorganizado habían sufrido probablemente malos tratos o desatención, es importante señalar que, como documentaron Solomon y George,[12] carecer de un entorno seguro y protegido puede predecir conductas infantiles desorganizadas en el experimento de la extraña situación. Por ejemplo, un niño que es separado de uno de sus padres durante un periodo largo —como consecuencia, digamos, de los trámites de divorcio—, pero que no recibe ningún mal trato, será más proclive a desarrollar un apego desorganizado.

En general, los investigadores repararon en que estas conductas duraban apenas un momento antes de que el niño retornara a otro de los estilos de apego. En el estudio, a todos los niños a los que se detectó un apego desorganizado, también se les atribuyó un apego secundario. Ello puede significar que, si tienes un apego desorganizado, también te identificarás frecuentemente con los sentimientos y conductas del apego ansioso o evitativo. Si es tu caso, es posible que en momentos de estrés experimentes en primer lugar una fase de angustia y desorganización, y luego, cuando se calmen las aguas, veas que adoptas algunas de las estrategias adaptativas vinculadas a uno de los otros dos estilos de apego inseguro. Por ello, parte de la información de uno de los capítulos anteriores sobre apegos inseguros puede resultarte familiar, y hacer los ejercicios de ese capítulo, además de los específicos para el apego inseguro, te ayudará a curar tus heridas de apego de una forma más completa.

*

El tema principal que impulsa los comportamientos de la mayoría de las personas con un apego desorganizado es un temor profundo a no merecer el amor o la cercanía de los demás, acompañado del temor a no merecer tampoco que les ocurran cosas buenas en la vida. Existe el miedo contante a que los demás descubran quiénes son en realidad (aunque no tengan claro quiénes son) y que se les ridiculice, regañe o abandone. Tienen la sensación de estar en todo momento en la cuerda floja y de que podrían perder el equilibrio en cualquier instante. No es de extrañar que las personas con este estilo de apego se conviertan en especialistas de la vigilancia: se han habituado a tener miedo, a sentirse amenazadas y a estar siempre con el alma en un hilo, sobre todo cuando se encuentran a merced de aquellas personas que supuestamente deberían preocuparse por ellas.

La lección fundamental que los niños con un apego desorganizado aprenden es que el amor puede ser impredecible y confuso. Los comportamientos erráticos de sus cuidadores primarios los llevan a adoptar una gama de estrategias complejas y contradictorias para lidiar con su entorno, al no recibir un mensaje coherente o constante sobre cómo alcanzar la seguridad emocional o el lugar que deben ocupar en el mundo. A falta de esa seguridad emocional, les resulta mucho más difícil concentrarse en la consecución de objetivos, en la autorrealización o en trazar unos límites saludables con los demás.

El apego desorganizado y los límites

La de los límites es, sin duda, una cuestión polémica en los debates terapéuticos, e incluso en las conversaciones coloquiales, aunque se trata de un concepto crucial para la salud de los especialistas de la vigilancia. Sus experiencias tempranas no les brindaron la ocasión de aprender en qué consisten unos límites sanos y a trazarlos en sus relaciones con los demás, y sus experiencias caóticas con sus cuidadores con toda probabilidad los sumieron en una gran confusión, de ahí que sea muy difícil para ellos saber y expresar lo que necesitan de los demás sin perder la integridad y el respeto por sí mismos.

Los límites son demarcaciones psicológicas que protegen la integridad del individuo y lo ayudan a fijar barreras realistas y sanas que regulan sus interacciones con los demás.[13] Unos límites fuertes te permiten definir un espacio seguro para ti mismo y respetar tus propias necesidades, sin perder la flexibilidad necesaria para brindar ayuda a los demás, confiar en ellos y fraguar relaciones llenas de sentido. La capacidad de comprender, solicitar y respetar límites tiene como requisito indispensable poseer un autoconcepto firme, que te permita ver nítidamente dónde termina tu persona y dónde empieza la de los demás. Con toda probabilidad, no es algo que los especialistas de la vigilancia pudieran aprender de sus cuidadores. Su crianza caótica les enseñó que el maltrato o la desatención eran la pauta, de ahí que les cueste reconocer en esas prácticas, cuando ocurren, una violación de los límites. Por ello, el ejercicio siguiente cumplirá una importante función: te ayudará a aprender varias modalidades de límites y arrojará luz sobre lo que necesitas para sentirte seguro.

Completar este inventario te ayudará a dilucidar lo que necesitas y puedes esperar en cinco ámbitos de la vida: el físico, el emocional, el intelectual, el experiencial y el espiritual. Tal vez no te sientas en condiciones de hacer valer tus límites inmediatamente. No pasa nada. Empezar a percibir dónde termina tu persona, dónde empieza la de los demás y en qué situaciones tus límites se ven amenazados por otros (¡o incluso por tus pensamientos y autojuicios!) es, en sí misma, una habilidad fundamental. Cuando te sientas más seguro, también te sentirás más cómodo comunicándote acerca de tus límites.

Te recomiendo que hagas este inventario una vez cada dos o tres meses, porque tal vez descubras que tus límites varían en función de las situaciones o las relaciones. En ocasiones, esos cambios serán sanos, aunque en otras tal vez puedan suponer que algunos de tus límites están siendo transgredidos. Hacer esta comprobación al cabo de unos meses puede arrojar luz sobre los aspectos que, en tu caso, son cruciales para conservar tu bienestar mental y físico. Cuantas más veces hagas esta valoración de tus límites, mejor entenderás lo que necesitas para sentirte seguro, fuerte y a salvo.

Ejercicio: inventario de límites

En tu diario, enumera cada uno de los cinco tipos de límites que encontrarás a continuación. Para cada uno de ellos, redacta algunas de tus expectativas o pautas. Las preguntas que te ofrezco tienen la finalidad de guiarte en la tarea de discernir tus límites en cada uno de estos cinco ámbitos.

Físicos. Los límites que fijas sobre tu cuerpo, el contacto, el espacio físico personal, lo que comes y bebes.

- ¿En qué medida me siento cómodo cuando me tocan otras personas, según la forma en que se dé ese contacto (abrazos, apretones de manos, chocar los puños, etcétera)?
- ¿Con qué personas me siento cómodo cuando me tocan? ¿Cómo expreso de forma verbal y no verbal mi consentimiento a que me toquen?
- ¿Cómo me gusta comunicarme cuando tengo relaciones íntimas? ¿Con qué prácticas me siento cómodo en esas situaciones?
- ¿Me siento cómodo cuando invito a los demás a mi espacio personal (hogar, oficina de trabajo, etcétera)?
- ¿Qué comidas y bebidas no quiero consumir?
- ¿Cómo priorizo mis necesidades en materia de salud física (alimentarme bien, dormir suficiente, dedicar tiempo a hacer ejercicio, etcétera)?

Emocionales. Los límites que determinan qué cosas puedes contar sobre ti mismo sin sentirte incómodo, el grado de disponibilidad emocional que ofreces a los demás, y el tiempo y la energía que te dedicas emocionalmente en comparación con los que dedicas a los demás.

- ¿A quién acudo cuando necesito hablar de algo personal?
- ¿Con quién no me siento a gusto compartiendo información con carga emocional?
- ¿Cuándo encuentro tiempo para los autocuidados?
- ¿Cuánto puedo darle a alguien que necesita más apoyo del que puedo ofrecerle?
- ¿Cómo proceso y asimilo mis emociones?

- ¿Qué estrategias adaptativas empleo en el terreno emocional y en qué circunstancias recurro a ellas?

Intelectuales. Son los límites sobre tus pensamientos, valores, opiniones e intereses.

- ¿Con qué temas me siento cómodo al conversar con los demás?
- ¿Qué temas me prohíbo?
- ¿Cuándo necesito apartarme de una discusión?
- ¿Qué necesito para sentirme respetado en una conversación o cuando hay discrepancias?

Experienciales. Son los límites relacionados con el tiempo que pasas con otras personas y el que dedicas a ciertas actividades. También incluyen los recursos que estás dispuesto a compartir (como, por ejemplo, de qué manera te administras con el dinero y cuánto prestas o regalas en términos materiales a los demás).

- ¿Qué clase de actividades antepongo a las demás cuando estoy ocupado?
- ¿Cómo me gusta pasar mi tiempo de ocio (en actividades solitarias, así como compartidas)?
- ¿A qué actividades que otras personas quieran practicar estoy dispuesto a hacerles un hueco en mi agenda y en qué momento?
- ¿A qué clase de proyectos y actividades debo decir no educadamente?
- ¿Cuáles son mis necesidades y límites cuando se trata de gastar (o ahorrar) dinero?
- ¿Qué estoy dispuesto a compartir en materia de recursos económicos y bienes materiales con amigos, familiares y personas necesitadas?

Espirituales. Son los límites que guardan relación con tu derecho a creer en lo que quieras creer, explorar y practicar actividades espirituales que son valiosas para ti, y comunicar y compartir con los demás tus ideas sobre el significado de la vida y la creencia en un poder superior o en algo que te trascienda.

- ¿Qué prácticas espirituales o religiosas son importantes para mí?
- ¿Cuándo hago un hueco en mi agenda para esas prácticas espirituales o religiosas?
- ¿De qué forma necesito o quiero comunicar esas ideas a otras personas que tal vez tengan una cosmovisión distinta de la mía?
- ¿En qué circunstancias soy capaz de prestar atención a las creencias de los demás?

Ejercicio extra: haz algo hoy por unos límites más sanos

Después de terminar esta evaluación de tus límites, pregúntate: «¿Hay algo que pueda hacer para honrar mis límites en cualquiera de estos ámbitos?». Comprométete a hacerlo en las próximas veinticuatro horas, ya sea que requiera comunicar tu límite a otra persona o actuar de una manera que sea coherente con una de tus preferencias en materia de límites.

El apego desorganizado en la vida adulta

El apego desorganizado suele tener su efecto más lesivo en el autoconcepto. A los especialistas de la vigilancia les cuesta mantener un autoconcepto estable, de ahí que suela costarles alcanzar sus metas en más de un ámbito de sus vidas, ya sea en el plano sentimental, el trabajo o la salud personal. De adultos, no tienen una idea clara de quiénes son, en qué creen, el significado que subyace a sus pensamientos y actos, y tienen una autoestima más baja.

Como no tienen un sentido firme de quiénes son, se adaptan camaleónicamente a los pensamientos, sentimientos y conductas de las personas de su entorno. Al hacerlo, se sienten en disonancia consigo mismos, sin saber a ciencia cierta quiénes son por dentro, lo que engendra en ellos sensaciones de inestabilidad e incoherencia, los mismos sentimientos que experimentaron de niños.

Como las representaciones mentales que las personas desorganizadas tienen sobre su identidad y valía personales (y las expectativas acerca de las reacciones que motivarán en los demás) no están bien asentadas, suele darse en ellas un persistente desdibujamiento de los límites que las separan de los demás. Estas creencias y actitudes, que se gestaron en las interacciones con sus cuidadores y orientaron sus actitudes y expectativas actuales, suelen implicar los temas de la amenaza y el miedo, lo que provoca en los especialistas de la vigilancia reacciones de lucha o huida. Por ejemplo, pueden ponerse muy a la defensiva o querer evitar por completo una situación concreta o cualquier forma de enfrentamiento. Por ello, sus relaciones con los demás y el mundo en general pueden inspirarles temor y hacerlas sentir inseguras. Albergan una profunda desconfianza hacia los demás y las relaciones estrechas pueden hacerlas sentir confundidas o amenazadas en su bienestar, porque temen tener que apoyarse en personas de las que esperan que tarde o temprano las defrauden, les hagan daño o incluso las maltraten. Su confusión puede llevarlas a experimentar oscilaciones extremas entre el amor y el odio por otra persona o por su pareja, lo que a menudo es una proyección subconsciente de la ira y la frustración que sienten todavía hacia sus cuidadores y que nunca fue abordada o expresada de forma directa. Como no son capaces de conectar fácilmente con los demás, no saben expresar su dolor ni sus inquietudes, y a menudo sufren en secreto y aisladas por los resultados negativos que se suceden en sus vidas.

La negatividad es un tema constante. Se ven con una mirada en gran medida pesimista, y a menudo se sienten derrotados antes incluso de empezar, porque no confían en que puedan alcanzar el éxito en nada. Su mirada sobre los demás también es fundamentalmente negativa. No sienten que puedan confiar en que los demás cumplan con lo que dicen o hacen. E incluso cuando alguien es amable con ellos o tiene con ellos algún detalle, recelan del gesto y de la oferta de conexión que encierra. Todo ello contribuye a una cosmovisión que asume, en general, que todo esfuerzo está abocado al fracaso. Nada saldrá bien nunca e incluso si algo parece estar bien por un tiempo, piensan que es insostenible y que no durará, ya sean trabajos, amistades o relaciones. Como consecuencia de esta expectativa de fracaso, suelen prepararse para perder, cayendo en el autosabotaje y en profecías negativas que se autocumplen. Creen que nada saldrá bien jamás, y hacen cosas (a menudo de manera inconsciente) para asegurarse de que sea así. Entonces, el mundo les da la razón en que nada les saldrá bien. Alguien con un estilo de apego desorganizado tal vez no haya tenido nunca la ocasión de aprender a autoconsolarse con algún grado de constancia. (Si quieres consultar algunas ideas que te ayudarán a adquirir esta capacidad, ve a la página 230). Si desarrollaron una estrategia que parecía ser de utilidad en un momento de estrés, su cuidador probablemente incorporó una nueva situación o un conflicto estresante a su vida, lo que provocó que el niño sintiera que perdía el control sobre sí mismo y se viera incapaz de enfrentarse a las emociones.

Desmond, uno de mis pacientes, me explicó que, de niño, cuando presenciaba las peleas constantes de sus padres, corría a encerrarse en su cuarto y metía la cabeza debajo de la almohada y las sábanas para no oír las discusiones y poder encontrar algo parecido a un momento de paz. Una vez, su padre irrumpió en su cuarto y le preguntó por qué se comportaba «como una niña pequeña» y le dijo que debería «ver qué clase de mujer es realmente tu madre». Desde ese día, cada vez que sus padres discutían, Desmond se sintió presionado a quedarse cerca del conflicto, obligado a presenciar, absolutamente impotente, cómo su padre reprendía a su madre y a veces hasta le tiraba cosas. Las acciones de su padre le arrebataron esa mínima salida que había encontrado para soportar esa experiencia, a saber: alejarse de la situación estresante. Desmond desarrolló entonces otra estrategia adaptativa: disociarse de lo que ocurría y adentrarse en un país de fantasía en su mente en el que podía sentirse feliz y en paz. De adulto, cuando se halla en situaciones muy estresantes, Desmond sigue disociándose: desconecta su mente del conflicto que se desarrolla ante sus ojos. A veces le cuesta recordar qué ocurrió exactamente durante un enfrentamiento estresante, o le cuesta pensar con claridad, especialmente cuando se siente presionado.

Estos temas y autocreencias tienen impacto en todas las facetas de tu vida, desde las relaciones sentimentales hasta la consecución de objetivos. Vamos a ver más de cerca cómo te influyen.

El apego desorganizado en las relaciones sentimentales

El apego desorganizado ayuda a las personas que lo tienen a protegerse del rechazo y del dolor. Primero, recurrirán al rechazo para evitar que les hagan daño, o se abstendrán de participar, conectar o comprometerse a fin de no enfrentarse a la experiencia del duelo o al dolor si las cosas no salen como quieren. Las relaciones pueden ser difíciles para los especialistas de la vigilancia porque, lisa y llanamente, no aprendieron de niños a conectar con los demás y no son capaces de mantener cierta constancia en sus intentos de acercarse a los demás y desarrollar relaciones.

Aunque anhelan tener relaciones profundas y plenas, se sienten indignos de amor, les aterroriza que les hagan daño, y tienden a expulsar a la gente de sus vidas si creen que alguien se les ha acercado más de lo debido o si sienten que empiezan a depender demasiado de esa persona. Se sienten bien en lo que les es conocido, aun en el caso de que sea negativo. Se resisten a la cercanía con los demás, porque la experiencia no les es familiar y, por lo tanto, les parece arriesgada. Desde su punto de vista, es preferible no implicarse jamás a que te hagan daño una sola vez. Pueden parecer muy autosuficientes, pero no es más que una forma de ocultar lo mucho que temen que les hagan daño.

Los especialistas de la vigilancia han sufrido, con toda probabilidad, muchos traumas interpersonales, y las secuelas de esas experiencias en su disregulación emocional pueden suponer un obstáculo para la creación de conexiones y relaciones con los demás. A veces, estas personas tratan de recrear los traumas del pasado en el afán (normalmente subconsciente) de superar esa situación vivida y sanar. Se asemeja un poco a vivir en un bucle temporal e intentar encontrar una escapatoria con escaso éxito. Estas personas ingresan en una situación similar en el presente, con la esperanza de obtener un mejor resultado. Por esta razón, pueden sentirse atraídas de forma subconsciente a mantener relaciones sentimentales con personas que se muestran distantes y despectivas y que no se preocupan por su bienestar (lo mismo que hicieron sus padres), de ahí que puedan verse profundamente heridas por los actos de su pareja, pero al mismo tiempo seguir buscando su atención, apoyo y amor.

Pueden llegar muy lejos en el afán de implicarse con alguien en un plano más profundo y luego apartarse sin previo aviso. Pueden soltar comentarios sarcásticos sobre sí mismos o los demás como quien no quiere la cosa, pero al mismo tiempo tener expectativas no realistas sobre sus parejas sentimentales y otras personas con las que mantienen relaciones estrechas. A veces pueden implicarse en la creación de «vínculos en el trauma» y encontrar personas que hayan vivido experiencias traumáticas parecidas a las suyas. Al principio, pueden tener la impresión de haber encontrado a alguien que los comprende, pero todo termina viniéndose abajo porque no paran de reactivar sus conflictos más profundos, lo que conduce a una disregulación extrema y recurrente de las emociones y a sentimientos de rechazo o abandono por parte de los demás.

En términos generales, su comodidad en la disregulación emocional puede llevar a estas personas con un apego desorganizado a verse con frecuencia en relaciones inestables o poco sanas con parejas que las maltratan emocional, física o sexualmente. Sin embargo, los especialistas de la vigilancia pueden tener dificultades a la hora de abandonar relaciones poco sanas, porque sus límites y su idea de la normalidad o de lo que es aceptable entre dos personas han quedado distorsionados por sus experiencias con sus primeros cuidadores.

Ello no quiere decir que las personas con un apego desorganizado sean siempre víctimas. En sus relaciones de pareja, pueden ser insensibles, egoístas, controladoras y desconfiadas. La intensidad de esos sentimientos puede llevarlas a ser personas explosivas o en algunos casos maltratadoras. Su pareja sentimental no es la única persona a la que dedican una mirada extremadamente crítica; el especialista de la vigilancia está en alerta roja ante cualquier persona que se cruce en su camino, y puede ser tan severo consigo mismo como lo es con los demás. Por ello, puede oscilar entre las emociones del amor y del odio por su pareja y ser muy inconstante en cómo se relaciona con ella y le expresa su afecto o su cariño.

De manera inconsciente, puede someter a las personas de su entorno a pruebas de todo tipo para que le demuestren que son dignas de su atención. Por ejemplo, Susan se pelea con su marido y luego deja la casa indignada, esperando con el alma en un hilo que su marido salga corriendo detrás de ella para intentar arreglar lo que sea que la haya hecho enojar. Con el tiempo, esto ha provocado que su marido se sienta frustrado. Él creía que eran juegos de su mujer o que le gustaba crear dramas sin motivo aparente, lo que al final causó fricciones e insatisfacción en su relación. Asimismo, el criterio para aprobar los exámenes a los que ella lo sometía siempre cambiaba y no parecía tener ninguna lógica. Por ejemplo, Susan solía estar satisfecha si su marido iba a buscarla inmediatamente cuando salía por la puerta, pero con el tiempo quiso además que se disculpara ante ella, incluso cuando no había hecho nada para que se enojara.

En parte, el apego desorganizado se caracteriza por la dificultad de estar plenamente presente en el momento en el que se manifiestan sentimientos y necesidades. Las personas con este estilo de apego pueden rememorar sus relaciones pasadas e idealizarlas, y esta fantasía de la expareja se convierte en un gran escollo porque es muy difícil que la actual esté a la misma altura. Francamente, son proclives a tener parejas a lo largo de sus vidas que son muy parecidas entre sí, así que el hecho de poner en un pedestal a la expareja y verla mejor que la actual tan solo es una ideación mental. Pueden jugárselo todo por una relación y luego desilusionarse cuando su pareja termina no siendo el salvador o salvadora que esperaban encontrar.

En cuanto a la intimidad en las relaciones, al especialista de la vigilancia le cuesta entregarse por completo. Puede practicar el sexo sin compromiso, exhibir síntomas de adicción al sexo o abstenerse por completo. Incluso puede ir de un extremo a otro en muy poco tiempo. Cuando alguien se aparta o pone distancia, la persona con un apego desorganizado puede oscilar entre ser extremadamente conciliadora y tratar de enmendar lo ocurrido, o enojarse e incluso ponerse agresiva con el otro. Eso es lo que ocurría entre Susan y su marido. Cuando él se hartaba y necesitaba espacio, ella corría tras él para deshacerse en disculpas, mostrándose muy severa consigo misma. En otras ocasiones, se ponía furiosa con él por perder la esperanza con ella tan deprisa y no entender qué necesitaba en ese momento. En casos extremos, los especialistas de la vigilancia pueden adoptar mecanismos evitativos de adaptación como el consumo de alcohol o de drogas, o incluso recrear los patrones de maltrato a los que fueron expuestos de niños, tratando a alguien tal y como sus padres los trataron a ellos.

Como las relaciones pueden intimidarlos, a veces buscan relaciones menos comprometidas en las que hay menos en juego. Por ejemplo, un especialista de la vigilancia puede involucrarse en «coqueteos inofensivos» con un mesero o una mesera de un bar de cerca de su casa sin la intención de iniciar una relación íntima. Puede intentar satisfacer sus necesidades de conexión más íntima a través de juegos de seducción en internet que probablemente nunca desemboquen en un encuentro en persona (por ejemplo, con alguien que vive en el extranjero). Puede preferir fantasear sobre las relaciones en lugar de perseguirlas de verdad (como enamorarse de una amistad casada) o idealizar lo que ve en la televisión y en las películas, mientras al mismo tiempo lamenta no tener una relación similar en su vida. De hecho, los especialistas de la vigilancia pueden sentirse más cómodos al conectar con animales o personajes ficticios, idealizando las relaciones que ven en libros, películas o televisión, en lugar de invertir tiempo y energía en las personas de su vida.

Apego desorganizado con amigos y familia

Las relaciones familiares del especialista en vigilancia a veces están cargadas de conflictos, ya que pueden oscilar entre idealizar a ciertos miembros de su familia y sentirse desmoralizados porque esta no les proporciona conexión, comprensión y apoyo. En algunos casos, pueden llegar a distanciarse de sus familiares, especialmente si sus experiencias tempranas involucraron desatenciones graves, abusos o traumas. Esto puede ser una forma de protegerse frente a la posibilidad de volver a sufrir o una estrategia adaptativa para alejarse de dinámicas familiares tóxicas. A veces, sus comportamientos pueden cambiar abruptamente de un día para otro. Pueden arremeter contra sus seres queridos por supuestas ofensas o insultos, y su reacción puede ser desproporcionada.

Debido al estrés y los traumas que los especialistas en vigilancia han experimentado en sus vidas, sus reacciones a estas experiencias emocionales pueden desencadenarse por casi cualquier cosa, incluso algo aparentemente inofensivo. Por ejemplo, mi paciente Darren estaba visitando a un amigo de la infancia durante el fin de semana cuando este recibió inesperadamente una llamada de su jefe para que se hiciera cargo de un asunto urgente en la oficina. Le dijo a Darren que volvería lo antes posible y que se sintiera como en casa hasta su regreso. Aunque su amigo se ausentó solo un par de horas, Darren se sintió abandonado, no esperó a su amigo y adelantó el vuelo de regreso. Aunque reconocía intelectualmente que su amigo estaba haciendo su trabajo y que su partida no tenía nada que ver con él, Darren no pudo evitar sentirse poco importante para su amigo, y mientras estaba solo en su casa, dándole vueltas a lo ocurrido, la angustia lo venció y decidió escapar.

Si eres un especialista de la vigilancia, probablemente eres capaz de una gran profundidad emocional en las amistades y otras relaciones, pero puedes sentirte abrumado como consecuencia de esas emociones. Es un arma de doble filo, ya que los demás pueden percibirte como una persona abrumadora —quizá te han dicho que eres «demasiado intenso»—, y este rechazo puede hacer que te sientas solo, aislado y avergonzado.

Aunque tienes el deseo y la necesidad de conectar con otras personas, no quieres cargar a los demás con tus problemas, pero el no poder compartir tus pensamientos, sentimientos y miedos íntimos te sume en un estado de confusión sobre tus verdaderas necesidades en las relaciones con los demás. Si no puedes conectar realmente con los demás, ¿qué sentido pueden tener las relaciones entonces? Además, puede ser aterrador e intimidante ser vulnerable con otra persona, y este miedo a la intimidad puede llevarte a no buscar apoyo en momentos de estrés o angustia. Al abrirte a las personas, aunque sea solo un poco, puedes sentirte muy vulnerable y asustado si la persona no te presta la atención que necesitas para sentirte seguro.

Cuando tus amigos o familiares se encuentran en una situación delicada, es menos probable que los apoyes porque tus conductas de apego pueden ser inconsistentes, lo que puede hacer que desees distanciarte de ellos física o emocionalmente.[14,15]

Es probable que desplegar empatía hacia los demás también te recuerde a los momentos en que tus padres no te ayudaron cuando sentías dolor o angustia, y, por autodefensa, puedes parecer menos empático que la persona promedio. Puede que no sepas cómo consolar efectivamente a otra persona cuando se halla en situación de necesidad (porque nunca recibiste ese tipo de consuelo), y puedes transmitir una impresión de indiferencia, cuando en realidad lo que ocurre es que no sabes cómo reaccionar o qué decir para aliviar su malestar.[16]

Una de las cosas que pueden dificultar la conexión con los demás es la tendencia a pensar en blanco y negro, es decir, a pensar en extremos, sin matices: todo es completamente bueno o completamente malo; consideras a otra persona como un genio o como un tonto. En consecuencia, tiendes a convertirte en un provocador que siembra la discordia en tu comunidad o a ser muy crítico con los demás. La percepción de «todo o nada» que acompaña al pensamiento en blanco y negro puede llevarte a que alguien sea tu mejor amigo y salvador un día y luego, al siguiente, tu enemigo. A veces, la más mínima falta percibida puede hacer que la evaluación de esa persona cambie de la mejor a la peor. Este comportamiento es esencialmente un mecanismo adaptativo para protegerte en caso de que esa persona resulte ser realmente poco fiable y no una fuente segura de apoyo: la descartas antes de que pueda rechazarte. A la inversa, hay una parte de ti que deposita las mejores esperanzas en los demás, que espera que la vida te demuestre lo equivocado que estabas y te dé otra perspectiva sobre el mundo, lo que puede llevarte a cambiar tu percepción sobre una persona de negativa a positiva incluso después de una mínima señal de esperanza de que podría ser alguien digno de tu tiempo. Estos cambios bruscos pueden ser emocionalmente agotadores para ti, y confusos y frustrantes para tus seres queridos.

Si alguien se convierte en padre sin haber trabajado su propio trauma de apego, tiende a transmitir su estilo de apego desorganizado a sus hijos. Puede no tolerar emocionalmente los momentos difíciles de sus hijos, ignorar sus necesidades (en parte porque no puede identificarlas claramente o no sabe cómo ayudarlos) o mostrarse confundido cuando sus hijos están molestos, lo que lleva a los niños a tener dificultades para formar maneras coherentes de encarar su angustia emocional. (¿Recuerdas el ciclo del trauma intergeneracional del que hablamos en la página 250?).

En general, las personas con un apego desorganizado no sanado tienden a encontrar la paternidad más estresante, menos gratificante y menos significativa que otros.[17] También se sienten menos vinculados emocionalmente a sus hijos.[18]

El apego desorganizado en el trabajo

Para las personas con un apego desorganizado, el trabajo puede ser un desafío, especialmente en las relaciones con colegas. Recuerda que la función de las conductas de apego desorganizado es protegerse del rechazo y del dolor, y aunque estas personas desean conectarse, la hipersusceptibilidad ante cualquier signo de rechazo percibido a menudo crea una profecía que se autocumple. Los especialistas de la vigilancia llegan a la conclusión de que no son considerados parte del equipo, de que su jefe no valora su trabajo o de que la gente probablemente no creía en su capacidad desde el principio, y entonces comienzan (a menudo inconscientemente) a sabotear su situación laboral.

Los especialistas de la vigilancia pueden tener dificultades para confiar en otros en el trabajo y, por lo tanto, prefieren trabajar de manera independiente. Al mismo tiempo, se sienten aislados y excluidos de conectar con sus colegas, además de sentir que cargan injustamente con la cantidad de trabajo que han asumido. Pueden abandonar fácilmente las relaciones profesionales para evitar más dolor y un posible rechazo. Sus interacciones con los compañeros pueden ser algo inconsistentes: a veces buscan intensamente la validación de su trabajo (y de su valía), y en otras ocasiones se muestran fríos y distantes.

Pueden considerar que su posición en el trabajo es precaria y están siempre en busca de amenazas y peligros para su continuidad en la empresa y para el prestigio del que disfrutan gracias a su puesto de trabajo. Están esperando constantemente a que ocurra lo inevitable y a veces ven amenazas donde no las hay. La puerta cerrada de la jefa significa que está hablando de ti y que estás a punto de ser despedido. El colega que no responde inmediatamente a tu correo electrónico está planeando quitarte el puesto.

Estos temores pueden ser abrumadores y debilitarte; tanto es así que terminas desarrollando un nuevo temor sobre el trabajo que te queda pendiente cuando antes ya habías perdido el tiempo preocupándote por terminarlo en el plazo requerido.

El apego desorganizado en la consecución de objetivos

Los especialistas de la vigilancia suelen apoyarse en una estrategia llamada *escapismo adaptativo*, que se deriva de la necesidad de rehuir los sentimientos negativos y evadirse de los problemas del mundo real buscando amparo y paz en un mundo de fantasía. Puedes adormecer tus sentidos (consumiendo alcohol y otras sustancias, comiendo compulsivamente, haciéndote lesiones físicas como cortarte), distraerte de las responsabilidades del mundo real (jugando videojuegos, procrastinando o haciendo actividades que te alejen de la productividad) o replegarte en un mundo de fantasía en tu mente (imaginando escenas en las que tus deseos se hacen realidad con poco esfuerzo o ninguno), en lugar de dar pasos efectivos para resolver el problema. Si recurres al escapismo y la fantasía para sobrellevar las cosas, puede surgir la desilusión cuando no todo sale como lo habías fantaseado en tu cabeza.

Los objetivos a largo plazo —tanto fijarlos como lograrlos— pueden ser un desafío para quienes tienen un apego desorganizado. Están atormentados por sentimientos de vacío que alimentan su desesperanza sobre el futuro, e incluso sobre cualquier logro positivo el día de mañana. La escasa formación de su autoconcepto y el no saber quiénes son realmente pueden interferir en sus decisiones sobre cómo perseguir quiénes quieren ser en el futuro. En el trabajo, y cuando intentan alcanzar otros objetivos, pueden autosabotearse, destruyendo sus logros y cualquier acontecimiento afortunado, en gran parte porque, en su fuero interno, no están seguros de si lo merecen. De hecho, las personas con un apego desorganizado tienen enormes dificultades para conceptualizar el futuro, por lo que les resulta difícil percibir y establecer objetivos a largo plazo.

Esta desesperanza sobre el futuro se ejemplifica en mi paciente Angie. Angie había intentado fijarse metas en el pasado relacionadas con su salud —perder peso, comer mejor, hacer más ejercicio—, pero nunca logró alcanzar ninguno de sus objetivos y al final decidió que no valía la pena intentarlo. ¿Cómo iba a preocuparse por su salud si a nadie más le importaba? Incluso cuando tuvo un pequeño susto relacionado con la salud, no fue capaz de pasar a la acción. En lugar de sentirse empoderada para hacer cambios positivos, creyó que no merecía recuperarse y que estaba condenada a morir antes de tiempo. Tuvo pesadillas en las que moría. Y terminó fantaseando con su propia muerte, imaginando que no viviría más de un año y que casi nadie asistiría a su funeral.

El hecho de no alcanzar metas en el pasado, junto con la cronificación de su baja autoestima, hicieron que Angie tirara la toalla y se desconectara por completo. No tenía confianza en un futuro más optimista; es más, no creía que tuviera ningún futuro. Esa falta de fe en el futuro es un rasgo habitual entre las personas con un apego desorganizado. Cuando se ven en la situación de tener que imaginar el día de mañana o hacer planes de futuro, los especialistas de la vigilancia suelen rendirse antes incluso de empezar, porque han aprendido, de sus experiencias pasadas, que no sirve de nada molestarse en intentarlo. No funcionará.

El lado positivo del apego desorganizado

Soy consciente de que el panorama que he planteado hasta ahora no parece nada esperanzador para los especialistas de la vigilancia. Pese a ello, debo decir que este estilo de apego también presenta varias fortalezas importantes. Para empezar, cuando se apegan a otras personas, tienen la capacidad de ser profundamente leales. Cuando aman a alguien, no se rinden fácilmente. Cuando cobran conciencia de la amplitud de sus vaivenes emocionales, a veces se esfuerzan mucho en proteger a las personas que quieren de sus oscilaciones. Suelen preocuparse por las personas que los rodean, y su extrema capacidad de vigilancia los hace reaccionar enseguida cuando notan que algo va mal. Pueden sentir con una gran intensidad y tener más altibajos que la persona promedio, y a veces son capaces de comunicar esas vivencias mediante asombrosos proyectos creativos o de otra índole. Cuando se sienten a salvo, pueden ser muy empáticos con los demás, dado que son muy sensibles a las emociones humanas. De hecho, muchos especialistas de la vigilancia sienten debilidad por las personas que han sido maltratadas o agredidas, y se mostrarán más vulnerables (y protectores) con ellas.

En el plano individual, no depositan fácilmente su confianza, así que no es probable que se dejen engañar o que alguien se aproveche de ellos. A los demás, a veces pueden parecerles personas atrevidas y aventureras que no conocen el miedo en ciertas situaciones. Pueden ser muy artísticos, ya sea en sus propias empresas creativas, o reaccionando visceralmente a las expresiones artísticas, por ejemplo, llorando de emoción al asistir a una actuación maravillosa. Su sentido artístico puede extenderse a unas vidas interiores de gran riqueza, ya que son proclives al pensamiento fantástico y poseen una gran imaginación. Son personas que pueden caer muy simpáticas a los niños pequeños, porque saben relacionarse imaginativamente con ellos.

¿Y AHORA QUÉ?

Ya aprendiste los orígenes del apego desorganizado y te has familiarizado con las consecuencias que tiene para las distintas facetas de tu vida, desde el autoconcepto hasta el trabajo, pasando por las relaciones amorosas y la persecución de metas. Tratar de encontrarle el sentido a quién eres y a cómo funciona el mundo cuando creces en un entorno caracterizado por un caos permanente, la impredecibilidad y el trauma es, como poco, difícil. De adulto, ello puede llevarte a albergar un temor muy profundo a otras figuras de apego, y no es de extrañar que a veces sientas o hagas cosas que pueden ser muy contradictorias y ensayes distintas estrategias adaptativas sin pensarlas para lograr algún atisbo de seguridad. Pero esas estrategias contrapuestas pueden desembocar en nuevas dificultades a la hora de formar relaciones estables y provocar confusiones y turbulencias en tu comprensión de ti mismo, así como en lo que esperas para tu vida.

Según mi experiencia, los individuos con un apego desorganizado suelen expresar sus heridas de apego a través de cuatro autodeclaraciones principales, que son reflejo de sus modelos operativos internos. No todo el mundo manifiesta esas heridas del mismo modo, de ahí que tal vez te reconozcas más en algunas de esas declaraciones personales que en otras. O tal vez descubras que las cuatro declaraciones te resultan familiares. Sea como sea, te enseñaré una serie de ejercicios avalados por la ciencia que te ayudarán a superar las consecuencias negativas derivadas de las características personales del apego desorganizado. Asimismo, te servirán para enseñar a tu niño interior que puedes sanar del trauma, aprender a autorregularte y desarrollar estabilidad emocional y límites saludables en tu vida diaria.

CAPÍTULO 10

Curar el estilo de apego desorganizado

En el capítulo anterior, profundizaste en los motivos que te llevaron a desarrollar tu estilo de apego desorganizado y aprendiste cómo influye en tu vida actual. Ahora, estás listo para entrar en contacto con tu niño interior y empezar a formar un apego nuevo y seguro contigo mismo.

Como ya vimos, el camino a la curación del apego desorganizado es largo y presenta dificultades singulares como consecuencia de los traumas no resueltos que tal vez todavía arrastres. Aun así, cuando sepas reconocer las características del apego desorganizado, así como los momentos o las circunstancias en que se desencadenan las conductas que le son propias, encontrarás nuevas soluciones para enfrentar estas actitudes y comportamientos.

Las características que desarrollaste para lidiar con las difíciles experiencias de tu infancia pueden apreciarse en tus modelos operativos, que afloran como autodeclaraciones que reflejan de qué modo te piensas y cómo te desenvuelves en la vida. Familiarizarte con esas autoafirmaciones es el primer paso que deberás dar para poder aplicar cambios a tu vida.

De adultos, solemos suponer que nuestros modelos operativos son intrínsecamente ciertos y válidos, aunque es más probable que sean relatos que aprendimos de niños y que aún hoy nuestro niño interior carga sobre sus espaldas.

Para las personas con un apego desorganizado, esas autodeclaraciones suelen sonar más o menos en los siguientes términos:

1. «Te odio, no me abandones».
2. «Merezco sufrir».
3. «No puedo controlar mis emociones».
4. «Mi vida es un caos constante».

No hay aquí ningún juicio sobre estos modelos operativos o cómo los encarnas en esta primera etapa del viaje. Son la lógica consecuencia de que, de niño, te vieras obligado a buscar amor y un sentido de pertenencia, e intentaras satisfacer esas necesidades. Dicho esto, he podido comprobar que estos relatos, a pesar de que encorsetan las vidas de mis pacientes, también son los que encierran un mayor potencial para curarse.

En las páginas siguientes, te propondré un conjunto de ejercicios adaptados a cada autodeclaración y pensados para ayudarte a superar el impacto negativo que la educación que recibiste tuvo en tu niño interior, así como en tu autoconcepto, y a reconsiderar las suposiciones que hiciste sobre ti mismo, tus relaciones y tu capacidad de alcanzar las metas que te propones. Encontrarás un ejercicio de descubrimiento que te invitará a ahondar en tus experiencias, y unas tareas diarias que te ofrecerán una actividad que podrás realizar con la asiduidad que desees a fin de fortalecer tu capacidad de adaptarte a las situaciones y superarlas. Lo ideal es que realices estos ejercicios en el orden en que aparecen, pero si en algún momento te ves rebasado o tienes poco tiempo, puedes pasar al ejercicio siguiente y más adelante retomar aquellos que hayan quedado pendientes. Conviene que tengas cerca tu diario para apuntar tus respuestas y reacciones a los ejercicios, ya que te permitirá ver los progresos que haces.

Asimismo, como comenté en el capítulo anterior, es posible que desees recurrir a apoyo profesional a medida que vayas haciendo los ejercicios. Si alguna de las actividades se te hace difícil y no te ves con ánimo para terminarla solo, visita un terapeuta u otro profesional de la salud mental que sea de tu confianza y esté formado en el tratamiento de traumas de apego para que te ayude en tu labor de desarrollo personal. Es bueno pedir ayuda.

Test de impacto

A medida que leas estas autodeclaraciones, tal vez descubras que algunas te reflejan en mayor medida que otras. También cabe la posibilidad de que te cueste saber si una de ellas te impacta o no realmente. Tal vez tengas curiosidad por saber en qué modelo operativo debes centrarte en primer lugar para curarlo. Si aplicas mi test de impacto a cada uno de estos modelos operativos, podrás identificar los que te perjudican y, por tanto, qué ejercicios habrás de priorizar.

El test de impacto es sencillo. Cuando leas las autodeclaraciones y sus descripciones y ejemplos, hazte las cuatro preguntas siguientes y, si tu respuesta es afirmativa en al menos uno de los casos, lo más probable es que debas atacar esa autodeclaración por medio de mis ejercicios. Como actividad extra, puedes reflexionar más a fondo sobre ellas y anotar en tu diario las respuestas a las preguntas en cursiva:

- **Impacto en los ámbitos vitales.** ¿Afecta negativamente este modelo operativo a mi vida en ámbitos principales (trabajo, relaciones amorosas, relaciones familiares, amistades, consecución de objetivos)? *Si la respuesta es afirmativa, apunta uno o dos ejemplos concretos para cada uno de los ámbitos afectados.*
- **Impacto en la consecución de objetivos.** ¿Suele apartarme este modelo operativo de mis objetivos? *Si es así, ¿cómo?*
- **Impacto en la vida basada en valores.** ¿Es contradictorio este modelo operativo con mis valores? *¿Cuáles son algunos de mis valores prioritarios y cómo contribuye este modelo operativo a alejarme de ellos o a no vivirlos como querría?*
- **Impacto en el autoconcepto.** ¿Este modelo operativo hace tambalear o menoscaba mi autoconcepto? *Si es así, ¿cómo?*

«Te odio, no me abandones»

Las personas que tienen un apego desorganizado a menudo exhiben conductas extremas *push-pull* (en las que se alternan momentos en los que intentan acercarse a alguien con momentos en los que expulsan a esa persona). Sus relaciones e interacciones con sus cuidadores sembraron en ellas un deseo de cercanía simultáneo al temor que esta les inspiraba. Por ello, tienen problemas de confianza muy arraigados y no creen que los demás estarán a su lado cuando de verdad los necesiten.

Francamente, estas conductas *push-pull* pueden ser agotadoras para los especialistas de la vigilancia. El titubeo constante entre la conexión y la desconexión erosiona su capacidad de sentirse estables y en paz con su vida, además de reducir sus posibilidades de conectar de manera auténtica con los demás. Esta conducta puede causar una gran confusión en sus seres queridos, porque los especialistas de la vigilancia parecen querer rechazarlos y conectar con ellos al mismo tiempo.

Bill cree que la gente que desea acercársele por razones platónicas o amorosas siempre debe tener por fuerza un motivo oculto que la impulse —es decir, algo que desean obtener de él—, en lugar del sencillo y sincero deseo de forjar una amistad o pasar tiempo con él. Esta respuesta perpetua de lucha o huida frente a los demás le dificulta en gran medida conservar la cercanía en sus relaciones. Al mismo tiempo, su autoestima fluctuante le hace difícil creer que otras personas puedan interesarse por él o que sea digno de su atención y cariño. Por si fuera poco, se le presenta de forma constante la creencia negativa de que terminará solo y de que nunca encontrará a alguien que lo quiera en los buenos y en los malos momentos. Todo ello se traduce en una profecía que se autocumple, según la cual expulsa de su vida a las personas, pero ve en esa distancia a la que se han situado (distancia que él mismo ha provocado) la prueba de que nadie lo querrá de verdad, lo que consolida todavía más su creencia de que no es merecedor de tener relaciones plenas con los demás.

Esta dinámica *push-pull* puede resumirse en lo esencial a dos necesidades: por un lado, un poderoso deseo de evitar el dolor del abandono y, por el otro, un fortísimo impulso por conectar con los demás y desmentir las expectativas negativas que se tienen sobre ellos. Como temes que la gente no te será fiel o cariñosa, puedes preparar pruebas constantemente para ver si los demás (tu pareja sentimental, tus amigos, tus compañeros de trabajo) las superan y demuestran así que te equivocabas. Por desgracia, el malestar que suele entrañar la espera a que respondan es tan grande que tal vez llegues a romper el contacto antes de que ellos puedan retomarlo contigo, lo que no hace más que reforzar tu idea preconcebida de que los demás no van a quererte ni cuidarte como deseas o necesitas.

Si aprueban tu examen, te inventarás alguna excusa para restar importancia al afecto que te han demostrado con sus actos y lo desecharás, lo que también tiene el efecto de consolidar tus ideas preconcebidas sobre ti mismo y sobre si los demás pueden o no preocuparse por tu bienestar. Si alguien a quien hayas puesto uno de esos exámenes, reacciona de forma negativa o se enoja con tus conductas *push-pull*, entonces puedes deshacerte en mil disculpas, tratando de congraciarte con él para volver a ganarte su aprobación y afecto, lo que no hace más que allanar el camino para un ciclo aparentemente interminable compuesto de tres fases: temer y preocuparte por conectar con alguien, desconectar y, por último, buscar con todo tu ser esa conexión.

Este baile entre querer cercanía y no poder tolerarla también se produce cuando las personas con un estilo de apego desorganizado se abren a alguien. Por más que lo ansíen, sentirse desprotegidos con otra persona es una experiencia tan aterradora que darán un paso atrás o harán algo fuera de lugar para crear distancia. Esa reacción puede ser más pasiva, como en el caso del *ghosting*, o más activa, como cuando se apartan drásticamente de alguien, especialmente cuando temen que la persona a la que se están acercando los rechace, les haga daño o los ridiculice. Aunque esos temores no tengan base y la persona no haya dado muestras de no merecer su confianza, las ideas anteriores acerca de sus figuras de apego pueden suscitar en ellos la reacción de alejar a un ser querido con tanta rotundidad (por ejemplo, injuriándolo, engañándolo con otra persona o mintiéndole sobre algo importante) que terminan creando precisamente el escenario que habían temido que ocurriera.

Antídoto a «Te odio, no me abandones»

Aunque pueda parecer que este patrón de conducta es difícil de superar, lo cierto es que está en tus manos cultivar una sensación interiorizada de amparo y tranquilidad. Trata de ser generoso y compasivo contigo mismo (encontrarás algunas sugerencias en la página 337). Necesita tiempo, pero, si se lo dedicas, podrás romper con este patrón. El primer paso en este proceso de curación consiste en crear un relato coherente de tus vivencias especialmente dolorosas.

Ejercicio de descubrimiento: crear un relato coherente

¿Recuerdas la cronología que hiciste en el ejercicio del capítulo 3? Es posible que te pareciera una actividad especialmente difícil. Motivos no te faltan: a los especialistas de la vigilancia les cuesta hacerse una imagen coherente de su historia vital.

Cuando alguien intenta recordar los detalles de episodios traumáticos o estresantes de su vida, o si está pasando por una situación de estrés, suelen decir que les cuesta hablar sobre lo ocurrido con lógica y sentido. Por ejemplo, pueden decir que están agobiados o que se sienten «rebasados». Algunos de mis pacientes a los que se ha diagnosticado un trastorno por estrés postraumático me han dicho que hay ciertos lugares de su recuerdo del trauma que vivieron a los que no pueden acceder o que sencillamente han desaparecido. Saben que ocurrió algo espantoso, y pueden recordar algunos detalles con lacerante claridad, pero no aciertan a hilvanar una historia completa. Describen episodios de disociación o haberse sentido desencajados o perdidos cuando trataban de recordar sus experiencias de infancia. Todo ello puede dar pie a una disregulación emocional extrema, que se traduce en conductas *push-pull*, porque no saben qué necesitan exactamente en un determinado momento o se equivocan intentando encontrar la forma de calmar su sistema nervioso. Recuerda un poco a la reacción de lucha o huida con la salvedad de que, en lugar de luchar, el especialista de la vigilancia ansía encontrar a alguien con quien conectar, pero no confía en esa conexión, de modo que termina huyendo y queda atrapado en el bucle de enemistarse con la gente y al mismo tiempo desear sentirla cerca.

Si la mayoría de tus experiencias estresantes o traumáticas ocurrieron en tus primeros años de infancia —como suele ser el caso para los especialistas de la vigilancia—, puede resultarte especialmente difícil hilvanar una historia coherente de tu vida, porque esos episodios tuvieron lugar en una época en la que estabas empezando a conocerte a ti mismo y a tu entorno, y todavía no tenías la capacidad de describir lo que te ocurría de manera ordenada. Tus capacidades lingüísticas estaban empezando a aflorar, con lo que es posible que no dispusieras del vocabulario necesario para relatar tu propia historia dotándola de lógica y de sentido.

Por ejemplo, puedes sentirte solo, asustado o triste, pero desconoces cómo llamar a esas sensaciones, comunicárselas a otras personas o pedir lo que necesitas. Es posible que te culpes a ti mismo por los sucesos negativos que ocurren en tu entorno, porque todavía no tienes un pleno dominio sobre la idea de que los demás poseen motivaciones y pensamientos propios que no guardan relación alguna con los tuyos, ya que están basados en sus experiencias pasadas, en las heridas que arrastran y en unas estrategias adaptativas inefectivas. De niño, tal vez pensabas que todo lo que ocurría era culpa tuya. (Puedo asegurarte que no era así).

En el trabajo que desarrollo con mis pacientes, he comprobado que armar un relato coherente les ayuda a asimilar y superar plenamente el sentido de esas experiencias de estrés (lo que incluye los pensamientos, los sentimientos y las conductas relacionados con dichas experiencias) y les permite tomar el timón de sus vidas. Crear un relato coherente ayuda a comprender las raíces de sus conductas *push-pull* y de sus cambios bruscos de estado de ánimo, ya que reflexionan sobre sus experiencias vitales, identificando patrones e interpretando sus estrategias adaptativas, así como las razones que los impelen a reaccionar como lo hacen. Al elaborar y revisar sus relatos, pueden identificar los detonantes concretos que activan sus conductas *push-pull* y aprender a abordarlos y reaccionar de manera más efectiva. Cuando comprendes tu historia personal, puedes vincular tus experiencias pasadas a tus respuestas emocionales actuales y desarrollar, así, maneras más sanas de enfrentarte a los sentimientos intensos y a tus bruscos cambios de estado de ánimo. Cada vez que explores uno de tus recuerdos, ganarás confianza en tu capacidad para interpretar lo que te ocurrió y transformar las experiencias difíciles en oportunidades para el autodescubrimiento y el crecimiento personal.

Te recuerdo que, si te parece demasiado doloroso asimilar por tu cuenta el trauma que experimentaste, debes acudir a un profesional de la salud mental para que te ayude a recorrer este camino. Además, puede ayudarte a ampliar tu aprendizaje informándote sobre otras técnicas terapéuticas centradas en el tratamiento de experiencias traumáticas. Entretanto, también puedes emplear los ejercicios de conexión del apéndice A, en la página 327, para reencontrarte con una sensación de seguridad.

*

Toma tu diario, una pluma y un cronómetro y ponte cómodo. Puedes arrellanarte en tu silla favorita, acurrucarte con una cobija pesada, sentarte con las piernas cruzadas en un sofá o en el suelo, o acostarte en tu cama; lo que te lleve a un lugar de relajación y tranquilidad.

¿Qué ocurrió? Respira profundo unas cuantas veces y cierra los ojos. Recuerda un suceso o periodo de tu vida que te hiciera sentir mal cada vez que intentabas traerlo a la mente. Quizá ese suceso esté relacionado con tus luchas interminables en algún ámbito de tu vida (por ejemplo, relaciones románticas, trabajo, amistades, relaciones familiares). Quizá cada vez que piensas en ese suceso, te resulta difícil confiar en las personas que forman parte de tu vida actual, incluso cuando se trata de las tareas más triviales (como pedirle a alguien que te haga un recado rutinario cuando estás ocupado).

Una vez que tengas algo en mente, abre los ojos y pon una cuenta regresiva de veinte minutos en el cronómetro. Comienza a escribir un relato del suceso de principio a fin en tercera persona (refiriéndote a ti mismo con tu nombre o tu pronombre preferido). Escribe sobre el suceso en pasado; es esencial para ayudarte a sentir que es algo que sucedió hace tiempo (y no te está ocurriendo ahora mismo). La idea es contar esa historia desde el punto de vista de un narrador, como si estuvieras viendo el desarrollo de la trama de una película. Sin incluir ninguna interpretación emocional (por ahora), escribe, paso a paso, lo que recuerdas que ocurrió. Describe tus pensamientos, sentimientos y comportamientos en ese momento. Invoca recuerdos sensoriales o experiencias corporales siempre que sean pertinentes. Por ejemplo, «Jake recuerda que el aire olía fresco y limpio, como huele después de la lluvia», o «Carly recuerda que tenía las manos frías y húmedas, a pesar de que hacía calor ese día».

Es un relato de lo que te ocurrió, así que está bien escribir lo que crees que pasó y lo que te parece verdadero, aunque no sea lógico o no estés completamente seguro de cómo se desarrollaron las cosas. No olvides que algunos de nuestros primeros recuerdos no son claros y bien definidos.

Deja un espacio entre las líneas para la segunda parte de este ejercicio (si estás usando papel rayado, escribe dejando una línea en blanco). No te castigues si no escribes deprisa. Si no recuerdas algo de inmediato, respira profundo unas cuantas veces y no ofrezcas resistencia a las pausas en la escritura. Cuando pensamos en un momento estresante, es natural que necesitemos un poco de esfuerzo y paciencia. Sé amable contigo mismo.

¿Por qué sucedió de esa manera? Una vez que te sientas cómodo con el relato que generaste y sientas que es un texto relativamente completo (o cuando suene tu temporizador), lee lo que escribiste y, mientras lo haces, reflexiona a propósito de los incidentes o de los comportamientos que tuvieron otras personas y pregúntate «¿por qué?». Por ejemplo, si escribiste: «La madre de Taylor se enojó mucho y la hizo sentir que no era importante para ella», pregúntate: «¿Por qué pudo haber actuado de esa forma?». Anota algunas palabras que reflejen tus respuestas en los espacios que dejaste entre las líneas que escribiste. Por ejemplo, Taylor podría darse cuenta de que su madre probablemente actuó de esa manera porque estaba enojada consigo misma y por lo que estaba sucediendo en su vida, porque su matrimonio se estaba desmoronando y probablemente no sabía qué hacer. Así pues, en la línea (o espacio) debajo de lo que escribió sobre su madre, Taylor escribiría ahora: «Estaba enojada consigo misma, por la situación, por problemas matrimoniales».

¿Cuáles son las conexiones entre el pasado y el presente? Después de preguntarte por los motivos de los distintos sucesos que has hilvanado en tu relato e insertar información adicional sobre tus interpretaciones de por qué las cosas se dieron de esa forma, la parte final de este ejercicio consiste en escribir sobre el modo en que el pasado influye en tus conductas y experiencias actuales. Esta parte del ejercicio te ayudará a ver de qué forma ese suceso estresante de tu pasado podría influir en tus actitudes actuales en ciertas situaciones o con personas concretas de tu entorno. Por ejemplo:

> *Cuando crecía, Taylor creía que no podía ser importante para los demás. Sentía ira y frustración, de ahí que arremetiera contra cualquier persona que intentara mostrarse amable con ella. A veces, hacía todo lo posible para que esas personas se sintieran insignificantes, porque en cierto modo se sentía más segura si las mantenía a distancia, evitando así que pudieran defraudarla. Pero en realidad les hacía daño, tal y como su madre se lo había hecho cuando era niña.*

Al escribir sobre lo que ha ocurrido en tu presente, tal vez te percates de que hay ciertas cosas que te molestan en tu manera de reaccionar o responder a las situaciones, o quizá te veas dominado por sentimientos negativos como la culpa, la tristeza, la ira o la vergüenza. Cuando surja esa voz interior negativa, trata de adoptar una actitud compasiva. Todos cargamos con nuestro pasado y no hay nadie que, en toda situación, especialmente si es estresante, haya respondido siempre de forma perfecta. Si careces de un relato coherente sobre lo que experimentas o por qué te sientes de una determinada forma, no es razonable esperar que tus respuestas a detonantes o estresores sean óptimas.

Relee tu historia. Adopta el compromiso de leer este relato una vez a la semana durante un mes. Ponte un recordatorio en tu calendario para asegurarte de releerla. Cada vez que lo hagas, añade cualquier cosa que creas relevante para tu historia. Es muy posible que vayan surgiendo nuevos detalles a medida que tu relato se haga más lineal y coherente con cada lectura. Es un indicio de que progresas y vas curándote. Sigue enriqueciendo y depurando tu historia a medida que afloren nuevos pensamientos o recuerdos. Ello te ayudará a dotar de sentido y claridad a tu comprensión de lo ocurrido y del impacto que tuvo en ti.

Reescribe tu historia. Cuando termine el mes (cuatro relecturas), cambia las referencias en tercera persona a primera persona, para así empezar a integrar la experiencia en tu historia vital. Una manera sencilla de hacerlo es tachar las expresiones en tercera persona y cambiarlas por expresiones en primera, utilizando el pronombre «yo» y cambiando los verbos a primera persona del singular. A la gente a veces le parece muy potente reescribir toda la historia haciéndose dueña de ella y ver qué detalles pueden cambiar o de qué forma podrían plasmarse ciertos episodios vitales para darles un enfoque ligeramente distinto. Cualquiera de los dos métodos es de gran utilidad para progresar, así que te recomiendo que elijas el que te parezca más adecuado y útil.

Llegados aquí, tal vez empieces a sentirte más cómodo con el proceso de rememorar este episodio concreto de tu historia personal, así como con la actividad en sí. Este relato coherente puede ayudarte a comprender las cosas, a ampliar tus perspectivas y a ver con más claridad lo que experimentaste. Recuerda que el proceso de desarrollo de un relato coherente lo iniciaste tú, y que la descripción de ese episodio o episodios estresantes o incluso traumáticos la desarrollaste, creaste y revisaste tú. Cada vez que decidas pensar en lo ocurrido, lo harás en tus propios términos. El trauma es una parte de tu historia personal, pero no tiene por qué definir la persona que eres.

Regresa a este relato cada vez que creas que puede ayudarte revisar esta parte de tu pasado para encontrarles el sentido a tus patrones de conducta. Todos los meses plantéate el reto de repetir este ejercicio con un recuerdo difícil distinto. Con el tiempo, esta actividad de descubrimiento te ayudará a alcanzar una sensación de aplomo y fuerza interior que reducirá las probabilidades de que recaigas por defecto en tus conductas *push-pull* con tus relaciones interpersonales más importantes.

Comparte tu relato

Algunas personas descubren que les resulta útil compartir su relato con la gente que les brinda apoyo en sus vidas, como un amigo de confianza o su terapeuta. Compartir el peso de tu relato con otra persona puede ayudarte a discernir su significado y encontrarle el sentido. Ello resulta especialmente útil porque muchas personas que han padecido traumas sienten una soledad atroz. Sentirte conectado a otra persona puede permitirte asimilar el trauma en un espacio seguro donde puedes confiar en alguien que te apoyará y te ayudará a enfrentarte a las emociones que esa experiencia te suscite (por ejemplo, esa persona puede ayudarte a retomar el contacto con la realidad si te vence la angustia cuando recuerdas ciertos aspectos de tu historia).

Sesión diaria de trabajo: identifica y satisface tus necesidades emocionales

Todos tenemos necesidades emocionales. Las necesidades fundamentales, imprescindibles e irrenunciables son diferentes de los deseos (cosas que deseas, pero que pueden no ser necesarias). Cuando tus necesidades no se satisfacen de forma habitual, ello puede menoscabar el desarrollo de tu autoconcepto y causar una disregulación emocional persistente. Esta sensación interna de caos y la pérdida de control sobre cómo gestionarlo están en el origen de esas tendencias *push-pull.*

Es probable que hayas oído hablar de la jerarquía de necesidades de Maslow, pero puede que no estés familiarizado con el trabajo del doctor Scott Barry Kaufman. Lo que me gusta de su modelo es que plantea una reconfiguración para imaginar la trayectoria vital como un velero en un gran océano que representa las oportunidades que nos brinda la vida de «significado y descubrimiento, pero también de peligro e incertidumbre». En aguas turbulentas, el velero es una metáfora útil porque la clave para la satisfacción y la realización personal no es qué nivel alcanzas, sino una «integración armoniosa que sientes en tu fuero interno y de qué forma esa integración interactúa con el mundo».[1]

El doctor Kaufman compara el barco con necesidades de seguridad tales como la protección, la conexión humana y la autoestima, porque «con agujeros en tu barco, no puedes ir a ninguna parte».[2] Cuando alcanzamos un lugar de estabilidad (nuestro barco está en buen estado), podemos centrarnos en la autorrealización personal y en desarrollar nuestro potencial, es decir, en las necesidades de crecimiento que están representadas por la vela.

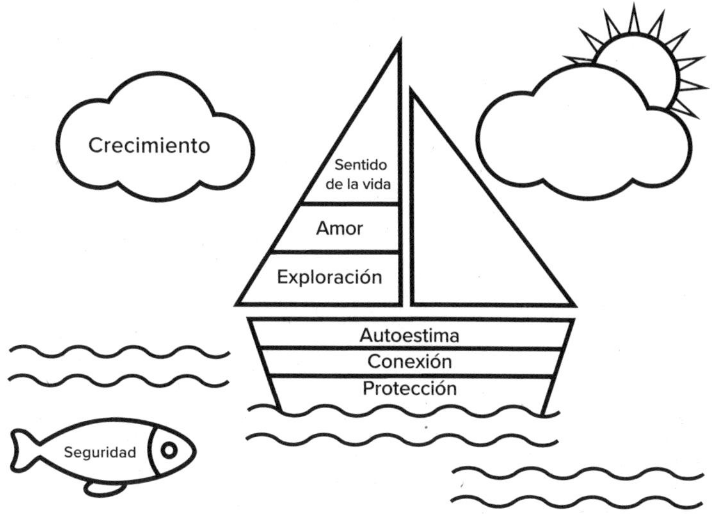

Tu ejercicio diario consiste en identificar tu necesidad más pertinente cada día, definir cómo ves esa necesidad y nombrar una forma específica de satisfacerla —parcial o totalmente— en ese día. Para ampliar la metáfora del doctor Kaufman, habrá días en los que debas centrarte en estabilizar tu barco: las necesidades de seguridad. Otros días, verás que tienes margen para centrarte en tu vela, lo que te permitirá abrirte a la vulnerabilidad, la creatividad, la exploración y la autorrealización. Solo tú puedes decidir cuáles son tus verdaderas necesidades en un día determinado.

Para ayudarte a empezar, echa un vistazo a esta lista de necesidades de seguridad y de crecimiento personal. He resaltado aquí muchas de nuestras necesidades humanas esenciales, así como algunas de las necesidades más comunes que escucho de mis pacientes. Esta lista no es en absoluto exhaustiva, ¡así que añade las tuyas si lo deseas![3]

Necesidades de seguridad

- Seguridad física (refugio, comida, agua)
- Poder expresarte honestamente
- Sentirte aceptado tal y como eres
- Sentirte seguro
- Sentir que tienes el control
- Sentirte necesitado por alguien

- Sentirte protegido
- Sentir que vas por buen camino
- Sentirte valioso
- Ser apreciado/valorado por alguien
- Sentirte escuchado y comprendido
- Sentirte apoyado emocionalmente
- Ser respetado
- Lograr algo
- Sentirte capaz y competente
- Conectar con una persona
- Conectar con una comunidad

Necesidades de crecimiento personal

- Sentirte admirado por alguien
- Ser deseado por alguien
- Asumir un reto
- Ser creativo
- Hacer algo que te ayude a crecer (emocional, intelectualmente)
- Hacer algo interesante
- Hacer algo de forma independiente
- Explorar algo nuevo
- Contribuir al bien común
- Sentir que tu vida tiene un sentido
- Hacer algo significativo
- Sentirte orgulloso
- Sentirte valorado
- Sentirte optimista
- Sentirte realizado
- Sentirte empoderado
- Sentirte útil para alguien más
- Tener conocimientos
- Ser reconocido
- Sentir que tienes éxito en la vida
- Sentirte importante

Cada mañana, abre una breve entrada en tu diario con la fecha seguida de las palabras «Necesidad básica de hoy». Piensa bien en qué necesidad es la más acuciante para ti en este día y escríbela en tu diario. Explica lo que esta necesidad significa para ti, por ejemplo: «Necesito sentirme realizado hoy porque últimamente me cuesta ser productivo». Luego, anota de qué manera podrías satisfacer esta necesidad hoy (ya sea por ti mismo o con la ayuda de alguien). Por ejemplo: «Pasaré una hora trabajando en la presentación que debo hacer la semana que viene en el trabajo» o «Le pediré a mi amiga Sara que me ayude hoy una horita con un proyecto de mejora del hogar».

Con el tiempo verás que tu tendencia a caer en conductas *push-pull* se reduce a medida que vas ganando soltura a la hora de expresar tus necesidades más importantes, definir lo que significan para ti y trabajar para satisfacerlas (ya sea por tu cuenta o con la ayuda de alguien), porque abordarás de manera constante tus necesidades y pasarás menos tiempo sumido en la disregulación emocional. También te sentirás en mejores condiciones para gestionar las emociones intensas, incluso cuando estas te sorprendan (aunque es probable que aparezcan mucho menos porque estarás expresando y atendiendo tus necesidades regularmente). En resumen, te estás dando a ti mismo y a los demás la oportunidad de proporcionarte lo que deseas, y ello puede influir en tus creencias sobre tus propias capacidades y las intenciones de la gente hacia ti. Te sentirás menos obligado a alejar a los demás porque comenzarás a confiar en ciertas relaciones.

Aún mejor, al pedir ayuda de manera clara y directa en lugar de someter a los demás a pruebas para que te demuestren su apoyo, estarás propiciando la creación de interacciones más saludables basadas en una comunicación asertiva, en lugar de abordar cada relación interpersonal como una operación encubierta en la que tu objetivo sea detectar quién desea hacerte daño (en vez de averiguar quién podría estar realmente de tu lado).

Hacer este ejercicio de forma habitual te ayudará a desarrollar pensamientos más equilibrados y realistas sobre ti mismo y las personas que te rodean, y a reducir esa dinámica *push-pull* entre tu temor al abandono y tu necesidad de conexiones más profundas. Descubrirás que tus pensamientos sobre ti mismo y sobre los demás no son tan extremos, y encontrarás un punto de equilibrio entre la autoprotección y una apertura cautelosa pero genuina hacia las relaciones positivas.

Pedir ayuda

Si no estás acostumbrado a pedir ayuda, puede ser difícil solicitarle directamente a alguien que te asista para que puedas satisfacer una necesidad personal. Aquí tienes una fórmula sencilla que te ayudará a comunicarte con claridad y gratitud.

Indica la acción concreta y observable que te gustaría que esa persona realizara para ayudarte a satisfacer tu necesidad. Por ejemplo: «Me gustaría que pasaras unos minutos conmigo después de la cena de hoy para que podamos repasar nuestros planes del fin de semana».

Dile lo que su acción significará para ti. Por ejemplo: «Me ayudará a sentirme más tranquilo y organizado, porque ahora mismo me supera todo lo que tengo que hacer esta semana».

Expresa gratitud. Por ejemplo: «Muchas gracias por plantearte ayudarme».

Si esa persona responde negativamente a tu solicitud, es posible que te cueste asimilarlo y que se te pasen por la cabeza pensamientos como «¡Por eso nunca pido ayuda!». Recuerda que un «no» no significa que no se preocupen por ti o que no quieran ayudarte; a menudo, las personas tienen sus motivos para negarse educadamente (lo cual constituye un buen recordatorio de que tampoco tienes que decir que sí a cada petición que recibas). Ten compasión contigo mismo si surgen estos pensamientos (consulta la página 337 para estrategias de autocompasión) y luego toma estas dos medidas: 1) pídele el favor a otra persona que pueda satisfacer tu necesidad en parte o en su totalidad; y 2) oblígate a recordar que otro día le pedirás una cosa distinta a esa primera persona (en lugar de descartar por completo pedirle ayuda porque una vez te dijo que no).

«Merezco sufrir»

Los especialistas de la vigilancia tienden a experimentar una intensa soledad y sentimientos reiterados de vergüenza que son motivo de una gran angustia y terminan desembocando en sufrimiento emocional. Aunque el sufrimiento casi siempre consiste en distintas formas de angustia mental, de dolor emocional o físico, o de amenaza a la destrucción del autoconcepto (denominado «integridad de la persona» por el médico E. J. Cassell),[4] el sufrimiento es una experiencia humana increíblemente compleja que es profundamente personal y puede manifestarse de maneras diferentes según cada cual. Dado que la sensación de soledad y sufrimiento es una constante para los especialistas de la vigilancia, suelen creer que merecen lo que les está sucediendo, especialmente porque su autoestima es baja de por sí y pueden dudar de merecer algo mejor. Este sufrimiento persistente también erosiona el ya frágil autoconcepto que tienen.

La soledad tiene un profundo impacto emocional, psicológico y físico en las personas, lo que aumenta la gravedad del sufrimiento con el tiempo. Puede que hayas oído que la soledad crónica es perjudicial para nuestra salud. Tras el inicio de la pandemia en 2020, la soledad se convirtió en un problema más acuciante. Según un estudio de la Universidad de Harvard, el 36% de los estadounidenses experimentó «soledad grave».[5] Estudios recientes han demostrado que el aislamiento social aumenta el riesgo de muerte prematura por diversas causas, especialmente a medida que envejecemos. La soledad se vincula a un aumento del 50% en el riesgo de demencia, del 29% en el riesgo de enfermedades cardiacas, y del 32% en el riesgo de accidentes cerebrovasculares.[6] También se relaciona con tasas más altas de depresión y de ansiedad. Las personas que informaron de unos niveles más elevados de soledad tenían catorce veces más probabilidades de sufrir un trastorno depresivo mayor y once veces más probabilidades de padecer un trastorno de ansiedad generalizada. Esta relación era especialmente pronunciada en hombres y en personas más jóvenes.[7]

De pequeños, los especialistas de la vigilancia piensan que los comportamientos erráticos de sus padres son culpa suya. Cuando no puedes averiguar qué comportamientos harán (o no) felices a tus cuidadores, te terminas convenciendo de que hay algo mal en ti, en lugar de pensar que has hecho algo mal. Esa sensación de llevar el mal encima termina desembocando con el tiempo en unos sentimientos de vergüenza persistentes que, si no se abordan, nuestro niño interior arrastrará hasta la edad adulta.

La vergüenza es esa sensación incómoda en la boca del estómago que se produce cuando parece que no estás a salvo del juicio de los demás. Es un desprecio por la persona que eres en lo más profundo y no se basa en tus actos. Cuando experimentas una vergüenza constante, llegas a creer que hay algo mal en ti; puedes sentirte insuficiente, indigno, herido, desconfiado y desconectado. Esa vergüenza tiende a resultar en comportamientos autodestructivos y de autosabotaje cuando estas frustraciones irracionales se vuelven hacia dentro, lo que puede dar pie a sentimientos de ira o de venganza hacia uno mismo. Puedes terminar castigándote porque crees que no mereces nada mejor.

Debajo de sus dolorosos sentimientos de vergüenza y soledad, los especialistas de la vigilancia libran una lucha por creer que son seres dignos, personas merecedoras de amor, compasión y apoyo. Puede costarles mucho sentir amor propio y compasión, lo que, a su vez, les hace difícil aceptar el amor y la comprensión de los demás o creer que las personas de su entorno desean sinceramente cuidar de ellos. Dadas sus dificultades para ser autocompasivos, desconfían de cualquier persona que muestre deseos de conectar con ellos, porque en el fondo no creen merecer que les ocurra nada bueno. Si los demás reaccionan ante ellos de forma neutral o con señales sociales que no aciertan a interpretar, los especialistas de la vigilancia pueden concluir que esos comportamientos constituyen una amenaza, ya que no confían en que las personas sean buenas por naturaleza.

Esa falta de confianza en los demás perpetúa la soledad y la desconexión, lo que los sitúa en una situación todavía más difícil. Un estudio de 2017 postuló que las personas solitarias suelen prestar más atención a estímulos sociales que pueden ser amenazantes (por ejemplo, entrar en una sala donde no conoces a nadie y adoptar una actitud de hipervigilancia ante cualquier señal de desaprobación, como, por ejemplo, una mirada de reojo que podría sugerir desagrado hacia ti), creen que van a causar rechazo social y se evalúan a sí mismas y a los demás de forma más negativa.[8]

Un estudio reciente realizado en la Universidad de Bonn, en Alemania, indagó en la conexión entre la confianza y la soledad.[9] Durante el estudio, se monitorizó mediante imágenes la función cerebral mientras las personas reaccionaban a distintas interacciones sociales. Los resultados mostraron que podía haber diferencias cerebrales significativas entre los individuos que informaban sobre altos niveles de soledad y aquellos que no. Se descubrió que los individuos con un alto nivel de soledad segregaban menos oxitocina (la hormona del bienestar) durante las interacciones sociales positivas (por ejemplo, una conversación agradable con un desconocido) y exhibían una menor actividad en las regiones cerebrales de las experiencias sociales y las emociones durante una tarea que requiriera confianza.

Esta dificultad para entregarse a la confianza y conectar con los demás puede llevar a las personas con un apego desorganizado a sentirse más solas tras ciertos tipos de interacciones sociales. Pueden acercarse con entusiasmo a una persona o situación social y luego retirarse rápidamente. Asimismo, cuando se les haga ver su comportamiento errático, sentirán vergüenza y se aislarán de los demás, lo que incrementará aún más su soledad. Son reacciones perfectamente lógicas si pensamos en lo que tuvieron que vivir con algunos de sus cuidadores principales en una época de sus vidas en la que aún dependían de los demás para sobrevivir. Si este es tu estilo, recuerda: tienes valor tal y como eres, y mereces la bondad de la vida como cualquier otra persona.

Antídoto a «Merezco sufrir»

Los próximos ejercicios te ayudarán a valorar tu autoestima y a creer en ella. También te servirán para reducir el sufrimiento provocado por la soledad persistente y la vergüenza. Al conectarte con personas que probablemente te proporcionen experiencias positivas y dar a tu niño interior la validación que necesita para conocer su valor inherente por el simple hecho de existir, fortalecerás tu sentido de la identidad y allanarás el camino a una experiencia de la vida más llena de sentido.

Ejercicio de descubrimiento: conecta con tu círculo interior

Dado que los humanos son, por definición, seres sociales, todos necesitamos un círculo interior que nos apoye. Por más independiente que uno sea, nadie en el mundo hace algo importante por su cuenta, sin la ayuda y el aliento de los demás, o sin interactuar con ellos. Todos necesitamos sentir que estamos enmarcados en algo que nos trasciende para sentirnos seguros tanto física como psicológicamente. Y disfrutar de esas conexiones más profundas y significativas es una de las mejores maneras de reducir la soledad y el sufrimiento emocional.

Este ejercicio te ayudará a identificar a personas de tu círculo interior para conectar con ellas y reducir así los sentimientos de soledad. También es muy útil para dejar atrás la vergüenza, ya que las personas de tu círculo interior son las más proclives a compartir valores similares a los tuyos y a aceptarte tal como eres.

Existen muchas definiciones sobre lo que constituye un círculo interior, pero para mí representa un pequeño grupo de personas que

- te aceptan tal como eres, sin juicios ni condiciones;
- son honestas contigo y te hacen responsable (incluso si a veces no resulta cómodo);
- te motivan para que seas mejor persona;
- te animan mientras persigues tus objetivos;
- no son competitivas contigo y se alegran por ti cuando tienes éxito;
- te ofrecen diferentes perspectivas, oportunidades y experiencias de vida;
- son con quienes puedes bajar la guardia para compartir tus sueños, vulnerabilidades y fortalezas;
- comparten valores fundamentales similares o que se solapan con los tuyos;
- te ofrecen una dinámica natural de intercambio en la relación (en lugar de una relación unilateral en la que solo uno carga con todo el peso de la relación).

¿Hay alguien en tu vida que cumpla con todos (o la mayoría de) estos criterios? Si es así, escribe «Círculo interior» en la parte superior de una nueva página de tu diario y luego apunta el nombre de esa o esas personas en una lista. Marca esta página porque más adelante repasarás quién está en tu círculo interior y añadirás nombres nuevos o tacharás alguno viejo según sea necesario.

Este ejercicio te servirá, además, para tener una buena lista de personas a las que acudir en busca de apoyo cuando estés pasando por un momento especialmente difícil. Tal vez descubras que ciertas personas de tu círculo interior son de gran ayuda para ciertos tipos de problemas (por ejemplo, con las relaciones personales o con tu carrera profesional). Asimismo, es posible que veas que valoras distintos tipos de intimidad y cercanía con diferentes personas de la lista (repasa los «Cinco tipos de intimidad» de la página 116 y el ejercicio «Cultiva la intimidad» de la página 118). Así pues, para fomentar tus relaciones con cada una de esas personas y hacerlas más profundas, quizá convenga que reserves un poco de tiempo para compartir actividades específicas con cada una de ellas.

Si tu apego es desorganizado, es posible que te cueste identificar a alguien en tu círculo interior que te inspire la confianza necesaria para entregarle tu confianza y acudir a él o ella siempre que lo necesites. Tus experiencias infantiles tal vez te hayan llevado a tener dificultades para identificar o crear relaciones mutuamente beneficiosas. Es posible que te cueste un poco fijar unos límites sanos porque no recibiste ese ejemplo de niño. O quizá te veas envuelto en relaciones con personas que pueden causarte mucho estrés o incluso activar tus respuestas traumáticas. Si encuentras personas que merezcan tu tiempo y atención, es posible que se te haga difícil conectar con ellas sin entrar en una dinámica *push-pull*, o quizá te cueste creer que de verdad estarán a tu lado, especialmente cuando las cosas se pongan feas o difíciles.

Tu círculo interior tal vez constará solamente de una o dos personas cuando empieces. También podría pasar que las únicas personas de tu círculo interior sean en este momento aquellas que te procuran servicios de salud mental. No pasa nada y, además, no juzgamos aquí cuántas personas deberían componer tu círculo interior, cómo las conociste o qué tipo de interacción mantienes con ellas. La calidad de esas conexiones es mucho más importante que su cantidad. De hecho, creo que en la mayoría de los casos la gente tiene como máximo cinco personas a las que consideran parte de su círculo interior. Cultivar relaciones profundas y de gran calidad requiere tiempo, esfuerzo y sacrificios, y por lo general no solemos dedicar ese tipo de atención más que a un puñado de personas en cada etapa de nuestras vidas.

Cuando conozcas mejor en qué consisten esas fuentes saludables de conexión, podrás reconocer y saber con quién puedes contar entre las personas en las que más confías. Asimismo, con el tiempo, tal vez llegues a la conclusión de que otras personas se van incorporando a tu círculo interior. Si deseas ampliarlo, te recomiendo que hagas algunas de las actividades que te propongo a continuación con personas que creas que pueden ser dignas de tu confianza y llegar a formar parte de tu círculo interior, para intentar alcanzar una conexión más profunda con ellas. Al cabo de unas semanas, puedes volver a la definición anterior (en la página 294) para evaluar si crees que cumplen con los requisitos necesarios para ingresar en tu círculo interior.

Durante una semana, me gustaría que contactaras una vez al día con por lo menos una de las personas de tu círculo interior y que hicieras algo para fortalecer o hacer más profunda su relación. Puedes llamarla por teléfono y charlar ocho minutos,[10] dar un paseo, salir a tomar un café o tener un encuentro virtual. Esta conexión puede utilizarse para hacer un seguimiento de los objetivos en los que estás trabajando y ofrecerse apoyo mutuo. Si la conversación es más larga, también pueden ayudarse a resolver problemas y a generar soluciones juntos. La conexión no tiene por qué estar orientada a un objetivo: puedes aprovechar tu tiempo con alguien para recordar una experiencia compartida que ambos disfrutaron y planear futuras aventuras. También puedes unirte a una persona de tu círculo interior para explorar un nuevo *hobby*, asistir a una conferencia o ver una exposición en un museo.

Haz que estas acciones sean intencionadas y realízalas con el objetivo de fomentar conexiones saludables y significativas que te ayuden a sentirte seguro y cuidado, creando así un espacio para explorar nuevas experiencias, ampliar tus perspectivas y ser tu verdadero yo.

Sesión diaria de trabajo: visualización de la autovalía

Para superar la creencia de que mereces sufrir, debemos ayudarte a conectar con tu valía inherente, ese valor que no hay que ganarse, sino que te corresponde por derecho de nacimiento. Ponte cómodo donde estés (sentado, acostado, dentro o fuera de casa) y cierra los ojos. Respira profundo unas cuantas veces, para oxigenarte bien y liberarte del estrés y de los miedos. Con cada inhalación, absorbe tranquilidad y paz, y cada vez que sueltes el aire, libérate del estrés y los temores diciéndote a ti mismo: «Me libero porque expulso los temores y el estrés que me impiden tener una vida lograda y plena de sentido».

Aunque no es necesario que despejes la mente, sí debes permitir que aflore tu curiosidad y actuar como un observador de tus propios pensamientos. Cuando surja un pensamiento, sea del tipo que sea, lo único que debes hacer es reconocer su existencia diciendo para tus adentros: «Te veo». Lo que no debes hacer es dejarte arrastrar por ese pensamiento o intentar combatirlo. Puede ser de utilidad visualizar cada pensamiento que surja como una nube en el cielo y dejar que se aleje suavemente de tu campo de visión.

Coloca ambas manos sobre tu corazón y sigue respirando profundo. Siente el calor de tus manos en esta parte de tu cuerpo, ya que es el lugar simbólico en el que experimentas los sentimientos de amor hacia los demás, así como hacia ti mismo.

Ahora imagina que una luz blanca, brillante y cálida envuelve tu cuerpo, y lo recorre en toda su extensión, de la cabeza a los pies, infundiéndote vitalidad, calor, fuerza y amor. Imagina que el origen de esta luz blanca es algo que te trasciende, ya sea Dios, el universo, el mundo o tu comunidad. Imagina que el origen de esa luz trascendente valora la persona que eres tal y como eres. No tienes que hacer nada para merecer amor. No tienes que comportarte de ninguna manera en concreto para tener valía. Como cualquier ser humano del mundo, tienes un valor intrínseco. Nada ni nadie puede arrebatártelo.

Ahora concéntrate en tu respiración. Con cada inhalación, presiona suavemente tu corazón con ambas manos para recibir amor propio y autocompasión, mientras dices: «Soy valioso». Con cada exhalación, abre las manos hacia fuera, separándolas de tu pecho y ofreciéndolas al espacio que tengas enfrente, y expulsa cualquier cosa que te haga despreciarte o rechazarte mientras dices: «Me acepto a mí mismo». Repítelo un mínimo de diez veces, o más si así lo deseas. (Se entiende por una vez el ciclo completo de inhalar y exhalar).

Ahora imagina que estás rodeado de las personas que te quieren y te apoyan en tu vida. Estas personas no tienen por qué ser perfectas en sus expresiones de amor y compasión hacia ti (¿y quién lo es?), pero parecen tener buenas intenciones y quieren ayudarte cuando lo necesitas. No pasa nada si son pocas: es más que suficiente con tener una o dos que deseen apoyarte y quererte. También está bien incluir a personas que perdiste, como un abuelo cariñoso o un amigo fallecido.

Las personas que visualices pueden ser de tu familia de origen o de tu familia actual, también pueden contarse entre tus amigos o tus compañeros de trabajo, o ser un profesional de la salud mental o física. Imagina que colocan sus manos sobre ti y que cada una de ellas activa un rayo de luz blanca, brillante y cálida cuando te toca, haciendo que esa luz blanca que fluye por todo tu cuerpo se multiplique. Disfruta de esta sensación cálida y amorosa y permítete creer que hay personas que quieren cuidarte y curarte. Sumérgete en esta experiencia todo el tiempo que desees mientras te concentras en tu respiración.

A continuación, imagina a otras personas en tu vida o en el mundo que puedan necesitar esta misma curación. Ahora visualiza toda la tierra e imagina todas las personas que sienten soledad y vergüenza: no estás solo. Imagina que regalas esta luz blanca y cálida a alguien más que la necesita. Al hacerlo, acuérdate de que todos estamos conectados y de que nunca estarás solo.

Cuando estés listo, respira profundo unas cuantas veces más, abre despacio los ojos y deja que tu atención regrese a la habitación o al lugar donde empezaste.

Date unos minutos para describir en tu diario las reacciones que te ha motivado esta experiencia, incluyendo cualquier pensamiento o sentimiento que haya surgido. Para concluir la entrada del diario, responde a esta pregunta: «¿Qué puedo hacer para tratarme con compasión hoy?». La respuesta podría ser algo tan sencillo como «beber más agua» o «dormir una hora más», o algo de mayor importancia, como «perdonarme por haber gritado a mi madre ayer, por tercera vez esta semana». Si no se te ocurre nada, un buen punto de partida es practicar algunas de las técnicas de autocompasión y regulación emocional detalladas en el apéndice B, en la página 337.

Te sugiero que retomes esta práctica con frecuencia para generar autovalía y amor propio siempre que te sientas bajo de autoestima o necesites un poco más de autoafirmación. Este ejercicio te ayudará a liberarte de los sentimientos de vergüenza y soledad, así como a abrazarte tal como eres en este momento.

«No puedo controlar mis emociones»

Sarah ha estado luchando con una constante disregulación emocional durante la mayor parte de su vida y con frecuencia experimenta intensos altibajos en su estado de ánimo. Esta montaña rusa emocional la deja abrumada y exhausta, lo que le dificulta mantener relaciones estables o conservar un empleo. Puede despertarse por la mañana sintiéndose llena de energía, feliz y emocionada ante las posibilidades que le brinda el día, pero, por la tarde, cualquier contratiempo menor, como el tráfico o una llamada perdida, puede desencadenar sentimientos abrumadores de frustración, ira y tristeza. Sus reacciones emotivas suelen ser exageradas o no estar en sintonía con lo que está ocurriendo efectivamente. Por ejemplo, cuando su jefe le hace un comentario constructivo sobre su trabajo, Sarah lo interpreta como un ataque personal, se pone a la defensiva y le guarda rencor por haberle hecho una pequeña sugerencia para mejorar. Esta tendencia a ser suspicaz e impredecible en su comportamiento la ha llevado a tener conflictos con los compañeros de trabajo y sus superiores, poniendo en riesgo su trayectoria profesional.

En sus relaciones personales, Sarah tiene dificultades para conservar conexiones estables, ya que oscila entre idealizar a sus nuevos amigos y parejas y desvalorizarlos tan pronto como percibe la más mínima señal de rechazo o crítica. Su instinto es cortar los lazos antes de que ellos lo hagan con ella, generalmente de forma abrupta y sin previo aviso. Sarah no está satisfecha con la forma en que reacciona a estas situaciones, y su diálogo interno está repleto de autocríticas y de dudas intensas sobre sí misma. Se reprocha las decisiones que tomó y se culpa por sus errores, lo que la conduce a un mayor sentimiento de soledad, vergüenza y sufrimiento.

Al igual que Sarah, la mayoría de los especialistas de la vigilancia tiene problemas para regular sus emociones. La regulación emocional consiste en la capacidad de entender tus propias emociones y gestionar tus reacciones emocionales de manera útil, tranquilizadora y orientada a objetivos, incluso (y quizá especialmente) en situaciones estresantes. Todos perdemos el control sobre nuestras emociones de vez en cuando, pero lo que distingue a las personas con un apego desorganizado es que esa pérdida de control se produce con más frecuencia que en aquellas personas que tienen un apego seguro. La disregulación emocional puede desencadenar un alud de sucesos que nos suma en un sentimiento de vergüenza y nos lleve a actuar de maneras de las que luego nos arrepentiremos; son esas respuestas «en caliente» de las que nos gustaría arrepentirnos más adelante, cuando se impone la cabeza fría.

El sistema nervioso desempeña un papel crucial en la regulación de las emociones porque es el responsable de procesar los estímulos y señales emocionales y darles expresión corporal. En el mejor de los casos, nuestros padres nos enseñaron desde pequeños a autorregularnos a través del afecto físico y la presencia emocional; su sistema nervioso tranquiliza, en un sentido literal, el del bebé. Por ejemplo, hay estudios que demuestran que los abrazos parentales pueden provocar una disminución de los niveles de cortisol (la llamada hormona del estrés) en bebés prematuros.[11] Asimismo, el afecto físico materno se ha vinculado con una mejor regulación emocional en niños en edad preescolar.[12]

Las personas con un apego desorganizado no aprendieron en la infancia una respuesta estándar o efectiva ante el miedo o la angustia. Las experiencias traumáticas o los abusos que sufrieron por parte de su cuidador pudieron malograr su capacidad para desarrollar una corregulación sana.

Además, cuando las experiencias traumáticas o los estresores suceden, el sistema nervioso termina activando de manera crónica las reacciones típicas de la angustia: la lucha, la huida o la parálisis. Ya de adultas, estas personas pueden responder a situaciones intensas actuando de manera explosiva y buscando pelea con los demás (lucha) o poniendo distancia de por medio cuando se ven ante una situación emocionalmente intensa (huida), aunque esta última reacción a menudo pueda ser contraproducente: cuando una persona con un apego desorganizado se aparta por completo, sus seres queridos pueden sentirse abandonados, como si esa persona no se preocupara por ellos, especialmente en momentos de angustia. A veces no reaccionan en absoluto (parálisis). Cuando se les inquiere sobre su falta de respuesta, informan que, cuando esto sucede, se sienten vacíos por dentro o los domina una sensación de indiferencia absoluta. A veces no muestran ninguna expresión externa de lo que sienten, aunque por dentro estén agitados.

No haber aprendido a enfrentar o gestionar las emociones lleva a quienes tienen un apego desorganizado a verlas como algo aterrador e incontrolable. Cuando se trata de abordar una experiencia emocional, es más probable que traten de regular sus emociones recurriendo a su entorno, a veces de maneras poco saludables (como conductas adictivas). Muchos de mis pacientes han descrito que su primer acercamiento a comportamientos adictivos fue motivado por el intento de adormecer, bloquear o aliviar el dolor emocional que padecían. Como me dijo un paciente: «Mi mente está tan llena de pensamientos autocríticos y deprimentes que la única forma de escapar de ellos, al menos por un momento, es beber hasta perder el sentido».

Asimismo, los especialistas de la vigilancia suelen disociarse de sus emociones negativas para intentar mitigar sus reacciones motivadas por sus experiencias traumáticas o estresantes. El problema es que, con el tiempo, no solo mitigas esas emociones negativas: terminas insensibilizándote a todas las emociones. La alegría te parece tan inquietante y peligrosa como el miedo o la tristeza. Aun así, tengo una buena noticia que darte: la regulación emocional es una capacidad que se puede aprender a cualquier edad. Vamos a investigar cómo.

Antídoto a «No puedo controlar mis emociones»

Aunque tus padres desempeñaron un papel crucial en el desarrollo de tu regulación de las emociones cuando eras pequeño, nunca es tarde para cambiar: puedes aprender por tu cuenta esta capacidad, aunque nadie te la haya enseñado. De hecho, es una de las capacidades más deseadas y útiles desde el punto de vista de la psicoterapia. Ser capaz de regular tus emociones de manera constante y efectiva te permite ganar confianza y autoeficacia (es decir, creer en ti mismo y en lo que puedes conseguir), así como fortalecer tu autoconcepto y la seguridad de que puedes transformar tu vida para bien. Aprender a regular tus emociones y a abordar las necesidades insatisfechas de tu niño interior exige tiempo y mucha práctica. Ve despacio y sé amable contigo mismo. Los ejercicios de las páginas siguientes tienen la finalidad de ayudarte a enseñar a tu niño interior nuevas formas de verte a ti mismo y de mejorar las interrelaciones que entablas con tu mundo social. Son cambios a largo plazo, y no es descartable que todavía sufras momentos de disregulación a medida que avances en la senda hacia una vida sana. Para encontrar apoyo en esos momentos difíciles, te recomiendo que acudas a la lista de trucos rápidos para autorregularte en el apéndice de «Activadores del estilo de apego y consejos siempre oportunos» de la página 327. Estos consejos rápidos son de especial utilidad, ya que te ofrecen unos ejercicios que podrás realizar *in situ*, y a medida que los vayas trabajando te será más fácil recuperar el control y bajar la tensión en aquellas situaciones que puedan desencadenar en ti una respuesta inmediata de disregulación.

Ejercicio de descubrimiento: el esquema infantil y la reescritura de imágenes

Tras años estudiando a adultos que padecían disregulación emocional, el doctor en psicología Jeffrey Young propuso que nuestras respuestas adaptativas poco útiles ante las emociones angustiosas estaban motivadas por necesidades básicas que no fueron adecuadamente atendidas durante la infancia (por ejemplo, la seguridad física y emocional, la conexión y la pertenencia, la autoestima y la validación, la intimidad y el afecto). Detectó que había patrones en las formas en que las personas intentaban lidiar con sus emociones y los llamó esquemas infantiles maladaptativos,[13] cada uno de los cuales se caracterizaba por emociones disfuncionales específicas. Si determinamos en qué esquema se halla alguien en un momento determinado frente a una situación específica, podremos entender qué necesidades le son cruciales. Gracias a ello, esa persona podrá aprender formas más efectivas de lidiar con sus emociones que le permitirán satisfacer estas necesidades esenciales.

Sin entrar en matices, las tres categorías principales[14] de los esquemas infantiles son:

- **Esquema del niño vulnerable.** Este esquema se caracteriza por emociones como la tristeza, la vergüenza y el dolor. Incluye subcategorías como el niño solitario (la persona se siente sola, indigna de amor y no aceptada; se vincula con la tristeza), el niño abandonado/maltratado (la persona se siente asustada y sola, y experimenta dolor y miedo relacionados con experiencias previas de abandono o maltrato; se vincula con el sufrimiento) y el niño inferior (la persona se siente incapaz, con una autonomía y autosuficiencia escasas; se vincula con la vergüenza).
- **Esquema del niño enojado.** La ira disregulada es el sello distintivo de este esquema, entre cuyas subcategorías se cuentan el niño enojado (la persona se siente frustrada e impaciente porque sus necesidades no han sido satisfechas y, por lo tanto, puede hacer demandas pretenciosas, erróneas o excesivas) y el niño enfurecido (la persona siente niveles más elevados de ira que pueden llevarla a explosiones de ira; se vincula con la furia).
- **Esquema del niño impulsivo.** Cuando el niño interior se activa, la persona descarga todas las emociones reprimidas de inmediato y de manera directa para satisfacer sus necesidades, sin ser capaz de aplazar la gratificación ni de prever las consecuencias de sus acciones. Una categoría relacionada es el niño indisciplinado (una persona extremadamente frustrada que es incapaz de esforzarse en cumplir con responsabilidades rutinarias y, en consecuencia, se rinde fácilmente).

Estos esquemas pueden manifestarse en diferentes situaciones en respuesta a desencadenantes específicos y a menudo se vinculan a estrategias adaptativas específicas. El niño vulnerable puede retirarse, aislarse y evitar lo que le molesta. El niño enojado puede actuar de manera explosiva hacia los demás, con un arrebato emocional o una diatriba verbal. El niño impulsivo puede hacer algo que parece autodestructivo y actuar por capricho.

Algunos ejemplos de estas estrategias adaptativas poco útiles pueden incluir estrategias de escape dilatadas en el tiempo (como jugar con la computadora durante horas, beber demasiado o comer en exceso para adormecer o aliviar sentimientos heridos), la represión de sentimientos negativos, la negación de necesidades básicas (decirte que no necesitas conectar con los demás o contar con su afecto, por ejemplo), o volcar tus frustraciones en otras personas (desquitarse con un amigo que solo quería comprobar si podía ayudarte) o incluso en ti mismo (a través de pensamientos autocríticos cada vez más intensos y privándote de experiencias porque no te crees digno de ellas, como pasar tiempo con amigos o cuidar de ti mismo y de tu higiene). Estas estrategias adaptativas pueden propiciar un alivio temporal frente a los sentimientos angustiosos, pero a largo plazo causan más sufrimiento y una mayor disregulación emocional, lo que probablemente te llevará a sentir que pierdes el control de tu vida.

Rachel a menudo entra en conflicto con los demás porque parece plantearles exigencias desmesuradas de tiempo y esfuerzo sin dar nada a cambio. No es porque carezca de empatía o no le importen los demás. Como en su infancia sintió que sus necesidades nunca eran satisfechas, de adulta entiende que debe exagerar sus demandas para asegurarse de que los demás le presten atención, ya que, al plantear demandas de mayor importancia, incrementa sus posibilidades de que al menos algunas de sus necesidades sean satisfechas. Se dio cuenta de que su niña enojada se activaba sobre todo en aquellas situaciones en las que creía que los demás la estaban descuidando o no la tomaban en cuenta. En cuanto lo entendió, pudo mejorar gracias al siguiente ejercicio de reescritura de imágenes y así satisfacer sus necesidades de una forma más coherente que no pusiera en tensión sus relaciones existentes y la hiciera sentir más angustiada.

Revisa la lista anterior y piensa qué esquema infantil —vulnerable, enojado, impulsivo— te representa mejor cuando te sientes dominado por la disregulación emocional. Tu esquema infantil se activa a veces a través de recuerdos o sucesos desagradables que te traen a la memoria traumas pasados. Ciertas personas y situaciones también pueden desencadenar tu esquema infantil y activar sentimientos negativos. Descubre qué esquema se manifiesta más a menudo en ti antes de avanzar al siguiente paso de este ejercicio, en el que visualizarás a tu yo adulto en el proceso de identificar las necesidades que subyacen a tu esquema o esquemas infantiles, mientras ofrece sostén y amparo a esas necesidades de tu niño interior.

*

Respira profundo unas cuantas veces y ponte en una posición cómoda, ya sea sentado o acostado. Evoca el recuerdo de una situación de tu infancia en la que experimentaste un sentimiento similar a la emoción negativa predominante de tu esquema infantil (soledad, ira, impulsividad, etcétera). ¿Qué recuerdo te viene a la mente? Puedes rememorar la escena en imágenes, palabras o ambas cosas. Describe tu entorno. ¿Qué ves? ¿Qué sientes, hueles, saboreas y tocas? ¿Quién más está en esta escena contigo? Imagina lo que sucedió como si fuera una película de cine que se proyecta ante tus ojos, para que puedas observar de qué manera la versión infantil de ti mismo se comportó, interactuó y reaccionó a los hechos, tal y como la verías si fuera una película. Es posible que afloren algunas sensaciones estresantes al recrear estos recuerdos. Para mantener el control de esta visualización y cómo decides evocar este recuerdo, imagina que tienes un control a distancia en la mano. Puedes decidir pausar la imagen cuando te apetezca, tomarte un descanso, desplazarte hacia atrás y hacia delante en el tiempo.

Ahora, levántate de donde estés sentado o acostado e imagina que entras en la escena que creaste para tu niño interior como el adulto que eres en este momento. ¿Qué sientes al ver lo que experimentó tu versión infantil?

Imagina que el niño interior levanta la cabeza y te mira. Pregúntale: «¿Qué necesidades tienes?». Guarda silencio y permite que el niño responda. Luego, reconoce y afirma lo que dijo. Puedes decirle: «Te escucho y afirmo que necesitas [declara la necesidad que ha expresado]. Procuraré ayudarte a satisfacer esta necesidad y protegerte».

Mientras continúas mirando al niño, imagina qué quieres decir o hacer ahora para cuidar de él. ¿Cómo puedes ayudarlo como el adulto empoderado que eres? ¿Cómo puedes ayudar al niño a entender lo que le ha sucedido? Expresa en voz alta lo que crees que puedes hacer o toma la iniciativa y actúa según lo que te venga a la mente. ¿Cómo reacciona el niño a tus palabras o acciones? ¿Lo ves más reconfortado, aliviado o menos asustado?

Una vez más, asume la perspectiva del niño. Imagina que vuelves a ser como eras en tus años más jóvenes, levantas la cabeza y miras a tu yo adulto, experimentando el apoyo y la amabilidad que te ofrece. ¿Cómo te ha ayudado el adulto a entender esta experiencia? ¿Hay una manera diferente de comprender y dar sentido a lo que te sucedió y a cómo reaccionaste? ¿Crees que hay alguna manera de que puedas aprender a sentirte protegido, sabiendo que tu yo adulto quiere estar a tu lado para cuidarte?

Visualiza a tu yo adulto tomando de la mano a tu niño interior. ¿Qué sentimientos surgen en ti? Nómbralos en voz alta si puedes, o describe en voz alta las sensaciones físicas que experimentas. Observa si esas sensaciones son parecidas o diferentes de las emociones principales de tu esquema infantil. Imagina que tu yo adulto te lleva de la mano a un lugar feliz y seguro en el que puedes recargar energías y escapar del estrés de la vida cotidiana. Puede ser un lugar real que te evoque momentos positivos o un lugar imaginario. Visualiza que tu yo adulto te lleva a ese lugar para que puedas sanar y crecer. Tu yo adulto seguirá ayudando a satisfacer las necesidades de tu yo infantil, enseñándole formas de abordar cualquier situación difícil o de estrés que pueda encontrar.

Pasa un rato en ese lugar feliz, en el que tu yo adulto y tu yo infantil están conectados. Recuerda que puedes volver a este lugar feliz cada vez que necesites que tu yo adulto y tu yo infantil se conecten, a fin de que el primero pueda educar al segundo y recordarle que siempre tendrá a alguien que lo cuide con todo el amor del mundo.

Cuando salgas de la visualización, respira profundo unas cuantas veces más y vuelve a concentrarte en el espacio que te rodea. ¿Cómo te sientes? ¿En qué se distinguen tus sentimientos actuales de los que tenías antes de empezar el ejercicio? Apunta en tu diario las necesidades que expresó tu niño interior y describe las características de su esquema infantil cuando reacciona a algún detonante. Anota las acciones o afirmaciones con las que tu yo adulto contribuyó a que tu yo infantil viera satisfechas sus necesidades.

Ejercicio extra: afirmaciones continuas

Es beneficioso frecuentar actividades que te permitan satisfacer las necesidades de tu niño interior de forma regular. Cuando notes que tu esquema infantil se expresa (según el modelo que identificaste en el seguimiento del ejercicio anterior que hiciste en tu diario), realiza alguna de las actividades o utiliza una o dos afirmaciones. También puedes incorporar algunas de estas afirmaciones o actividades en tu rutina diaria de autocuidado para así anticiparte a las necesidades de tu niño interior y darle la seguridad y el consuelo a los que aspira antes de que sea preciso abordarlos por medio del esquema infantil.

Sesión diaria de trabajo: estimulación del nervio vago

Tus estados de ánimo, que, además de las experiencias íntimas y subjetivas, comprenden también las sensaciones de tu organismo, están conectados con las dos ramas de tu sistema nervioso autónomo. La disregulación emocional suele relacionarse con el sistema nervioso simpático, al que también suele darse el nombre de «sistema lucha-huida-parálisis». Cuando te sientes expuesto a un peligro físico o psicológico, tu sistema simpático se activa para hacer frente a una crisis y se prepara para tomar medidas extraordinarias. En cambio, cuando quieres relajarte, reducir la intensidad de unas emociones difíciles y alcanzar la tranquilidad y la paz, es el sistema parasimpático el que toma el timón de tu organismo.

El nervio vago desempeña un importante papel en la relajación. Es el nervio craneal más largo del cuerpo, y conecta el bulbo raquídeo con tus órganos internos. Te ayuda a mantener la calma incluso en momentos de gran dificultad, y también te permite saber que debes relajarte cuando no te encuentras en una situación de peligro real. El nervio vago se relaciona con la gestión del estrés, y tonificarlo (o mejorar la actividad y su capacidad de respuesta ante procesos fisiológicos como la relajación) puede ayudarte a ser más resiliente y a enfrentar de manera coherente las experiencias emocionales difíciles que surjan en tu vida.[15] La capacidad de regular adecuadamente las reacciones a aquellos sucesos que desencadenen respuestas emocionales perjudiciales se ha vinculado con una mayor actividad de este nervio y con mayores niveles de bienestar.[16]

Existen maneras de entrenar y fortalecer el nervio vago como si se tratara de un músculo. Cuando está tonificado, el nervio vago puede contrarrestar de manera rápida y efectiva la reacción de lucha o huida que desencadena tu sistema nervioso simpático durante una situación estresante, además de ayudarte a recuperar la serenidad y equilibrar el cuerpo. Las personas con un nervio vago más tonificado suelen recuperarse más deprisa de los momentos de disregulación emocional y experimentar un mayor bienestar general y una mayor resiliencia. ¡Como puedes ver, mejorar el tono e incrementar la influencia del nervio vago sobre las respuestas fisiológicas de tu cuerpo tiene muchas recompensas!

*

Comprométete unos minutos cada día a estimular tu nervio vago y a mejorar tu respuesta al estrés. Aquí tienes algunas de mis técnicas favoritas:

1. **Inmersión en agua fría.** Un cambio de temperatura puede ayudarte a pasar del sistema nervioso simpático al parasimpático. Sumerge la cara en un *bowl* de agua con hielo durante unos segundos, ponte una bolsa de hielo en el cuello, termina tu baño con un minuto de agua helada o date uno con agua fría.
2. **Tararear o cantar.** Tu nervio vago está conectado a tus cuerdas vocales, por lo que tararear, cantar al ritmo de tus canciones favoritas o emplear el método Voo (técnica de relajación que consiste en hacer un sonido con la boca semejante a una sirena en alta mar) es una magnífica manera de mejorar tu tono vagal. Por si fuera poco, cantar también incrementa los niveles de oxitocina (al margen de si eres un buen cantante o no).
3. **Meditación de bondad amorosa.** Varios estudios demuestran que los sentimientos positivos que experimentas durante la meditación de bondad amorosa contribuyen a crear un tono vagal saludable (consulta la página 339 para más información).[17,18]

4. **Respiración diafragmática.** Respirar profundo, despacio, de manera consciente, dedicando más o menos el mismo tiempo a inhalar y exhalar, estimula el nervio vago, lo que contribuye a reducir la tensión arterial y la frecuencia cardiaca, además de calmar la sensación de no poder con todo.[19,20] Coloca una mano en tu abdomen y la otra en tu pecho. Respira profundo una vez y siente cómo se expande tu estómago. Al soltar el aire, siente cómo este se nivela. Repítelo diez veces.
5. **Masaje.** El nervio vago también puede estimularse masajeando áreas concretas del cuerpo. Un estudio demostró científicamente que un masaje de diez minutos en la cabeza y el cuello mejora los datos de relajación, tanto los informados por los participantes como los fisiológicos (obtenidos según la variabilidad de la frecuencia cardiaca).[21]

   Puedes darte un masaje sencillo siempre que lo necesites. Empieza por la clavícula y masajéate suavemente en un movimiento ascendente a lo largo del lado izquierdo del cuello. Repítelo en el lado derecho. Luego, frótate suavemente la zona posterior a los lóbulos de las orejas.[22] Por último, masajéate las sienes en un movimiento circular con las yemas de los dedos índice, medio y anular durante uno o dos minutos.

«Mi vida es un caos constante»

Los especialistas de la vigilancia suelen verse arrastrados a situaciones caóticas o provocarlas en su entorno sin darse cuenta. Crecer en un mundo caótico y desorganizado puede hacer que sientan una atracción inconsciente por el caos en la edad adulta, porque el caos les resulta familiar. Lo familiar, incluso si es turbulento e inquietante, siempre se percibe como algo más seguro que lo desconocido. Por tanto, cuando reina el orden o las cosas van bien, se les disparan las alarmas y piensan que hay algo que no encaja. Si no hay dramas, no saben qué hacer porque su hábito es enfrentarse a la disfunción y la desorganización. Para bien o para mal, los especialistas de la vigilancia tienen estrategias para hacer frente al caos (aunque no sean efectivas ni emocionalmente saludables) y a veces se sentirán más a gusto en el caos. Pueden provocar una pelea o adoptar conductas negativas para romper la calma y sembrar un poco de caos, porque están acostumbrados a gestionar situaciones caóticas.

Los especialistas de la vigilancia tienden a recrear inconscientemente el estrés o los traumas extremos que experimentaron en su infancia; sus patrones de relación con los demás están arraigados, y su esquema por defecto es el trauma (¿recuerdas que hablamos sobre la creación de «vínculos en el trauma» en el capítulo 9?). La reiteración de patrones o situaciones que recuerdan a un trauma del pasado puede obedecer a que hay una parte de ti que quiere encontrar la manera de reparar lo ocurrido u obtener un resultado diferente, más positivo. Además, es probable que hayas adoptado la creencia de que la vida siempre será caótica, desorganizada e impredecible. A las personas que se ven atrapadas en el ciclo de la compulsión de repetición les cuesta creer que el cambio sea posible y pueden ver su futuro con desesperanza. También es posible que no crean ser merecedoras de calma o paz, o que estas sensaciones les resulten desconocidas e incómodas porque tal vez no las hayan experimentado en mucho tiempo.

Ahora que estás curando tus heridas de apego, podrás descubrir y fomentar una relación más cómoda con la experiencia de sentirte en calma y en paz. Como entendiste que ese caos que te es tan familiar y cómodo lo generas desde dentro, podrás aprender a superarlo y reducir tu tendencia a sembrar el caos en tu vida.

Antídoto a «Mi vida es un caos constante»

La conclusión es que nadie prospera en el caos. Puede que hayas llegado a creer que lo haces porque es lo que te resulta normal. Pero, a la larga, vivir en un estado de activación permanente mermará tu bienestar físico, mental e interpersonal. Estos ejercicios te ayudarán a reprogramar tu mente y tu cuerpo para expulsar esa parte de tu ser que integró el caos y el trauma en tus rutinas operativas. Te permitirán acceder a una parte trascendental de ti mismo, a ese ser sabio que siempre ha formado parte de ti, en tus actividades cotidianas y, especialmente, cuando estés debatiéndote en la antesala de recrear tus traumas pasados. Cuando te halles en medio de una situación caótica, estos ejercicios te ayudarán a incorporar unas estrategias adaptativas efectivas para resistir el temporal hasta que vuelva a salir el sol.

Ejercicio de descubrimiento: el yo como contexto

Aunque cueste creerlo, no somos solamente nuestros pensamientos y sentimientos. En realidad, tenemos acceso a muchas más perspectivas y puntos de vista sobre nuestra propia existencia. Nuestros pensamientos y sentimientos son transitorios por definición, de ahí que, si nos confiamos a ellos para definir quiénes somos o para determinar nuestra autoestima, nuestro autoconcepto se contagiará de su inestabilidad e inconsistencia.

El «yo como contexto», basado en los principios de la terapia de aceptación y compromiso (ACT, por sus siglas en inglés), es un método útil para consolidar una experiencia de la identidad que no se vea arrastrada fácilmente por cualquier situación estresante con la que estés lidiando ni por los pensamientos y sentimientos que te genere esa experiencia. Hay muchas otras formas de llamar al «yo como contexto», como «el yo observador», «el sentido trascendental del yo», «el yo central» o «ser tu propio guardián». El denominador común de todas ellas es la idea de una perspectiva desapegada. Como describe el doctor Russ Harris, un pionero de la ACT, se trata del yo que «se ocupa de registrar y observar cuanto ocurre en tu mundo interior y exterior».[23]

Tu yo observador ha visto todo: lo bueno, lo malo y todas las experiencias que se hallan entre ambos extremos. Sin embargo, a pesar de esos altibajos, es constante y no está excesivamente ligado a ningún recuerdo o experiencia en particular. Como dice Russ Harris, ese yo sabe que «eres mucho más que tu cuerpo, pensamientos, sentimientos y recuerdos; que eres mucho más que los roles que desempeñas y las decisiones que tomas; sabe que todas esas cosas cambian sin cesar a lo largo de tu vida, pero que la faceta de tu persona que las observa es invariable y siempre está disponible».[24]

Cuando describo la idea del yo como contexto a mis pacientes, a menudo empleo la analogía de un tablero de ajedrez. Quiero que visualices un tablero con tu imaginación: el diseño ajedrezado, las piezas de dos colores. A un lado, las piezas representan tus sentimientos, pensamientos y recuerdos positivos. Las del otro lado contienen tus sentimientos, pensamientos y recuerdos negativos.

Sobre este tablero de ajedrez se librarán muchas partidas. Tendrás que enfrentarte mentalmente a tus luchas íntimas, a tus pensamientos autodenigrantes, y tendrás que hacerlo armado con la esperanza de obtener resultados más positivos en tu vida y alcanzar un futuro mejor. O bien puedes intentar apartar esos pensamientos y sentimientos desagradables e inquietantes, pero por más que te empeñes esas piezas siempre se las ingenian para volver al tablero, iniciando otra batalla.

Si adoptamos el punto de vista de las piezas de ajedrez, cada batalla que se libra parece decisiva, cargada de estrés y tensión. Si te quedas atrapado en la identidad de una sola pieza, es como si tomaras partido en cada batalla que se libra en tu nombre. Tu objetivo consiste entonces en batir a las otras piezas a toda costa y te implicas con todo tu ser en el resultado de cada combate. En medio de una partida rápida y furiosa, todo puede parecer caótico y desorganizado, como si te arrastrara un torbellino. Tal vez pienses que no hay otra forma de vivir las cosas, porque es la única que has conocido; hasta hoy, siempre has creído que tu identidad como pieza de ajedrez es el único punto de vista posible para ti.

Pero ¿y si tomaras la perspectiva del tablero completo? Cuando eres el tablero, estás en contacto directo con todas las piezas. En consecuencia, experimentas directamente los pensamientos, los sentimientos y los recuerdos (positivos y negativos) desde cada lado del tablero, pero, como eres el soporte en el que se libra la batalla, no tomas partido necesariamente por uno de los bandos en detrimento del otro. Estás íntimamente conectado con todas las piezas, pero no te enganchas en ninguna de las batallas que se libran. A fin de cuentas, como eres el tablero, verás que cada bando gana centenares o miles de partidas. Sea cual sea el ganador, no sufres ningún daño o costo. El tablero siempre vuelve al punto inicial y, al adoptar este papel, sustentas el juego como un todo, convertido en testigo incansable de las interacciones entre las piezas de ajedrez.

Del mismo modo, el yo como contexto te permite desconectar de los juicios y los recuerdos relativos a la persona que eres y a cómo debería ser tu vida. Acceder a tu yo observador —adoptar la perspectiva del tablero— resulta de gran utilidad a los supervivientes de experiencias traumáticas porque hay una parte de ti que trascendió el trauma y logró atravesar la experiencia sin secuelas (aunque tu cuerpo y tus emociones sí sufrieran daños como consecuencia del golpe).

El siguiente ejercicio combina de forma muy potente distintas técnicas para acceder a tu yo como contexto a través de una visualización metafórica seguida de un tipo muy concreto de ejercicio de *mindfulness*.

*

Hagamos ahora un ejercicio para encontrar a tu yo trascendente, el tablero de ajedrez que guardas en tu interior. Sentado en una silla, con los pies sobre el suelo, respira profundo varias veces y ponte cómodo. Mientras sigues inhalando por la nariz y expulsando el aire por la boca, desplaza tu atención desde tu entorno a tu cuerpo. Céntrala en tus pies. Percibe las sensaciones de tus pies tocando el suelo. Siente si hay alguna tensión o si los notas relajados. Si hay tensión, mueve los dedos o aprieta los pies contra el suelo durante unos segundos; luego, relájalos. ¿Cómo los notas ahora? Siente si se ha producido algún cambio en las sensaciones de tus pies.

Mientras percibes todo ese abanico de sensaciones distintas, no pierdas de vista que eres tú quien las percibe y las observa. Por un lado, tienes los pies y cómo se sienten (tensos, relajados, dormidos, etcétera); por el otro, está esa parte de ti que percibe las sensaciones de tus pies. Esas sensaciones cambian constantemente. A veces, los notarás relajados; otras, los notarás tensos. Esas sensaciones irán sucediéndose, pero la parte de ti que las percibe siempre estará ahí, y no experimentará cambios.

Ahora concentra tu mente en un pensamiento reciente que te haya inquietado. Quizá sea el recuerdo de una discusión que mantuviste con una amistad o un pariente. Quizá sea la crítica a la que te sometes por un error que cometiste o algo que habrías preferido no hacer. Percibe cómo te hacen sentir esos pensamientos y recuerdos. Si puedes, describe esos sentimientos, quizá con palabras relativas a emociones (como «feliz», «triste», «enojado», «frustrado») o con las sensaciones físicas que te suscitan. Pronuncia esta descripción en voz alta o escríbela en tu diario.

Por ejemplo, John ha estado muy susceptible en tiempos recientes porque el trabajo es muy exigente y ha recibido comentarios críticos de su jefe.

Un día, al llegar a casa, desahogó sus frustraciones en su esposa y le gritó por algo tan trivial que ahora ni siquiera se acuerda de por qué se enojó tanto. Cuando ella se molestó también, John mantuvo su postura y justificó haberle levantado la voz. Se negó a disculparse con ella y no le dirigió la palabra durante el resto de la noche. Al reflexionar sobre lo ocurrido, percibió sensaciones de arrepentimiento, tristeza y culpa. Notó una sensación física semejante a la de tener un nudo en el estómago cuando recordó lo mal que se había portado con ella esa noche. Apuntó estas observaciones en su diario.

Ahora, centra tu atención en esa parte de ti que percibió esos pensamientos y recuerdos. Es posible que rememorarlos con cierto grado de detalle sea una experiencia dolorosa. Hacerlo tal vez te provoque una sensación de dificultad, estrés, pena o remordimiento. Sin embargo, debes sentir que hay una parte de ti que está contemplando esos pensamientos y recuerdos. Es una parte distinta, pero también conectada al resto, que ve esos recuerdos con la imaginación. Sin embargo, no queda atrapada en esos recuerdos ni en lo que puedan significar para ti. La función de esa parte de tu persona consiste en vigilar, observar y tomar nota de esos pensamientos y recuerdos, así como de los distintos tipos de sensaciones que suscitan en ti.

Debes recordar que, si bien esos pensamientos y recuerdos forman parte de ti, no representan para nada la totalidad de tu persona. Eres mucho más que cualquiera de esos pensamientos y recuerdos negativos. Hay una parte de ti que es trascendente y observa todo cuanto sucede, pero sale libre y sin defectos. Ese es el yo trascendente que te ha acompañado desde el mismo principio de tu existencia. Al margen de lo que te ocurra en la vida, no eres la simple suma de tus pensamientos, sentimientos, conductas y recuerdos. Eres mucho más que eso. Tu yo trascendente es esa parte de ti que te ha visto atravesar todas las experiencias positivas y negativas de tu vida, pero aun así sigue siendo una constante, en su forma más pura. Ese es el yo «tablero de ajedrez», el yo que percibe y observa pero no está amarrado a ninguna experiencia concreta, aun reconociendo que todas esas experiencias han ocurrido.

Retoma este ejercicio cada vez que necesites un poco de estabilización y quieras reforzar tu resistencia frente a la tendencia hacia el caos.

Sesión diaria de trabajo: mejora tus habilidades de tolerancia al malestar

El objetivo principal de las habilidades de tolerancia al malestar consiste en prevenir aquellos comportamientos autodestructivos o dañinos en los que podemos incurrir cuando nos abruma el malestar o nos sentimos arrastrados por el caos. Cuando se hallan sometidos a un estrés extremo, especialmente si ese estrés está relacionado de una forma u otra con experiencias traumáticas de su pasado, los especialistas de la vigilancia pueden entrar en bucles dominados por el caos, la desorganización y la desregulación. En particular, los supervivientes de experiencias traumáticas son más propensos a adoptar conductas de alto riesgo porque están acostumbrados a vivir en un estado de susceptibilidad. La sensación de que son culpables de lo que les ocurre puede llevarlos a comportamientos autolesivos o que impliquen un cuidado negligente de sí mismos, como el consumo excesivo de alcohol y de drogas, darse atracones de comida o no cuidarse (no bañarse, no hacer ejercicio o no alimentarse bien). En momentos de estrés, los especialistas de la vigilancia pueden intentar bloquear el malestar recurriendo en exceso a mecanismos de escape, como pasarse horas viendo la televisión, dormir más de la cuenta o utilizar cualquier medio que esté a su alcance para dejar de sentir. Sobra decir que, cuando están sometidos a altos niveles de estrés, su regulación emocional puede estar por los aires. Asimismo, les cuesta más recuperarse de situaciones difíciles.

Cuando estas personas se encuentran bajo un estrés extremo, se activa su respuesta de lucha, huida o parálisis. Durante tales momentos, como ya están agitadas y en guardia, puede resultarles muy difícil practicar unas estrategias adaptativas que sean efectivas.[25] Las habilidades de tolerancia al malestar están destinadas a usarse en estas situaciones de alto estrés, producen efectos positivos rápidamente y pueden ayudarte a reducir la intensidad del dolor y del sufrimiento emocional. Tienen la función de disminuir el desgarre interno que puedes sentir cuando te encuentras en una situación muy difícil que no va a cambiar en breve, sin que sea culpa tuya (como la enfermedad terminal de un ser querido o vivir con un familiar que está pasando por un momento muy delicado de salud mental). Cuando hayas alcanzado cierto grado de calma y hayas salido de la fase aguda de lucha, huida o parálisis, podrás utilizar otras estrategias adaptativas que sean más propensas a producir resultados positivos a largo plazo.

Las habilidades de tolerancia al malestar de la terapia dialéctica conductual (TDC) te ayudan a gestionar las emociones dolorosas sin necesidad de resistirte a ellas o cambiarlas. Son de especial utilidad en aquellos casos en los que quizá no esté en tus manos reconducir la situación o los comportamientos de otras personas. Permiten disminuir el dolor y el desgarro interno mientras luchas por encontrar cierta paz en medio de una crisis. La tolerancia al malestar es uno de los cuatro módulos de la TDC, desarrollada por la doctora Marsha Linehan.[26] También se les llama «habilidades de supervivencia en crisis», porque pueden ayudar a las personas a surcar una crisis percibida o real y a reducir o evitar comportamientos destructivos que las alejen de la sanación y puedan desembocar en un empeoramiento de la crisis.

*

Trabaja en una de las siguientes técnicas de tolerancia al malestar cada día para aumentar tu resiliencia psicológica y aprender a afrontar el caos de manera más efectiva. Cada vez que sientas la atracción del caos y repitas los comportamientos adaptativos ineficaces del pasado, regresa a esta sección para usar una o varias de estas técnicas. Te ayudarán a tolerar el malestar emocional hasta que te sientas más tranquilo y seas capaz de adoptar actitudes que te permitan superar el mal trago y obtener resultados positivos. Cuando te encuentres más sereno, podrás usar cualquiera de las otras estrategias adaptativas de este libro u otros recursos terapéuticos que hayas encontrado útiles.

Estas habilidades de tolerancia al malestar, resumidas acertadamente con el acrónimo IMPROVE (con el significado en inglés de «mejorar»),[27] se centran en lograr una mejoría inmediata.

- **Imaginación.** Imagina que abordas con éxito la crisis que estás experimentando actualmente. Visualiza un mundo de fantasía que te calme y transpórtate a él. Aíslate de todo lo que pueda hacerte daño. Imagina que las emociones dolorosas salen de tu cuerpo, como el agua por un sumidero.

- **Significado.** Pregúntate: «¿Cuál es el significado de esta situación dolorosa?» o «¿Qué puedo aprender de esta experiencia?» o «¿Hay algún propósito o valor en el dolor que estoy sintiendo?». Concéntrate en un pequeño aspecto positivo de la situación dolorosa actual. Escribe en tu diario una breve descripción de la situación difícil junto con un aspecto positivo y léela en voz alta para ti mismo.
- **Rezo.** Elige la forma de rezar que te resulte más próxima. Abre tu corazón a algo que te trascienda. Puede ser Dios, el universo, tu comunidad, o una versión trascendente de ti mismo. Pide fuerza para afrontar el dolor, libérate de todo aquello que no puedes controlar y céntrate exclusivamente en las cosas que puedas hacer ahora.
- **Relajación.** Ensaya la relajación muscular progresiva tensando y relajando, de uno en uno, los principales grupos musculares de tu cuerpo. Haz un ritual relajante como darte un baño caliente o masajearte el cuello y las manos. Practica la quietud sentándote en el sofá unos minutos sin ningún otro estímulo (nada de música, televisión o de ver el teléfono) para serenar tu sistema nervioso.
- **Vivir en el momento.** Centra tu atención en lo que estés haciendo ahora mismo, en lugar de alimentar las preocupaciones por el futuro o los pesares por el pasado. Observa una cosa en tu entorno físico y descríbela con todo el detalle del que seas capaz. Pon una cuenta regresiva de cinco minutos y escribe lo que piensas en tu diario sin darle demasiadas vueltas.
- **Vacaciones.** Date unas breves vacaciones visualizando un viaje que te haría ilusión hacer o uno del que guardas un grato recuerdo. Date un regalo, como usar un perfume diferente o comer una pequeña porción de un alimento que te dé paz. Vístete con uno de tus conjuntos favoritos y tómate fotos. Prepara un plato de comida tal y como te lo servirían en un restaurante de lujo. Tómate un descanso del trabajo y de las responsabilidades y haz algo que te provoque una alegría pura, como jugar en la computadora, ver un programa divertido o dedicarte a un *hobby* que tienes abandonado últimamente.
- **Aliento.** Emplea autoafirmaciones para animarte a seguir adelante. Te propongo algunas de mis favoritas: «Lo tienes controlado», «Este dolor no durará siempre», «Puedo resolver esta crisis», «Hago todo lo que puedo» y «Puedo mejorar este momento».

Sesión diaria de trabajo extra: aceptación radical

La aceptación radical es una técnica muy particular y efectiva que puede ayudarte a reducir el caos interpersonal. Consiste en aceptar lo que ocurre, aunque no sea ideal o sea estresante e incluso doloroso. Se trata de aceptar lo que no está en tus manos y la realidad sin juzgarla. Se trata de no depender tanto de los resultados que puedan darse, y de aceptar cualquier pensamiento o sentimiento negativo que puedas estar experimentando en un determinado momento. Practicar la aceptación radical reduce el sufrimiento en momentos difíciles, incrementa la resiliencia y te ayuda a renunciar al afán de control.

A veces sufrimos porque no logramos aceptar lo que ocurre y porque tratamos de controlar cosas que en realidad no están en nuestras manos. Cuando te enfrentas a una situación dura o a pensamientos y sentimientos difíciles, es lógico querer apartarlos, luchar, negarlos o empeñarte en encontrar la forma de cambiarlos. Desde luego, hay cosas que podemos cambiar, pero a menudo no es así. Un buen ejemplo es el tráfico. Es posible que tengas un compromiso importante al que acudir, pero es imposible atravesar un embotellamiento a fuerza de voluntad. Tal vez pienses que ir saltando de carril en carril te permitirá ganar tiempo, pero por lo general lo único que consigues con eso es irritarte más. Solo te has ahorrado unos segundos, pero a cambio te has estresado dando volantazos, esquivando coches, y tratando de no tener un accidente.

*

La próxima vez que sientas la necesidad imperiosa de intentar controlar o cambiar una situación que sea muy estresante o desagradable, respira profundo y sigue estos pasos:

1. Centra tu mente en el momento presente. Respira profundo varias veces y asume el lugar en el que te hallas físicamente, lo que estás pensando y cómo te sientes. No trates de cambiar estos aspectos de la situación. Sencillamente, toma nota de ellos y trata de hacerlo sin añadir a tus observaciones ningún tipo de evaluación o juicio.

2. Pregúntate lo que puedes controlar —y lo que no— en esta situación. Apúntalo en un papel o en tu diario. Escribir puede ayudarte a organizar tus pensamientos y a regular tus respuestas emocionales, para que no te sientas rebasado por los acontecimientos o te venzan los nervios.
3. Pronuncia uno o dos de tus mantras favoritos para fomentar la aceptación radical. Aquí tienes algunos de mis favoritos:
   - Puedo aceptar cómo están las cosas ahora mismo.
   - Puedo enfrentarme a estos desafíos.
   - Esta situación es temporal.
   - No puedo controlar a los demás. Solo controlo cómo actúo o reacciono.
   - Estos sentimientos pasarán.
   - Solo puedo controlar una parte de lo que pasa ahora. Y no pasa nada.
4. Toma alguna medida sobre aquello que sí puedes controlar, y desentiéndete de todo lo demás. Echa un vistazo a la lista que escribiste sobre lo que puedes controlar y lo que no. Toma medidas sobre lo que sí puedes cambiar y, por lo que respecta al resto, libérate expulsando la tensión y las frustraciones que ello te causa a medida que sueltas el aire de tus pulmones.

Fotografía del autoconcepto

¿Recuerdas la fotografía del autoconcepto que hiciste en el capítulo 2? Era tu punto de referencia antes de abordar estos ejercicios. Ahora que terminaste estas actividades, me gustaría que tomaras otra fotografía de tu autoconcepto y señalaras las diferencias. Lee las afirmaciones siguientes y elige la opción que te describa mejor.

1 = no verdadero, 2 = a veces o en parte verdadero, 3 = en gran parte o totalmente verdadero.

- «Si tuviera la oportunidad, no cambiaría muchas cosas de mí».
- «Tengo confianza en mi capacidad de tomar buenas decisiones».
- «No me preocupo demasiado por lo que piensen los demás de mí».

- «Me gusto incluso cuando tengo conflictos con otras personas».
- «Me valoro positivamente incluso cuando cometo errores».
- «Creo que mi esfuerzo contribuye a mi éxito».
- «Controlo mis reacciones en situaciones difíciles».
- «Me gusto».
- «Puedo empezar y terminar proyectos sin contar con la ayuda o la aprobación de otras personas».
- «Tengo una idea clara de quién soy».
- «Tengo rasgos positivos y admirables».
- «Puedo superar los retos si me esfuerzo».

¿Mejoró tu puntuación después de los ejercicios? No está de más hacer este chequeo cada dos o tres semanas para ver cómo mejora tu autoconcepto a medida que vas progresando en tu autoconocimiento gracias a los ejercicios de este capítulo, así como con cualquier otro capítulo que creas que pueda aplicarse a ti (por ejemplo, si crees que predomina en ti el apego desorganizado, pero también tienes un estilo de apego secundario).

El camino por delante

¡Enhorabuena por haber terminado los ejercicios de este capítulo! Recuerda que no te convertiste en un especialista de la vigilancia de un día para otro, por lo que puede ser beneficioso que revises y vuelvas a trabajar estas estrategias adaptativas y de descubrimiento —tal vez con la ayuda de un profesional de la salud mental que te guíe en estos ejercicios— a medida que vayas aprendiendo y creciendo.

A estas alturas de tu viaje, es de esperar que ya no te cueste tanto enfrentarte a tu temor a la intimidad y a mostrarte vulnerable con los demás. También deberías empezar a sentir que la cercanía y la conexión con otra persona no tienen por qué ser peligrosas o suponer una pérdida de tu identidad. También habrás observado cambios en la ambivalencia que caracteriza tus relaciones con los demás, de la misma forma que habrás aprendido a no representar el mundo con pinceladas en gran medida negativas. Cada vez te será más fácil fijar y acatar unos límites sanos con los demás, y verás mejorada tu capacidad de crear un mundo social que sea menos impredecible. Asimismo, seguirás aprendiendo a apoyarte en otras personas sin sentir la necesidad de expulsarlas de tu vida cuando quieran conectar contigo.

Cuando aprendas a resolver las respuestas emocionales contradictorias que afloran en ti cuando buscas el consuelo y la ayuda de los demás, también verás que estás empezando a regular tus emociones con efectividad y que gestionas mejor tu estrés. Si perseveras en esta tarea, encontrarás un puerto seguro y fiable en otras personas que merezcan tu confianza, así como en ti mismo. A fin de cuentas, nada de esto sería posible sin autoconfianza, y esa confianza en ti mismo irá creciendo cada vez que regreses a estos ejercicios o revises tu diario. En sus páginas verás cómo has ido progresando en la senda de un autoconcepto más fuerte y resiliente.

Comprueba el estado de tu autoconcepto con frecuencia para evaluar tus progresos en un momento dado, sobre todo cuando estés pasando por un momento difícil en algún ámbito importante de tu vida. Repite los ejercicios que te hayan funcionado mejor, e incorpóralos a tus rutinas semanales. En cuanto tu autoconcepto haya alcanzado una valoración cercana o superior a los veinticuatro puntos, será un buen momento para echar mano de los consejos recogidos en la conclusión del libro, «Tu yo resiliente». Si quieres probar otras técnicas para reforzar tu autoconcepto, consulta el apéndice C, en la página 341.

También te será útil leer los capítulos de los otros estilos de apego para ver cómo te relacionas con ellos. Esos capítulos te ayudarán a mejorar tus relaciones y la calidad de tus vínculos con personas cuyo estilo difiere del tuyo.

Asimismo, consulta el apéndice A en la página 327, donde encontrarás ejercicios que te ayudarán a identificar los detonantes de las conductas propias de un apego inseguro y a saber qué debes hacer en esos instantes para abordar la situación de manera más efectiva.

CONCLUSIÓN

Tu yo resiliente

Al emprender este viaje tal vez no eras consciente del impacto que tu estilo de apego tenía sobre tu vida actual. Ahora que te conoces mejor —y has entendido cómo y por qué te has convertido en un feroz independiente, un guerrero preocupado o un especialista de la vigilancia, así como los modelos operativos que han guiado tu autoconcepto a lo largo de tu vida—, has empezado a sanar. Gran parte de este viaje curativo ha consistido en conocer y escuchar a tu niño interior, a fin de descubrir qué necesitaba para sentirse seguro, protegido y esperanzado con el futuro. De eso trataba este viaje. Hemos pretendido abordar las interferencias que tu estilo de apego puede introducir en tu vida cotidiana, pero, sobre todo, desbrozar el camino para que puedas abrazar el futuro y cumplir tus sueños, y hacerlo desde ese lugar que solo un apego seguro puede brindarte cuando lo has encontrado dentro de ti.

Ahora ya sabes cómo alcanzar y conservar un apego seguro. Con un poco de esfuerzo y una conciencia activa, tú también podrás disfrutar del apego seguro y de todos los beneficios que trae aparejados. Como el apego inseguro se forma en los primeros años de vida, tu mente puede caer en la trampa de asimilar la nueva información a las ideas, marcos de referencia y esquemas que desarrollaste en el pasado y que son el reflejo de tu apego inseguro, en lugar de modificar o adaptar esas ideas preexistentes según la nueva información recibida a fin de hacerles lugar a las nuevas experiencias. Dicho de otra forma, es probable que recaigas en viejos patrones conductuales y pensamientos contraproducentes no solo porque hace mucho tiempo que lo haces, sino porque tu mente se sirve de ese programa predeterminado para interpretar el mundo y reaccionar ante él.

No es fácil enfrentarse a las propias heridas de apego y demuestra una gran fortaleza que lo hayas intentado. Ya has dado los primeros pasos hacia la vida que deseas al haber elegido este libro, ahondar en tu autocomprensión y trabajar con empeño en unos ejercicios que te han ayudado a forjar un autoconcepto sólido y un estilo de apego seguro. La valentía que te ha traído a estas páginas es una demostración maravillosa del tipo de persona que eres. Aunque tal vez te cuestiones de vez en cuando tus capacidades, puedes recurrir a esa parte de ti que cree en que el cambio positivo es posible si pones tu mente en ello. Esa autocreencia es una de las lecciones más importantes que espero que te lleves de este libro, porque es la base para un autoconcepto más resiliente y completo que pueda resistir cualquier temporal que le tenga reservado el futuro.

Este viaje curativo no ha concluido y debes recordar que tus viejas maneras de ver el mundo y las opiniones que tienes sobre ti mismo tardaron años e incluso décadas en formarse, así que te llevará un poco de tiempo cambiar tu pensamiento y adoptar las nuevas conductas que se derivarán de esos cambios. Tu respuesta habitual a las situaciones difíciles ha sido como feroz independiente, guerrero preocupado o especialista de la vigilancia, pero puedes dar el salto y convertirte en un explorador conectado. Lograr un cambio tan profundo no es tarea fácil, y al principio te puedes sentir un poco precario, pero con un poco de tiempo y de práctica irás descubriendo paulatinamente que esas nuevas formas de pensar no solo son posibles, sino que, además, se han convertido en tu nueva normalidad.

Como una transformación permanente y genuina necesita tiempo, te animo a seguir trabajando en estos ejercicios, especialmente cuando veas que algunos de esos patrones característicos de tu antiguo apego inseguro vuelven a inmiscuirse en tu vida. Si te ves alimentando pensamientos negativos del pasado, debes saber que no eres en absoluto la primera persona a la que le pasa, pero aun así es importante que los identifiques cuando los notes y vuelvas a dirigir tu atención a cómo regresar a ese lugar en el que te sientes más seguro y centrado. No hay mejor antídoto contra esas interferencias negativas que releer este libro y las entradas de tu diario, porque ahí encontrarás la información que puede permitirte dar una nueva forma a tus puntos de vista y retomar los ejercicios que te brindaron un mejor servicio siempre que lo necesites.

Revisa los capítulos que corresponden a tu (viejo) estilo de apego, retoma el contacto con las autodeclaraciones que caracterizan tu estilo y céntrate en los ejercicios que creas que más necesitas para reforzar tu nuevo yo seguro. Repasar el ejercicio en el que confeccionaste tu cronología es de especial utilidad para ver los cambios que se han producido en aquellos sucesos de tu vida que consideras importantes. Con un poco de suerte, verás que a medida que pase el tiempo y gracias a tu esfuerzo hay mucho más equilibrio en tu recuerdo activo de los momentos que más te han marcado. Hacer el ejercicio de la rueda de la vida todas las semanas te ayudará a identificar los ámbitos vitales que van viento en popa y también aquellos que tal vez requieran que les prestes un poco de atención. Te recomiendo especialmente que refresques tu visualización de la vida cada seis meses o un año a lo sumo, para que puedas monitorear de qué modo tu trabajo está empezando a cambiar tus sueños, así como tu creencia de que puedes alcanzarlos.

Y no olvides echar un vistazo al apéndice A, «Activadores del estilo de apego y consejos siempre oportunos» (página 327), ya que esta guía te ayuda a identificar las situaciones, los pensamientos y los sentimientos que suscitan en ti reacciones improductivas, vinculadas a tu viejo estilo de apego, y te enseña asimismo ejercicios rápidos que puedes realizar en el momento en el que los necesites.

Cuando percibas que tu viejo estilo de apego inseguro se erige como obstáculo para alcanzar tus metas —sean grandes o pequeñas—, visualiza a tu yo más sabio y experimentado y observa cómo da a tu niño interior muestras de apoyo y aliento incondicional. Ya sea con una palmadita en la espalda, un abrazo o una afirmación verbal, hazle saber a tu niño interior que crees en él, que lo perdonas, que lo quieres y que puede contar con tu apoyo en toda circunstancia.

Espero que este libro te haya inspirado y empoderado para aplicar cambios positivos a tu vida. Ahora que nos hallamos juntos en las páginas finales, quiero que respondas a una última pregunta: «¿Cómo te sientes contigo mismo?». Es una pregunta muy amplia, pero, en última instancia, es la única que importa de verdad. Espero que tu respuesta sea positiva y que hayas aprendido a creer en ti mismo y a gustarte. Mereces saber que puedes salvar cualquier obstáculo. Mereces saber que puedes encontrar un punto de equilibrio entre la autonomía y la conexión emocional, y lograr resultados positivos en tu vida. Al margen de lo que haya ocurrido en tu pasado, puedes cambiar lo que ocurra a partir de ahora. Espero que estés ilusionado con lo que pueda depararte el futuro. Estoy convencida de que ahora dispones de las herramientas necesarias para lograr lo que más deseas: formar relaciones sentimentales, familiares y de amistad más gratificantes y satisfactorias; lograr lo que te propones en tu carrera profesional; disfrutar de una mejor salud física y mental; y alcanzar tus metas y sueños en todas las facetas de tu vida.

Los dones del apego seguro están al alcance de tu mano. Estoy deseando ver qué haces con esta sabiduría que acabas de adquirir. Sea lo que sea, debes saber que estoy contigo, animándote a ti y a tu niño interior.

APÉNDICE A

Activadores del estilo de apego y consejos siempre oportunos

Por más que trabajes en tu estilo de apego, siempre habrá circunstancias susceptibles para activar los modelos operativos y las autocreencias típicas de tu estilo de apego inseguro. Cuanto mejor conozcas esos activadores, en mejores condiciones estarás para detectar los momentos en los que tu estilo de apego despierta esos pensamientos y emociones dolorosos que en nada te ayudan, o te conduce a acciones que no te benefician.

Como sanar el apego es un proceso largo que requiere trabajo, en esos momentos tal vez te sea útil practicar alguno de los consejos siempre oportunos (detallados más abajo) para que puedas autorregularte y recuperar la sensación de seguridad, amparo y empoderamiento.

Activadores habituales

Al margen de si eres un feroz independiente, un guerrero preocupado o un especialista de la vigilancia, habrá situaciones o cosas que podrían hacerte recaer en las reacciones improductivas típicas de un estilo de apego inseguro. Ser consciente de esos posibles activadores puede ser una buena preparación para encararlos y desactivarlos de manera efectiva.

Autoconcepto

- Cuando aflora el recuerdo de una situación traumática o estresante de tu pasado.
- Cuando el trato que recibes de alguien te recuerda la relación que mantuviste con tus figuras principales de apego en tu infancia.
- Estar con otra persona con un apego inseguro cuya conducta reproduce la tuya.
- Sentirte vacío por dentro o pensar que te falta un propósito en la vida.

Familia

- Cuando un familiar se comporta de forma errática o no te muestra empatía.
- Tener que recurrir a un familiar para obtener seguridad, protección o acceso a necesidades básicas.
- Cuando las interacciones con ciertos familiares hacen aflorar dinámicas interpersonales difíciles que tienen su origen en tu infancia.

Amistades

- Cuando otra persona te manifiesta una fuerte emoción negativa (ira, una profunda tristeza).
- Cuando alguien parece cerrarse o te ignora.
- Cuando alguien dice que tus necesidades carecen de importancia.

Relaciones sentimentales

- Cuando tu pareja se comporta de manera errática o se muestra distante contigo.

- Cuando tu pareja intenta acercarse emocionalmente.
- Sentir que pierdes el control de tus sentimientos, especialmente cuando la relación con tu pareja se vuelve más intensa emocionalmente o empiezas a depender más de ella.
- Cuando tu pareja te muestra intensidad emocional (como sentimientos de ira o frustración importantes).
- Cuando tu pareja te sorprende con un gran gesto romántico o expresa interés en un compromiso futuro o a largo plazo.
- Cuando tu pareja necesita intimidad emocional en un momento en el que ya te sientes estresado o rebasado.

Trabajo

- Situaciones impredecibles que no permiten planes previos (por ejemplo, que te convoquen de improviso a una reunión o que alguien modifique a última hora una planificación que ideaste al detalle).
- Sentirte ignorado o arrinconado por personas con poder en tu entorno laboral o por personas con las que crees mantener una relación de amistad.
- Ver formarse grupos de amigos entre compañeros de trabajo y sentir que no te incluyen.
- Recibir una evaluación negativa.
- No poder entregar a tiempo el trabajo.
- Cuando te presionan para que realices varios encargos al mismo tiempo o trabajes a un ritmo que te parece excesivo.
- Sentir que los demás tienen altas expectativas sobre ti.

Consejos siempre oportunos cuando te sientas activado

Hace falta práctica, pero cuando te ocurra algo que pueda hacerte reaccionar en consonancia con tu estilo de apego inseguro, puedes contrarrestar esa sensación y abordar el momento con una actitud que refleje tu nuevo estilo de apego seguro. Las herramientas que detallo a continuación son ejercicios rápidos que puedes emplear cuando percibas que se activa en ti una actitud que no sea productiva para tus metas y tu bienestar mental. La mayoría de estos ejercicios no te tomará más de cinco minutos, y te aconsejo que los practiques varias veces, tratando de ver cómo te sientan en momentos en los que no estés especialmente estresado o tus activadores no hayan aflorado. Fíjate en los que te funcionen mejor y luego, cuando te encuentres en una situación difícil, te será mucho más fácil acceder a estos ejercicios desde tu memoria cerebral y muscular, y emplearlos en el momento en que te sean más beneficiosos.

Inclina la balanza a tu favor

Este consejo siempre oportuno se llama TIPP (por sus siglas en inglés) y procede de la terapia dialéctica conductual. TIPP significa:

Temperatura. Cuando nos molestamos, nuestros cuerpos tienden a ganar temperatura. Bajarla te ayudará a recuperar la tranquilidad y escapar del impulso de lucha o huida. El frío suele reducir el ritmo cardiaco. Prueba a tomar un cubito de hielo, mojarte la cara con agua helada, salir a dar un paseo si hace frío o refrescarte la cara con un abanico.

Ejercicio intenso. Cuando experimentas una emoción intensa o abrumadora, gastar energía nerviosa con una breve sesión de cardio puede ser de gran utilidad. Corre sin moverte, baila con tu canción favorita o da saltos durante un par de minutos.

Respiración acompasada. Las emociones, si son abrumadoras, pueden acelerarte la respiración, lo que a su vez puede llevarte a hiperventilar o a otras reacciones corporales estresantes. Para contrarrestarlo, presta atención a tu respiración e intenta ralentizarla. Procura inhalar y exhalar más despacio con el método 4-7-8 de respiración profunda. Inhala por la nariz y cuenta hasta cuatro. Aguanta la respiración contando hasta siete, luego suelta el aire por la boca, despacio, mientras cuentas hasta ocho. Repite el ciclo varias veces hasta que te sientas más relajado y menos rebasado.

Relajación muscular progresiva. Relaja los músculos tensos de tu cuerpo mediante este ejercicio rápido. En primer lugar, haz un breve repaso de tu cuerpo para ver si hay alguna área que notes especialmente tensa. Cuando notes tensión en un músculo (por ejemplo, en el gemelo), ténsalo más, mantenlo así durante cinco segundos, y luego relájalo por completo y deja que descanse. Al apretar y relajar el músculo tenso, conseguirás liberar paulatinamente esa tensión inicial. Repítelo con las distintas zonas de tu cuerpo en las que sientas tensión.

Ejercicio de conexión: 5-4-3-2-1

Este ejercicio de conexión puede serte de mucha utilidad en momentos de gran angustia o incluso de pánico, ya que te ayudará a conectarte con el presente, aunque tu mente esté repleta de pensamientos negativos o catastrofistas, como «No merezco nada bueno», «Nunca tendré una relación de pareja» o «Nunca tendré un trabajo en el que pueda tener éxito».

Empieza respirando profundo varias veces para centrarte y luego dirige tu atención a tu entorno sirviéndote del ejercicio de conexión 5-4-3-2-1.

Cinco. Percibe y nombra cinco cosas que veas en tu entorno inmediato.

Cuatro. Percibe y nombra cuatro cosas en tu entorno que puedas tocar y acércate y tócalas.

Tres. Percibe y nombra tres cosas que oigas. Puede ser un sonido exterior a tu cuerpo o incluso uno que se origine dentro (como un ruido del estómago).

Dos. Percibe y nombra dos cosas que puedas oler.

Uno. Percibe y nombra una cosa que puedas saborear. ¿Qué sabor notas en el interior de tu boca? También puedes ponerte un trocito de comida, un caramelo o un chicle y saborearlo.

Conecta contigo mismo

Prueba los siguientes ejercicios de conexión la próxima vez que te encuentres en un estado de disregulación emocional. Son ejercicios que apenas piden uno o dos minutos y pueden tener un gran impacto en tu capacidad para tolerar y gestionar los sentimientos estresantes.

- Sentado en una silla, clava los talones en el suelo, aprieta la espalda contra el respaldo, y siente en el cuerpo la conexión con el suelo y la silla.
- Planta los pies firmemente en el suelo y ponte de pie bien derecho. Imagina que unas raíces, como las de un árbol, surgen de las plantas de tus pies y penetran en el suelo que tienes debajo. Como las de un árbol, estas raíces que surgen de tus pies te dan fuerza y estabilidad, y te conectan con la tierra.
- Haz unos estiramientos ligeros, colocando el brazo izquierdo sobre el pecho. Repítelo con el brazo derecho. Estira los brazos hacia arriba, por encima de la cabeza, todo lo que puedas. Siéntate y extiende las piernas y los pies delante de ti, todo lo que puedas, y estira los dedos de los pies y las pantorrillas. Levántate y dobla la cintura, dejando caer los brazos y arrimando todo lo posible los dedos de las manos a las puntas de los pies.
- Activa tus sentidos de uno en uno. Enciende una vela o ponte un poco de aceite de aromaterapia en las muñecas e inhala profundamente la fragancia. Masca un chicle, siendo plenamente consciente del sabor y la sensación que deja en tu boca. Toca algo que te ofrezca una experiencia táctil. Puede ser una pelota antiestrés, un trozo de plastilina, otros juegos para liberar tensiones o un peluche. Acurrúcate debajo de una cobija pesada. También puedes hacer el ejercicio 5-4-3-2-1 (véase más arriba).
- Describe en detalle, y empleando los cinco sentidos, algo que veas en tu entorno físico. Por ejemplo: «La lámpara de mi mesa de trabajo es alta, blanca y tiene una base de madera. Es lisa al tacto. No huele ni sabe a nada. Hace un ligero zumbido cuando la enciendo».
- Juega a las categorías contigo mismo. Elige una categoría (como animales, famosos, títulos de canciones) y enumera todo lo que se te ocurra empezando por la primera letra del abecedario y terminando por la última.

- Escribe en tu diario o lee en voz alta algún texto. Siente el peso y la textura del diario, del útil de escritura que utilices o del libro que estés leyendo (o de tu lector electrónico o celular).
- Sal de casa y presta atención a los sonidos de la naturaleza, o enciende en tu celular una aplicación de sonidos naturales.
- Piensa en una actividad que te sea bien conocida y llévala a cabo paso a paso. Cualquier cosa cuenta, desde prepararse un té, poner papel en la impresora o dar de comer a tu mascota.
- Sal a dar un paseo y percibe lo que ves: «Hay un buzón azul. Pasé al lado de un coche plateado. Los árboles tienen hojas naranjas y rojas».
- Date un baño de espuma o usa una bomba de baño aromática. Deja que el agua caliente relaje tus músculos y que la fragancia del agua te calme. También puedes encender unas velas para tener una sensación de *spa.*
- Pon un capítulo de tu serie de comedia o programa de humor favorito. La risa es una buena medicina, y la distracción que te ofrezca ese rato de tele puede ayudarte a conectarte.
- Si tienes un perro, un gato u otro animal al que puedas sostener y acariciar, pasa un rato sentado con él. Sentir el calor de su pelaje y, si es un gato, la vibración de su ronroneo puede ayudarte a recobrar la calma.
- Examina a fondo un objeto —una piedra, una caracola, un cristal—. Trata de ver todos los colores que encuentres en él y hazte una idea de su forma (lisa, angulosa) y de su peso (ligero, pesado), para que puedas describirlo en detalle sin mirarlo.[1]

Haz lo contrario de...

Cualquier emoción te impulsa a desear hacer algo, ya sea para expresarla o actuar en su contra. Este efecto recibe el nombre de *impulso emocional.* En lugar de dejarte llevar por ese impulso, haz lo contrario de lo que te impone. Por ejemplo, si al enojarte tienes el deseo de gritar a tu pareja, haz lo contrario de ese impulso (abrazarla o decirle algo amable son dos opciones entre otras muchas).

Haz como si...

Haz como si... Incluso cuando no pases por tu mejor momento, actúa como si te sintieras mejor. Por ejemplo, si estás triste, sonríe y dite algo optimista en voz alta. O si estás cansado, da un paseo rápido alrededor de tu casa con un ritmo alegre.

Da las gracias a tu mente

El doctor Russ Harris describe en su libro *La trampa de la felicidad* una técnica para expresar gratitud a tu mente y liberarte de los pensamientos improductivos. La adapté y la empleo con muchos de mis pacientes, que disfrutan de su sencillez y efectividad. La próxima vez que notes que tu mente empieza a decirte cosas desagradables e hirientes, replícale con comentarios de carácter despreocupado y travieso. Asigna un nombre propio a tu mente (a la mía, la llamo Betty) y, cuando surja un pensamiento negativo, exprésale tu gratitud (yo le digo a mi mente: «Gracias, Betty. Gracias por contármelo»). No me implico ni discuto sobre el significado de ese pensamiento negativo. En mi caso, le digo a continuación: «Gracias, Betty, pero ahora voy a dedicar mi tiempo a otra cosa». Entonces, dirijo mi atención y energía a hacer algo que en ese instante sea de máxima importancia para mí, ya sea retomar el trabajo en el proyecto que haya motivado el comentario crítico de mi voz interior, pero sin tener que sufrir su influencia, o seguir adelante y hacer lo que pensaba hacer confiando en que todo salga bien.

Prueba este ejercicio la próxima vez que tu mente intente convencerte de que estás abocado al fracaso o amenace con hacerte perder la confianza en quien eres. En lugar de creer que todo lo que te cuenta tu mente es verdad o tener la sensación de que debes pelearte con ella, ve en tu mente a un protector y no a un adversario. Alinéate con tu mente; hazle saber que agradeces sus aportaciones, pero que no vas a permitir que esos discursos negativos te distraigan y que te centrarás ahora en algo que de verdad requiere toda tu atención.

Haz lo que puedas y prescinde del resto

Prueba este consejo siempre oportuno la próxima vez que te cueste sentirte empoderado. Abre tu diario por una página en blanco y escribe unas palabras o frases sobre el problema que estés teniendo en ese momento. Luego pregúntate qué cosas puedes cambiar y apunta las ideas que te surjan.

No te censures todavía. Lo único que debes hacer es dejar volar la imaginación y apuntar todas las cosas en las que puedas intervenir. Por ejemplo, cambiar de punto de vista, emplear las técnicas adaptativas que has aprendido en este libro o en otros lugares, o recurrir a conductas y acciones que puedan suponer una mejora de la situación (aunque sea solo transitoria).

Entonces pregúntate qué cosas no puedes cambiar y apúntalas en tu diario. Una vez más, no censures nada. Apunta todas las cosas que se te ocurran sobre las que no tengas dominio. Por ejemplo, los actos de otra persona, cómo piensa o siente esa persona, o el final probable de la situación si no puedes hacer nada para alterar lo que ocurre.

Ahora revisa el lado de la página en el que has apuntado todo lo que no puedes cambiar. Respira profundo y libérate de todas esas cosas. A menudo nos encallamos intentando imaginar una salida a situaciones sobre las que no tenemos ningún control. Dedicamos tiempo a preocuparnos por esas cosas, e incluso nos obsesionamos, aunque no esté en nuestras manos cambiarlas.

A continuación, en una hoja suelta de papel, escribe el título «Cosas que no puedo cambiar» y apunta todo lo que escapa a tu control. Luego rompe el papel en trozos pequeños y tíralo para despedirte simbólicamente de esas ideas. Por último, lee detenidamente las cosas que sí puedes cambiar y vuelca todo tu interés en hacerlas de una en una para mejorar tu situación.

Sí, pero...

Las palabras que nos dedicamos a nosotros mismos pueden tener un profundo impacto en cómo nos sentimos. Transforma esa voz interior negativa en afirmaciones alentadoras, pero realistas, empleando la fórmula inicial: «Sí, pero...». Reconoce algo que ahora mismo no te esté yendo bien y después algo que estés haciendo para mejorar tu situación. Por ejemplo: «**Sí,** ayer cometí un error en el trabajo y mi jefe se molestó, **pero** voy a ocuparme de lo ocurrido, redefiniré el proyecto y le pediré a mi jefe que me diga cómo puedo mejorar mi trabajo»; «**Sí,** mi amiga está siendo muy desconsiderada conmigo y nada empática, **pero** puedo apartarme de la situación y centrarme en mi trabajo. Esta noche ya pensaré en cómo puedo hablar con ella».

APÉNDICE B

Estrategias autocompasivas

La autocompasión desempeña un papel crucial en cualquier proceso de curación, ya que te ayuda a reconocer y validar tu dolor y sufrimiento sin juzgarte por el hecho de tener emociones difíciles o actitudes de las que luego te arrepientes. Ayuda a reducir la autocrítica, ya que cultiva la amabilidad hacia uno mismo y la autoaceptación. También sirve para separar tu autovalía de tus experiencias pasadas y alimenta tu confianza en tu camino hacia una relación de pareja, en tus progresos profesionales y en otras metas personales.

Lo mejor es que la autocompasión es una capacidad que puede reforzarse a través de varias estrategias y herramientas. Encontrarás aquí algunas de mis favoritas. Ya sea que desees alimentarla de manera sistemática e ininterrumpida o que estés buscando una forma rápida de lidiar con tu voz crítica interior, las siguientes estrategias pueden serte de utilidad:

- Practica una voz interior compasiva. Emplea palabras amables, alentadoras y no críticas cuando te hables a ti mismo.
- Reconoce los momentos difíciles. Debes decirte: «Caray, qué mal la estoy pasando. Esto es muy duro».
- Tres cosas. Todos los días, debes decir en voz alta o apuntar en tu diario tres cosas por las que te sientes agradecido.
- «No» es una frase completa. Practica decir «no» a las cosas que no quieres hacer o que no están en consonancia con tus valores primordiales.

- Recuerda nuestra humanidad compartida. Por más solo que te sientas, recuerda que el sufrimiento y las dificultades son una experiencia humana universal y que en el mundo hay otras personas que tienen sentimientos parecidos a los tuyos.
- Acude a los demás en busca de apoyo. A veces es difícil pedir ayuda, pero intenta pedir lo que necesitas a por lo menos una persona de tu confianza.
- Escríbete una carta compasiva. Piensa en una situación que te provocó sentimientos dolorosos. Escríbete una carta sobre esa situación sin echarle la culpa de lo ocurrido a nadie.
- ¿Qué te diría un amigo? Piensa en lo que le dirías a alguien a quien quieres y por cuyo bienestar te preocupas si esa persona estuviera pasando por una situación difícil semejante a la tuya. Ahora, trata de decirte a ti mismo esos mensajes alentadores y cariñosos.
- Consuela a tu niño interior. Visualiza a tu niño interior y pregúntale: «¿Qué es lo que más falta te hace ahora?». Encuentra la manera de satisfacer la petición o necesidad de tu niño interior inmediatamente.
- Celebra tus virtudes. Escribe las cosas que te gustan de ti mismo, como puntos fuertes, habilidades, talentos o rasgos personales. Lee la lista a menudo y añade otras cosas cuando así lo consideres oportuno.
- Reconoce tus logros. Trata de pensar en tus logros, sean grandes o pequeños, y felicítate por tus éxitos (basta con una afirmación verbal para tus adentros por haber cumplido en el trabajo), aunque te parezcan muy discretos. Deberías celebrar también los pasos que te han conducido a alcanzar la meta final, o felicitarte cuando lleves a cabo la primera cosa de tu lista de tareas previstas para la mañana, dándote una palmadita en el hombro.
- Date un regalo. Regálate un pequeño premio. Date el lujo de hacer algo que te hace disfrutar, como una buena comida o dedicar media hora a ir de compras.
- Comparte tus éxitos con los demás. Explícale a alguien en quien confíes algo que hayas hecho hoy de lo que te sientas orgulloso, ya

sea haber mantenido la calma con alguien aficionado a discutir contigo o haber empezado una nueva rutina de entrenamiento.

- Practica la meditación de bondad amorosa. En internet puedes acceder a muchos guiones para este tipo de meditación que te permiten visualizarte enviando amor, amabilidad y buenos deseos tanto a otras personas como a ti mismo. Aquí tienes mi versión.

Meditación de bondad amorosa

Para empezar, ponte cómodo en una silla con los pies en el suelo, o siéntate directamente en el suelo. Respira profundo varias veces y cierra los ojos. Adquiere conciencia de tu respiración, de cómo se conecta con tu cuerpo y lo alimenta cada vez que inhalas, y de cómo expulsas el estrés, la tensión y los sentimientos negativos cada vez que sueltas el aire.

Percibe tus pensamientos y contémplalos con una curiosidad amable. En lugar de juzgarte por tener ciertos pensamientos o permitir que llenen tu mente, basta con que los observes, reconozcas que están ahí y sigas tu camino.

Ahora imagina a alguien a quien quieres y que te brinda su apoyo. Imagina que tienes delante a esa persona. Empieza a enviarle bondad amorosa diciéndole en voz alta o mentalmente: «Deseo que estés a salvo, que seas feliz, que tengas buena salud, que vivas en paz y que obtengas lo que deseas de la vida». Fíjate en los sentimientos y sensaciones que afloran en ti cuando envías estos pensamientos cariñosos a esa persona a la que quieres.

Ahora evoca a alguien con quien tengas un conflicto abierto o con quien lo tuviste en el pasado y con quien todavía no has conseguido solucionar la discusión o el desacuerdo. Imagina que tienes a esa persona delante. Empieza a enviarle bondad amorosa diciéndole en voz alta o mentalmente: «Deseo que estés a salvo, que seas feliz, que tengas buena salud, que vivas en paz y que obtengas lo que deseas de la vida». Fíjate en los sentimientos y sensaciones que afloran en ti cuando envías estos pensamientos cariñosos a esa persona con la que mantienes un conflicto.

Ahora vuelve a centrar tu atención en ti mismo. Concéntrate en tu respiración y en las sensaciones de tu cuerpo. Empieza a enviarte bondad amorosa diciéndote en voz alta o mentalmente: «Deseo estar a salvo, ser feliz, tener buena salud, vivir en paz y obtener lo que deseo de la vida». Fíjate en los sentimientos y sensaciones que afloran en ti cuando te envías estos pensamientos cariñosos.

Ahora piensa en una comunidad más amplia de la que formes parte. Imagina que tienes delante a tu familia, a tus compañeros de trabajo, a tus amigos y a cualquier otra persona que consideres parte de tu comunidad, tú incluido. Ofréceles a todos y a ti mismo bondad amorosa sirviéndote de estas palabras: «Deseo que estemos a salvo, que seamos felices, que tengamos buena salud, que vivamos en paz y que obtengamos lo que deseamos de la vida».

Respira profundo varias veces más y deja que tu atención regrese a la habitación en la que te encuentras.

APÉNDICE C

Dosis de refuerzo para tu autoconcepto

A lo largo de tu viaje por este libro, aprendiste que el apego define en gran medida tu autoconcepto. Aun en el caso de que tu estilo de apego sea seguro, es importante que sigas trabajando tu autoconcepto con asiduidad, y te sugiero que incorpores algunos de los ejercicios siguientes a tu rutina semanal de autocuidados. Es una magnífica manera de cultivar un autoconcepto resiliente y fuerte que te ayudará a consolidar tu nuevo apego seguro.

Estos ejercicios te pueden ayudar cuando te sientas bloqueado o triste y necesites una inyección rápida de autoconfianza. Puedes probar con uno justo antes de una conversación delicada con un ser querido, de una reunión o de una presentación importante en el trabajo, antes de acudir a un acto social en el que tal vez no conozcas a demasiada gente, o cuando te cuestiones si puedes alcanzar las metas que te has fijado para el día.

Ejercicio de los cinco dedos

Respira profundo varias veces y cierra los ojos. Junta las yemas del pulgar y el dedo índice y trae a tu mente el recuerdo de un momento en el que te sentiste valorado y apreciado por otra persona. Deja que el recuerdo entre en ti y experimenta cómo te sentiste cuando te percataste de la generosidad de esa persona.

Vuelve a juntar las yemas del pulgar y el índice y evoca el recuerdo de un día en el que te sentiste orgulloso de algo que hiciste. Reflexiona sobre los detalles de esa experiencia y presta atención a los pensamientos que tuviste sobre ti mismo.

Junta las yemas del pulgar y el dedo medio y piensa en una ocasión en la que sentiste que alguien te quería de verdad. Sumérgete en ese recuerdo y experimenta con plena conciencia todas las emociones que te suscita.

Junta las yemas del pulgar y el dedo anular y piensa en una de las cualidades que más estimas de ti mismo. Pregúntate de qué forma esa cualidad ha ayudado a alguien cuando pasaba por un momento de necesidad.

Por último, junta las yemas del pulgar y el meñique y piensa en una ocasión en la que lograste perseverar durante una situación difícil. Rememora cómo te sentiste al superar el desafío y oblígate a recordar que puedes volver a lograrlo, sea cual sea el obstáculo que encuentres en tu camino.

La postura de poder

La «postura de poder» es una idea popularizada por un estudio que llevaron a cabo la psicóloga social Amy Cuddy y sus colegas.[1] En dicho estudio, Cuddy y su equipo descubrieron que adoptar ciertas posturas corporales durante tan solo un par de minutos incrementaba la sensación de poder y de confianza en uno mismo. En el primero de sus experimentos, la doctora Cuddy vio que mantener una pose muy poderosa incidía en los niveles de ciertas hormonas (concretamente, la testosterona y el cortisol) en el organismo, lo que se traducía en sentimientos de poder y confianza.

Para adoptar la pose original de alto poder que estudió Cuddy, ponte de pie bien derecho con los pies separados por la distancia entre tus hombros y los brazos levantados por encima de la cabeza en forma de V. Asegúrate de que tienes el pecho bien desplegado, con los hombros hacia atrás, y mantén esta postura durante un par de minutos o más. Puedes probarlo delante del espejo mientras te repites para tus adentros una afirmación positiva. Incluso puedes incorporar esta postura de poder a tu rutina matinal para recibir un refuerzo de energía y fortalecer tu determinación de alcanzar los objetivos que te has fijado para el día.

Escríbete una carta de recomendación

Puedes dirigir esta carta a cualquier persona que consideres que querría recibir información sobre ti y saber qué te hace especial, interesante y único. Reserva unos minutos para escribir libremente en tu diario y asegúrate de que la carta incluya también algunos ejemplos concretos de cada uno de los siguientes puntos:

1. Tus **rasgos positivos**, características y cualidades.
2. Tus **valores más importantes**.
3. Tus **puntos fuertes** a la hora de relacionarte con las personas importantes de tu entorno vital.
4. Tus **capacidades para abordar tareas relacionadas con el trabajo o la educación** y un ejemplo concreto de cómo superaste un desafío reciente en este ámbito.
5. Tu **capacidad para resolver los quehaceres de la vida cotidiana** (higiene personal, sueño, alimentación, ejercicio, tareas necesarias y obligaciones, y cualquier otra forma en que cuides de tus necesidades personales).
6. Tus **habilidades para gestionar conflictos interpersonales** y un ejemplo concreto de cómo abordaste una discusión reciente con alguien que forme parte de tu vida.
7. **Estrategias adaptativas efectivas** que empleas y un ejemplo de cómo afrontaste una dificultad reciente.

Date tiempo suficiente para reflexionar y no sientas que debes responder a cada pregunta o escribir toda la carta de una sentada. Si tienes dificultades para escribir cosas positivas sobre ti mismo, intenta redactar la carta como si fueras otra persona que te respalda de manera entusiasta. Puedes añadir concreción a esta carta de recomendación si crees que hay un ámbito de tu vida (trabajo, relaciones sentimentales, metas personales) en el que necesites reforzar tu autoestima.

Una vez que termines la carta, colócala en un lugar visible donde puedas encontrarla y leerla fácilmente. Además de volver a tu diario para revisarla, puedes poner una copia de la carta en un espejo de tu baño o guardarla en un cajón de tu escritorio que abras con frecuencia.

Un cómic de mi héroe

Este ejercicio, crear un cómic en el que eres un héroe, te ayudará a visualizarte superando un desafío en tu vida y te mostrará cómo utilizar tus puntos fuertes para resolver un problema. Dado que te obligará a narrar una historia sobre un tema concreto, podrás involucrarte activamente en el proceso de resolución de problemas, lo que puede contribuir a que el problema en la vida real no te intimide tanto.

Esta historieta ilustrará un problema que estés experimentando actualmente (o uno que afrontaste en el pasado) y mostrará cómo te conviertes en el héroe de tu propia historia para resolver dicho problema. Puedes darle a esta historieta la extensión que quieras, breve o larga, pero para asegurarte de tener espacio suficiente para desarrollar la historia de principio a fin, comienza dibujando cuatro cuadrados a lo largo de dos páginas de tu diario (dos cuadrados por página).

En la primera viñeta, dibújate en el momento en el que te topas con el problema (y sí, no pasa nada si utilizas figuras de palo, dibujos abstractos o cualquier cosa que te facilite la tarea de expresar este contenido sin quedarte encallado buscando la perfección o juzgando tus habilidades creativas).

En la segunda viñeta, dibuja el principal antagonista u obstáculo que encarna este problema.

En la tercera viñeta, dibújate haciendo algo para enfrentarte a este antagonista u obstáculo, recurriendo a uno de tus superpoderes. Cualquier cosa cuenta como superpoder: una habilidad que sabes que posees, un rasgo por el que alguien te ha halagado, una estrategia adaptativa que has aprendido en este libro o en otro lugar y que sepas que te funciona bien para superar el estrés, la forma en que te enfrentaste en una ocasión anterior a una situación difícil y la superaste, o uno de tus valores primordiales al que sepas que tratas de adherirte a diario con todo tu ser, entre otras muchas ideas.

En la viñeta final, dibújate venciendo a tu antagonista u obstáculo o lo que ocurre después de que hayas resuelto el problema.

Ahora vuelve al principio y añade un pie de ilustración a cada uno de los dibujos o escribe un globo para cada personaje que represente lo que piensa o dice, y completa la tira con todos los detalles que se te ocurran: añade objetos en segundo plano y colores, o afina la representación que has hecho de ti mismo y del resto de los personajes. Revisa el cómic y presta especial atención a cómo has vencido el problema y qué habilidades o puntos fuertes has empleado para hacerlo. Por último, pregúntate cuántas cosas de esta historia puedes trasladar a la vida real para resolver el problema al que te enfrentas.

Afirmaciones para el empoderamiento

No hace falta que esperes a que los demás te hablen de tus habilidades y de tu valía. Puedes reivindicar tu fuerza y poder pronunciando afirmaciones positivas sobre ti mismo para tus adentros. Las afirmaciones positivas pueden reforzar las ideas necesarias para el empoderamiento personal, y también pueden emplearse como herramienta preventiva para que, llegado un momento de dificultad, puedas enfrentar los sentimientos de impotencia y no sentirte rebasado por las circunstancias.

A continuación, te ofrezco varias claves para emplear las afirmaciones de manera efectiva:

- Elige afirmaciones que te hagan sentir bien (a continuación, te ofreceré algunas sugerencias). No elijas tópicos trillados que sean demasiado generales o que no guarden una estrecha relación contigo.
- Elige afirmaciones que sean realistas y prácticas, y en las que puedas creer. Las afirmaciones positivas que son demasiado ambiciosas o que parecen demasiado buenas para ser ciertas no te funcionarán bien porque tu mente no las aceptará como una verdad.
- Elige afirmaciones que puedas ir alternando todos los días. Selecciona algunas de tus afirmaciones favoritas que tengan validez para diferentes pensamientos, sentimientos y situaciones. Escríbelas en tu diario para tenerlas a la mano.
- Concéntrate en no más de una afirmación diaria. Si eliges más, se mezclarán y se difuminarán. Escoge una afirmación cada mañana que trate

específicamente sobre cómo te sientes y piensas en ese momento, o que aborde las situaciones a las que probablemente deberás enfrentarte ese día.

Empieza la mañana eligiendo tu afirmación del día y leyéndotela en voz alta. Escríbela en una tarjeta o en una nota nueva de tu celular y léela varias veces a lo largo del día. Al final del día, lee la afirmación una vez más y recuerda por lo menos un ejemplo concreto en el que hayas puesto de manifiesto el sentimiento que subyace a esta afirmación. A continuación, enumero algunas de mis afirmaciones favoritas para el empoderamiento personal, pero no dudes en escribir las tuyas.

- Soy seguro y fuerte.
- Puedo comunicar mis necesidades de manera efectiva.
- Puedo actuar en sintonía con mis valores incluso cuando sufro.
- Tengo el control de esta situación.
- No permitiré que los pensamientos negativos me desvíen de lo que debo hacer.
- No permitiré que las críticas de los demás menoscaben mi autoestima.
- Soy valioso incluso cuando cometo errores.
- Puedo pedir ayuda; no es una señal de debilidad.
- Puedo alcanzar mi objetivo ________ [*completa el espacio en blanco*] hoy.
- Puedo enfrentarme a la situación estresante ________ [*completa el espacio en blanco*] hoy.

AGRADECIMIENTOS

A Sheila Curry Oakes, gracias por tus importantes y brillantes aportaciones a este libro. Ha sido maravilloso trabajar contigo nuevamente y nuestra colaboración, después de haber trabajado juntas en *Stop Self-Sabotage* [Para el autosabotaje], me vino como anillo al dedo.

A mi marido, Pablo David Gavazza, gracias por ser mi alma gemela y mi mayor confidente. Gracias por apoyar mis sueños y por animarme siempre.

A mis padres, Renee y Robert Ho, gracias por honrar y alentar mis aspiraciones y metas, y por enseñarme los valores del trabajo duro, la generosidad y la resiliencia.

A mi hermana, Maria Ho, gracias por tu amor, amabilidad y naturaleza empática. Valoro inmensamente nuestro vínculo y no puedo imaginar una mejor hermana en este mundo.

A Wendy Sherman, mi increíble agente literaria, gracias por tu sabia orientación y tu fe inquebrantable en mí y en mi trabajo. Nada de esto sería posible sin ti.

A Hannah Robinson, gracias por arriesgarte conmigo una vez más y por mostrar tanto entusiasmo por este libro. Te agradezco todo el tiempo, dedicación y atención que has invertido en dar forma a este proyecto para que sea lo mejor posible y por obsequiarme tus valiosas ideas.

A Nana Twumasi y a todo el equipo de Balance, gracias por brindar una plataforma tan fenomenal a mi libro y por hacer realidad mi sueño.

A mi abuela materna, Sai Chen Lin, gracias por mostrarme amor incondicional desde el momento en que nací, y por el vínculo seguro que tenemos, que es el fundamento en el que se basan tantas cosas en mi vida.

Finalmente, gracias, Dios, por las innumerables bendiciones que ha recibido nuestra familia. Gracias por cuidar de mi niña interior y por mostrarme todo lo que es posible con tu gracia y amor.

NOTAS

Capítulo 1

[1] J. Bowlby, *Attachment and Loss*, vol. 1, *Attachment*, Nueva York, Basic Books, 1969, pág. 194.

[2] K. Lorenz, «Der Kumpan in der Umwelt des Vogels. Der Artgenosse als auslösendes Moment sozialer Verhaltensweisen», *Journal für Ornithologie*, vol. 83, 1935, págs. 137-215, 289-413.

[3] M. D. S. Ainsworth, Mary C. Blehar, Everett Waters y Sally N. Wall, *Patterns of Attachment: A Psychological Study of the Strange Situation*, Mahwah (Nueva Jersey), Lawrence Erlbaum, 1978.

[4] L. A. Sroufe y E. Waters, «Heart Rate as a Convergent Measure in Clinical and Developmental Research», *Merrill-Palmer Quarterly of Behavior and Development*, vol. 23, 1977, págs. 3-27.

Capítulo 2

[1] C. R. Rogers, «A Theory of Therapy, Personality, and Interpersonal Relationships as Developed in the Client-Centered Framework». Este artículo, publicado en el *Journal of Consulting Psychology*, analiza la teoría humanista de Rogers y el concepto del *yo*.

[2] R. F. Baumeister, «Self-Concept, Self-Esteem, and Identity», en V. J. Derlega, B. A. Winstead y W. H. Jones (comps.), *Personality: Contemporary Theory and Research*, Chicago, Nelson-Hall, 1999, págs. 339-375.

[3] C. R. Rogers, «A Theory of Therapy, Personality and Interpersonal Relationships as Developed in the Client-Centered Framework», en S. Koch (comp.),

Psychology: A Study of a Science, vol. 3: *Formulations of the Person and the Social Context*, Nueva York, McGraw Hill, 1959, págs. 184-256.

Capítulo 3

[1] «Industry Pioneer», en *Paul J. Meyer: Continuing the Legacy*, <https://pauljmeyer.com/the-legacy/industry-pioneer/>.

Capítulo 4

[1] Nathan W. Hudson, William J. Chopik y Daniel A. Briley, «Volitional Change in Adult Attachment: Can People Who Want to Become Less Anxious and Avoidant Move Closer towards Realizing Those Goals?», *European Journal of Personality*, vol. 34, n.º 1, 2020, págs. 93-114, <https://journals.sagepub.com/doi/full/10.1002/per.2226>.

[2] E. A. Butler y A. K. Randall, «Emotional Coregulation in Close Relationships», *Emotion Review*, vol. 5, n.º 2, 2013, págs. 202-210, <https://doi.org/10.1177/1754073912451630>.

[3] Duke Center for Child and Family Policy for the Administration for Children and Families (ACF), «Co-Regulation from Birth through Young Adulthood: A Practice Brief», UNC Frank Porter Graham Child Development Institute, <https://fpg.unc.edu/sites/fpg.unc.edu/files/resources/reports-and-policy-briefs/Co-RegulationFromBirthThroughYoungAdulthood.pdf>.

[4] Judith E. Carroll, Tara L. Gruenewald, Shelley E. Taylor, Denise Janicki-Deverts, Karen A. Matthews y Teresa E. Seeman, «Childhood Abuse, Parental Warmth, and Adult Multisystem Biological Risk in the Coronary Artery Risk Development in Young Adults Study», *Proceedings of the National Academy of Sciences*, vol. 110, n.º 42, 2013, págs. 17149-17153, <https://www.pnas.org/doi/abs/10.1073/pnas.1315458110>; Darcia Narvaez, Lijuan Wong y Ying Cheng, «The Evolved Developmental Niche in Children: Relation to Adult Psychopathology and Morality», *Applied Developmental Science*, vol. 20, n.º 4, 2016, págs. 294-309, <http://dx.doi.org/10.1080/10888691.2015.1128835>; Darcia Narvaez, Lijuan Wang, Alison Cheng, Tracy R Gleason, Ryan Woodbury, Angela Kurth y Jennifer Burke Lefever, «The Importance of Early Life Touch for Psychosocial and Moral Development», *Psicologio: Reflexão e Crítica*, vol. 32, n.º 1, 2019, pág. 16, <https://www.ncbi.nlm.nih.gov/pmc/articles/PMC6967013/>.

[5] J. Maselko, L. Kubzansky, L. Lipsitt, S. L. Buka, «Mother's Affection at 8 Months Predicts Emotional Distress in Adulthood», *Journal of Epidemiology and Community Health*, vol. 65, n.º 7, 2011, págs. 621-625, <https://www.ncbi.nlm.nih.gov/pmc/articles/PMC3118641/>.

[6] Kerstin Uvnas-Moberg y Maria Petersson, «Oxytocin, a Mediator of Anti-Stress, Well-Being, Social Interaction, Growth and Healing», *Zeitschrift für Psychosomatische Medizin und Psychotherapie*, vol. 51, n.º 1, 2005, págs. 57-80, <https://pubmed.ncbi.nlm.nih.gov/15834840/>.

[7] N. Eisenberg (comp.), *The Development of Prosocial Behavior*, Nueva York, Academic Press, 1982; N. Eisenberg y R. A. Fabes, «Prosocial Development», en *Handbook of Child Psychology*, 5.ª ed., vol. 3, W. Damon y N. Eisenberg (comps.), Nueva York, Wiley, 1998, págs. 701-778.

[8] Kendra Cherry, «4 Different Types of Attachment Styles», *VeryWell Mind*, 6 de mayo de 2022, <https://www.verywellmind.com/attachment-styles-2795344>.

[9] M. D. S. Ainsworth, Mary C. Blehar, Everett Waters y Sally N. Wall, *Patterns of Attachment: A Psychological Study of the Strange Situation*, Mahwah (Nueva Jersey), Lawrence Erlbaum, 1978; K. Lyons-Ruth, «Attachment Relationships among Children with Aggressive Behavior Problems: The Role of Disorganized Early Attachment Patterns», *Journal of Consulting and Clinical Psychology*, vol. 64, n.º 1, 1996, págs. 64-73, <https://doi.org/10.1037/0022-006X.64.1.64>.

[10] B. L. Simmons, J. Gooty, D. L. Nelson y L. M. Little, «Secure Attachment: Implications for Hope, Trust, Burnout, and Performance», *Journal of Organizational Behavior*, vol. 30, n.º 2, 2009, págs. 233-247, <https://doi.org/10.1002/job.585>.

[11] Y. R. Hong y J. S. Park, «Impact of Attachment, Temperament and Parenting on Human Development», *Korean Journal of Pediatrics*, vol. 55, n.º 12, 2012, págs. 449-454, <https://doi.org/10.3345/kjp.2012.55.12.449>; I. L. Mark, M. J. Bakermans-Kranenburg y M. H. Ijzendoorn, «The Role of Parenting, Attachment, and Temperamental Fearfulness in the Prediction of Compliance in Toddler Girls», *British Journal of Developmental Psychology*, vol. 20, n.º 3, 2002, págs. 361-378, <https://doi.org/10.1348/026151002320620299>; L. E. Brumariu, «Parent-Child Attachment and Emotion Regulation», *New Directions for Child and Adolescent Development*, vol. 148, 2015, págs. 31-45, <https://doi.org/10.1002/cad.20098>; E. DiTommaso, C. Brannen-McNulty, L. Ross y M. Burgess, «Attachment Styles, Social Skills and Loneliness in Young Adults», *Personality and Individual Differences*, vol. 35, n.º 2, 2003, págs. 303-312, <https://doi.org/10.1016/s0191-8869(02)00190-3>; E. Moss y D. St-Laurent, «Attachment at School Age and Academic Performance», *Developmental Psychology*, vol. 37, n.º 6, 2001, págs. 863-874, <https://doi.org/10.1037/0012-1649.37.6.863>.

[12] C. Wu, «The Relationship between Attachment Style and Self-Concept Clarity: The Mediation Effect of Self-Esteem», *Personality and Individual Differences*, vol. 47, n.º 1, 2009, págs. 42-46, <https://doi.org/10.1016/j.paid.2009.01.043>.

[13] A. B. Doyle, D. Markiewicz, M. Brendgen, M. Lieberman y K. Voss, «Child Attachment Security and Self-Concept: Associations with Mother and Father Attachment Style and Marital Quality», *Merrill-Palmer Quarterly*, vol. 46, n.º 3, 2000, págs. 514-539, <http://www.jstor.org/stable/23093743>.

[14] R. Bayrak, M. Gülat y N. H. Sahin, «The Mediating Role of Self-Concept and Coping Strategies on the Relationship between Attachment Styles and Perceived Stress», *Europe's Journal of Psychology*, vol. 14, n.º 4, 2018, págs. 897-913, <https://www.ncbi.nlm.nih.gov/pmc/articles/PMC6266532/pdf/ejop-14-897.pdf>.

[15] V. Simard, E. Moss y K. Pascuzzo, «Early Maladaptive Schemas and Child and Adult Attachment: A 15-Year Longitudinal Study», *Psychology and Psychotherapy: Theory, Research and Practice*, vol. 84, n.º 4, 2011, págs. 349-366, <https://doi.org/10.1111/j.2044-8341.2010.02009.x>; M. Mikulincer, N. Horesh, I. Eilati y M. Kotler, «The Association between Adult Attachment Style and Mental Health in Extreme Life-Endangering Conditions», *Personality and Individual Differences*, vol. 27, n.º 5, 1999, págs. 831-842, <https://doi.org/10.1016/s0191-8869(99)00032-x>; W. H. Bylsma, C. Cozzarelli y N. Sumer, «Relation between Adult Attachment Styles and Global Self-Esteem», *Basic and Applied Social Psychology*, vol. 19, n.º 1, 1997, págs. 1-16, <https://doi.org/10.1207/s15324834basp1901_1>; M. Mikulincer, «Adult Attachment Style and Individual Differences in Functional versus Dysfunctional Experiences of Anger», *Journal of Personality and Social Psychology*, vol. 74, n.º 2, 1998, págs. 513-524, <https://doi.org/10.1037/0022-3514.74.2.513>; M. Mikulincer, «Attachment Working Models and the Sense of Trust: An Exploration of Interaction Goals and Affect Regulation», *Journal of Personality and Social Psychology*, vol. 74, n.º 5, 1998, págs. 1209-1224, <https://doi.org/10.1037/0022-3514.74.5.1209>; R. Banse, «Adult Attachment and Marital Satisfaction: Evidence for Dyadic Configuration Individuals with Secure Attachment Effects», *Journal of Social and Personal Relationships*, vol. 21, n.º 2, 2004, págs. 273-282, <https://doi.org/10.1177/0265407504041388>.

[16] Fei Shen, Yanhong Liu y Mansi Brat, «Attachment, Self-Esteem, and Psychological Distress: A Multiple-Mediator Model», *The Professional Counselor*, vol. 11, n.º 2, 2021, págs. 129-142, <https://files.eric.ed.gov/fulltext/EJ1300191.pdf>.

[17] G. Gleeson y A. Fitzgerald, «Exploring the Association between Adult Attachment Styles in Romantic Relationships, Perceptions of Parents from

Childhood and Relationship Satisfaction», *Health*, vol. 6, n.º 13, 2014, <https://file.scirp.org/Html/6-8202945_47883.htm>.

[18] K. K. Little y L. E. Sockol, «Romantic Relationship Satisfaction and Parent-Infant Bonding during the Transition to Parenthood: An Attachment-Based Perspective», *Frontiers in Psychology*, vol. 11, 2020, <https://www.frontiersin.org/articles/10.3389/fpsyg.2020.02068/full>.

[19] Marisa G. Franco, *Platónico: descubre cómo la ciencia del apego te ayudará a hacer amigos (y a cuidar de los que ya tienes)*, Barcelona, Zenith, 2024.

[20] Marisa G. Franco, «The Trait that "Super Friends" Have in Common», *The Atlantic*, 25 de agosto de 2022, <https://www.theatlantic.com/family/archive/2022/08/making-keeping-friends-attachment-theory-styles/671222/>.

[21] C. Hazan y P. R. Shaver, «Love and Work: An Attachment-Theoretical Perspective», *Journal of Personality and Social Psychology*, vol. 59, n.º 2, 1990, págs. 270-280, <https://doi.org/10.1037/0022-3514.59.2.270>.

[22] Shen, Liu y Brat, «Attachment, Self-Esteem, and Psychological Distress...», *op. cit.*

[23] Tchiki Davis, «Shame: Definition, Causes, and Tips», Berkeley Well-Being Institute, <https://www.berkeleywellbeing.com/shame.html>.

[24] C. L. Burton y G. A. Bonanno, «Measuring the Ability to Enhance and Suppress Emotional Expression: The Flexible Regulation of Emotional Expression (FREE) Scale», *Psychological Assessment*, vol. 28, n.º 8, 2016, págs. 929-941; T. B. Kashdan, V. Barrios, J. P. Forsyth y M. F. Steger, «Experiential Avoidance as a Generalized Psychological Vulnerability: Comparisons with Coping and Emotion Regulation Strategies», *Behaviour Research and Therapy*, vol. 44, n.º 9, 2006, págs. 1301-1320; T. B. Kashdan y J. Rottenberg, «Psychological Flexibility as a Fundamental Aspect of Health», *Clinical Psychology Review*, vol. 30, n.º 7, 2010, págs. 865-878; T. B. Kashdan, G. Uswatte y T. Julian, «Social Anxiety and the Experience of Positive Emotion and Anger in Everyday Life: An Ecological Momentary Assessment Approach», *Anxiety, Stress and Coping*, vol. 19, n.º 4, 2006, págs. 337-357.

[25] Steven Hayes, «The Six Core Processes of ACT», Association for Contextual Behavioral Science, <https://contextualscience.org/the_six_core_processes_of_act>.

[26] A. Masuda y R. D. Latzman, «Examining Associations among Factor-Analytically Derived Components of Mental Health Stigma, Distress, and Psychological Flexibility», *Personality and Individual Differences*, vol. 51, n.º 4, 2011, págs. 435-438, <https://doi.org/10.1016/j.paid.2011.04.008>.

[27] S. C. Hayes, K. D. Strosahl y K. G. Wilson, *Acceptance and Commitment Therapy: The Process and Practice of Mindful Change*, 2.ª ed., Nueva York, Guilford Press, 2012 (trad. cast.: *Terapia de aceptación y compromiso: proceso y práctica del cambio consciente*, Bilbao, Desclée de Brouwer, 2014).

[28] A. T. Gloster, A. H. Meyer y R. Lieb, «Psychological Flexibility as a Malleable Public Health Target: Evidence from a Representative Sample», *Journal of Contextual Behavioral Science*, vol. 6, n.º 2, 2017, págs. 166-171, <https://doi.org/10.1016/j.jcbs.2017.02.003>.

[29] R. Tindle y A. A. Moustafa, «Psychological Distress, Social Support, and Psychological Flexibility during COVID-19», en A. A. Moustafa (comp.), *Mental Health Effects of COVID-19*, Londres, Academic Press, 2021, págs. 89-101, <https://www.sciencedirect.com/science/article/pii/B978012824289600012X>.

[30] Russ Harris, *ACT Made Simple*, Oakland (California), New Harbinger Publications, 2009. <https://www.actmindfully.com.au/upimages/ACT_Made_Simple_Introduction_and_first_two_chapters.pdf> (trad. cast.: *Hazlo simple*, Rubí, Obelisco, 2021).

[31] *Ibid.*

[32] *Ibid.*

[33] J. B. Rotter, «Generalized Expectancies for Internal versus External Control of Reinforcement», *Psychological Monographs: General and Applied*, vol. 80, n.º 1, 1966, págs. 1-28, <https://doi.org/10.1037/h0092976>.

[34] Ferdi Botha y Sarah C. Dahmann, «Locus of Control, Self-Control, and Health Outcomes», IZA Institute of Labor Economics Discussion Paper Series, mayo de 2022, <https://docs.iza.org/dp15306.pdf>.

[35] Kendra Cherry, «Locus of Control and Your Life», *VeryWell Mind*, 8 de diciembre de 2022, <https://www.verywellmind.com/what-is-locus-of-control-2795434>; D. Kesavayuth, J. Poyago-Theotoky, D. Binh Tran y V. Zikos, «Locus of Control, Health, and Health Care Utilization», *Economic Modelling*, vol. 86, 2020, págs. 227-238, <https://www.sciencedirect.com/science/article/abs/pii/S0264999319302548>; M. I. Wallhagen, W. J. Strawbridge, G. A. Kaplan y R. D. Cohen, «Impact of Internal Health Locus of Control on Health Outcomes for Older Men and Women: A Longitudinal Perspective», *The Gerontologist*, vol. 34, n.º 3, 1994, págs. 299-306, <https://deepblue.lib.umich.edu/bitstream/handle/2027.42/51483/Wallhagen%20MI,%20Impact%20of%20Internal%20Health,%201994.pdf>.

Capítulo 5

[1] J. Stevenson-Hinde y K. Verschueren, «Attachment in Childhood», en P. K. Smith y C. H. Hart (comps.), *Blackwell Handbook of Childhood Social Development*, Hoboken, Nueva Jersey, Blackwell Publishing, 2002, págs. 182-204.

[2] WebMD Staff, «What Is Avoidant Attachment?», Grow by WebMD, <https://www.webmd.com/parenting/what-is-avoidant-attachment>.

[3] M. D. Ainsworth y S. M. Bell, «Attachment, Exploration, and Separation: Illustrated by the Behavior of One-Year-Olds in a Strange Situation», *Child Development*, vol. 41, n.º 1, 1970, págs. 49-67; A. Sroufe y E. Waters, «Attachment as an Organizational Construct», *Child Development*, vol. 48, n.º 4, 1987, págs. 1184-1199.

[4] M. Main, «Analysis of a Peculiar Form of Reunion Behaviour Seen in Some Daycare Children», en R. Webb (comp.), *Social Development in Childhood*, Baltimore, Johns Hopkins, 1977, págs. 33-78.

[5] K. Bartholomew y L. M. Horowitz, «Attachment Styles among Young Adults: A Test of a Four-Category Model», *Journal of Personality and Social Psychology*, vol. 61, n.º 2, 1991, págs. 226-244, <https://doi.org/10.1037/0022-3514.61.2.226>.

[6] M. Mikulincer y P. R. Shaver, *Attachment in Adulthood: Structure, Dynamics, and Change*, Nueva York, Guilford Press, 2007.

[7] T. Sheinbaum, T. R. Kwapil, S. Ballespí, M. Mitjavila, C. A. Chun, P. J. Silvia y N. Barrantes-Vidal, «Attachment Style Predicts Affect, Cognitive Appraisals, and Social Functioning in Daily Life», *Frontiers in Psychology*, vol. 6, 2015, pág. 296, <https://www.frontiersin.org/articles/10.3389/fpsyg.2015.00296/full>.

[8] *Ibid.*

[9] *Ibid.*

[10] A. Catanzaro y M. Wei, «Adult Attachment, Dependence, Self-Criticism, and Depressive Symptoms: A Test of a Mediational Model», *Journal of Personality*, vol. 78, n.º 4, 2010, págs. 1135-1162.

[11] G. Bosmans, C. Braet y L. Van Vlierberghe, «Attachment and Symptoms of Psychopathology: Early Maladaptive Schemas as a Cognitive Link?», *Clinical Psychology and Psychotherapy*, vol. 17, n.º 5, 2010, págs. 374-385.

[12] V. Illing, G. A. Tasca, L. Balfour y H. Bissada, «Attachment Insecurity Predicts Eating Disorder Symptoms and Treatment Outcomes in a Clinical Sample of Women», *Journal of Nervous and Mental Disease*, vol. 198, n.º 9, 2010, págs. 653-659.

[13] T. Ein-Dor, G. Doron, Z. Solomon, M. Mikulincer y P. R. Shaver, «Together in Pain: Attachment-Related Dyadic Processes and Posttraumatic Stress Disorder», *Journal of Counseling Psychology*, vol. 57, n.º 3, 2010, págs. 317-327.

[14] B. Meyer y P. A. Pilkonis, «An Attachment Model of Personality Disorders», en M. F. Lenzenweger y J. F. Clarkin (comps.), *Major Theories of Personality Disorder*, Nueva York, Guilford Press, 2005, págs. 231-281; W. J. Livesley, «Classifying Personality Disorders: Ideal Types, Prototypes, or Dimensions?», *Journal of Personality Disorders*, vol. 5, n.º 1, 1991, págs. 52-59.

[15] Mikulincer y Shaver, *Attachment in Adulthood*, *op. cit.*

[16] E. Berant, M. Mikulincer y P. R. Shaver, «Mothers' Attachment Style, Their Mental Health, and Their Children's Emotional Vulnerabilities: A Seven-Year Study of Children with Congenital Heart Disease», *Journal of Personality*, vol. 76, n.º 1, 2008, págs. 31-66.

[17] P. Wink, «Two Faces of Narcissism», *Journal of Personality and Social Psychology*, vol. 61, n.º 4,1991, págs. 590-597.

[18] C. Wu, «The Relationship Between Attachment Style and Self-Concept Clarity: The Mediation Effect of Self-Esteem», *Personality and Individual Differences*, vol. 47, n.º 1, 2009, págs. 42-46, <https://awspntest.apa.org/record/2009-06183-010>.

[19] Sheinbaum *et al.*, «Attachment Style Predicts Affect...», *op. cit.*

[20] *Ibid.*

[21] M. Solomon y S. Tatkin, *Love and War in Intimate Relationships: Connection, Disconnection, and Mutual Regulation in Couple Therapy*, Nueva York, W. W. Norton, 2011.

Capítulo 6

[1] A. Ellis, «Unconditional Self-Acceptance» (video), <https://www.youtube.com/watch?v=DQgpsvpfMXg>.

[2] «Flow», *APA Dictionary of Psychology*, <https://dictionary.apa.org/flow>.

[3] A. Dietrich, «Functional Neuroanatomy of Altered States of Consciousness: The Transient Hypofrontality Hypothesis», *Consciousness and Cognition*, vol. 12, n.º 2, 2003, págs. 231-256.

[4] C. G. Jung, *Aion: Researches into the Phenomenology of the Self*, Abington (Reino Unido), Routledge, 1951 (trad. cast.: *Aion: contribuciones al simbolismo del sí-mismo*, en *Obra completa*, vol. 9/2, Madrid, Trotta, 2011).

[5] C. G. Jung, «Good and Evil in Analytical Psychology», *Journal of Analytical Psychology*, vol. 5, n.º 2, 1960, págs. 91-100. [Se cita el fragmento según trad. cast.: «El bien y el mal en la psicología analítica», en *Civilización en transición*, en *Obra completa*, vol. 10, Madrid, Trotta, 2014].

[6] L. Hay, *Mirror Work: 21 Days to Heal Your Life*, Carlsbad (California), Hay House, 2016 (trad. cast.: *El poder del espejo: 21 días para cambiar tu vida*, Barcelona, Urano, 2016).

Capítulo 7

[1] J. R. Abela, S. A. Skitch, R. P. Auerbach y P. Adams, «The Impact of Parental Borderline Personality Disorder on Vulnerability to Depression in Chil-

dren of Affectively Ill Parents», *Journal of Personality Disorders*, vol. 19, n.° 1, 2005, págs. 68-83; P. R. Shaver, D. A. Schachner y M. Mikulincer, «Attachment Style, Excessive Reassurance Seeking, Relationship Processes, and Depression», *Personality and Social Psychology Bulletin*, vol. 31, n.° 3, 2005, págs. 343-359; P. Muris, C. Meesters, M. van Melick y L. Zwambag, «Self-Reported Attachment Style, Attachment Quality, and Symptoms of Anxiety and Depression in Young Adolescents», *Personality and Individual Differences*, vol. 30, n.° 5, 2001, págs. 809-818; S. M. Safford, L. B. Alloy, A, G. Crossfield y A. M. Morocco, «The Relationship of Cognitive Style and Attachment Style to Depression and Anxiety in Young Adults», *Journal of Cognitive Psychotherapy*, vol. 18, n.° 1, 2004, págs. 25-41.

[2] M. D. S. Ainsworth, Mary C. Blehar, Everett Waters y Sally N. Wall, *Patterns of Attachment: A Psychological Study of the Strange Situation*, Brístol, Psychology Press, 1978.

[3] J. J. Exline, A. L. Zell, E. Bratslavsky, M. Hamilton y A. Swenson, «People-Pleasing through Eating: Sociotropy Predicts Greater Eating in Response to Perceived Social Pressure», *Journal of Social and Clinical Psychology*, vol. 31, n.° 2, 2012, págs. 169-193, <https://doi.org/10.1521/jscp.2012.31.2.169>.

[4] L. Campbell y T. Marshall, «Anxious Attachment and Relationship Process: An Interactionist Perspective», *Journal of Personality*, vol. 79, n.° 6, 2011, págs. 917-947.

[5] Chia-Huei Wu, «The Relationship between Attachment Style and Self-Concept Clarity: The Mediation Effect of Self-Esteem», *Personality and Individual Differences*, vol. 47, n.° 1, 2009, págs. 42-46.

[6] A. Lee y B. L. Hankin, «Insecure Attachment, Dysfunctional Attitudes, and Low Self-Esteem Predicting Prospective Symptoms of Depression and Anxiety during Adolescence», *Journal of Clinical Child and Adolescent Psychology*, vol. 38, n.° 2, 2009, págs. 219-231.

[7] P. R. Shaver, D. A. Schachner y M. Mikulincer, «Attachment Style, Excessive Reassurance Seeking, Relationship Processes, and Depression», *Personality and Social Psychology Bulletin*, vol. 31, n.° 3, 2005, págs. 343-359.

[8] S. D. Jayamaha, Y. U. Girme y N. C. Overall, «When Attachment Anxiety Impedes Support Provision: The Role of Feeling Unvalued and Unappreciated», *Journal of Family Psychology*, vol. 31, n.° 2, 2017, págs. 181-191.

[9] Hazan y Shaver, «Love and Work...», *op. cit.*

[10] E. G. Hepper y K. B. Carnelley, «Adult Attachment and Feedback-Seeking Patterns in Relationships and Work», *European Journal of Social Psychology*, vol. 40, n.° 3, 2010, págs. 448-464.

[11] H. Braunstein-Bercovitz, «Self-Criticism, Anxious Attachment, and Avoidant Attachment as Predictors of Career Decision Making», *Journal of Career Assessment*, vol. 22, n.° 1, 2014, págs. 176-187.

Capítulo 8

[1] L. Campbell y L. Marshall, «Anxious Attachment and Relationship Processes: An Interactionist Perspective», *Journal of Personality*, vol. 79, n.º 6, 2011, págs. 1219-1249.

[2] M. Wei, B. Mallinckrodt, L. M. Larson y R. Zakalik, «Adult Attachment, Depressive Symptoms, and Validation from Self versus Others», *Journal of Counseling Psychology*, vol. 52, n.º 3, 2005, págs. 368-377.

[3] A. Bender y R. Ingram, «Connecting Attachment Style to Resilience: Contributions of Self-Care and Self-Efficacy», *Personality and Individual Differences*, vol. 130, n.º 1, 2018, págs. 18-20.

[4] M. Mikulincer y P. R. Shaver, «Attachment Theory and Emotions in Close Relationships: Exploring the Attachment-Related Dynamics of Emotional Reactions to Relational Events», *Personal Relationships*, vol. 12, n.º 2, 2005, págs. 149-168.

[5] M. P. Leiter, A. Day y L. Price, «Attachment Styles at Work: Measurement Collegial Relationships, and Burnout», *Burnout Research*, vol. 2, n.º 1, 2015, págs. 25-35.

[6] M. Mikulincer y P. R. Shaver, «The Attachment Behavioral System in Adulthood: Activation, Psychodynamics, and Interpersonal Processes», en M. Zanna (comp.), *Advances in Experimental Social Psychology*, vol. 35, Nueva York, Academic Press, 2003, págs. 53-152.

[7] A. Dreisoerne, N. M. Junker, W. Schlotz, J. Heimrich, S. Bloemeke, B. Ditzen y R. van Dick, «Self-soothing Touch and Being Hugged Reduce Cortisol Responses to Stress: A Randomized Controlled Trial on Stress, Physical Touch, and Social Identity», *Comprehensive Psychoneuroendocrinology*, vol. 8, 2021, pág. 100091, <https://www.ncbi.nlm.nih.gov/pmc/articles/PMC9216399>..

[8] D. Church, P. Stapleton, A. Vasudevan y T. O'Keefe, «Clinical EFT as an Evidence-Based Practice for the Treatment of Psychological and Physiological Conditions: A Systematic Review», *Frontiers in Psychology*, vol. 13, 2022, pág. 951451, <https://pubmed.ncbi.nlm.nih.gov/36438382>.

[9] «The Voo Sound», PositivePsychology.com, <https://positive.b-cdn.net/wp-content/uploads/2020/11/The-Voo-Sound.pdf>.

[10] R. C. Fraley, P. M. Niedenthal, M. Marks, C. Brumbaugh y A. Vicary, «Adult Attachment and the Perception of Emotional Expressions: Probing the Hyperactivating Strategies Underlying Anxious Attachment», *Journal of Personality*, vol. 74, n.º 4, 2006, págs. 1163-1190.

[11] A. Richardson, «Mental Imagery: A Review of the Evidence», *The Psychologist*, vol. 30, 2017, págs. 34-38; J. E. Driskell, C. Copper y A. Moran, «Does Mental Practice Enhance Performance?», *Journal of Applied Psychology*, vol. 79,

n.º 4, 2017, págs. 481-492; S. E. Williams y J. Cumming, «Sport Imagery and Performance: A Meta-Analysis», *Journal of Applied Sport Psychology*, vol. 24, n.º 9, 2012, págs. 288-297.

Capítulo 9

[1] S. Doi, T Fujiwara y A. Isumi, «Association between Maternal Adverse Childhood Experiences and Mental Health Problems in Offspring: An Intergenerational Study», *Developmental Psychopathology*, vol. 33, n.º 3, 2021, págs. 1041-1058.

[2] M. Main y E. Hesse, «Parents' Unresolved Traumatic Experiences Are Related to Infant Disorganized Attachment Status», en M. T. Greenberg, D. Cicchetti, y E. M. Cummings (comps.), *Attachment in the Preschool Years*, Chicago, University of Chicago Press, 1990, págs. 161-181.

[3] K. Lyons-Ruth, E. Bronfman y E. Parsons, «Maternal Frightened, Frightening, or Atypical Behavior and Disorganized Infant Attachment Patterns», *Monographs of the Society for Research in Child Development*, vol. 64, n.º 3, 1999, págs. 67-96.

[4] E. Tronick, L. B. Adamson, H. Als y T. B. Brazelton, «Infant Emotions in Normal and Pertubated Interactions», ponencia presentada en el congreso bienal de la Sociedad para la Investigación del Desarrollo Infantil, Denver, Colorado, abril de 1975; E. Z. Tronick, «Things Still to Be Done on the Still-Face Effect», *Infancy*, vol. 4, n.º 4, 2003, págs. 475-482; E. Tronick, H. Als, L. Adamson, S. Wise y B. Brazelton, «The Infant's Response to Entrapment between Contradictory Messages in Face-to-Face Interaction», *Journal of the American Academy of Child & Adolescent Psychiatry*, vol. 17, n.º 1, 1978, págs. 1-13.

[5] K. A. Brennan, P. R. Shaver y A. E. Tobey, «Attachment Styles, Gender and Parental Problem Drinking», *Journal of Social and Personal Relationships*, vol. 8, n.º 4, 1991, págs. 451-466, <https://doi.org/10.1177/0265407591184001>.

[6] D. Out, M. J. Bakermans-Kranenburg y M. H. Van Ijzendoorn, «The Role of Disconnected and Extremely Insensitive Parenting in the Development of Disorganized Attachment: Validation of a New Measure», *Attachment & Human Development*, vol. 11, n.º 5, 2009, págs. 419-443.

[7] C. George y J. Solomon, «Attachment and Caregiving: The Carving Behavioral System», en J. Cassidy y P. R. Shaver (comps.), *Handbook of Attachment: Theory, Research and Clinical Applications*, Nueva York, Guilford Press, 1999, págs. 649-670.

[8] R. L. Paetzold, W. S. Rholes y J. L. Kohn, «Disorganized Attachment in Adulthood: Theory, Measurement, and Implications for Romantic Relation-

ships», *Review of General Psychology*, vol. 19, n.º 2, 2015, págs. 146-156, <https://doi.org/10.1037/gpr0000042>.

[9] M. Main y J. Stadtman, «Infant Response to Rejection of Physical Contact by the Mother», *Journal of the American Academy of Child Psychiatry*, vol. 20, n.º 2, 1981, págs. 292-307, <https://doi.org/10.1016/S0002-7138(09)60990-0>.

[10] *Ibid.*, pág. 293.

[11] R. Duschinsky, «The Emergence of the Disorganized/Disoriented (D) Attachment Classification, 1979-1982», *History of Psychology*, vol. 18, n.º 1, 2015, págs. 32-46, <https://www.ncbi.nlm.nih.gov/pmc/articles/PMC4321742/>.

[12] J. Solomon y C. George, «The Disorganised Attachment-Caregiving System», en Judith Solomon y Carol George (eds.), *Disorganized Attachment and Caregiving*, Nueva York, Guilford Press, 2011, págs. 25-51.

[13] «Boundary», *APA Dictionary of Psychology*, <https://dictionary.apa.org/boundary>.

[14] P. M. Crittenden y M. D. S. Ainsworth, «Child Maltreatment and Attachment Theory», en *Child Maltreatment*, Cambridge, Cambridge University Press, 1989, págs. 432-463, <https://doi.org/10.1017/cbo9780511665707.015>.

[15] J. A. Simpson, W. S. Rholes, M. Minda Oriña y J. Grich, «Working Models of Attachment, Support Giving, and Support Seeking in a Stressful Situation», *Personality and Social Psychology Bulletin*, vol. 28, n.º 5, 2002, págs. 598-608, <https://doi.org/10.1177/0146167202288004>.

[16] J. A. Simpson, W. S. Rholes y J. S. Nelligan, «Support Seeking and Support Giving Within Couples in an Anxiety-Provoking Situation: The Role of Attachment Styles», *Journal of Personality and Social Psychology*, vol. 62, n.º 3, 1992, págs. 434-446, <https://doi.org/10.1037/0022-3514.62.3.434>.

[17] W. S. Rholes, J. A. Simpson y M. Friedman, «Avoidant Attachment and the Experience of Parenting», *Personality and Social Psychology Bulletin*, vol. 32, n.º 3, 2006, págs. 275-285, <https://doi.org/10.1177/0146167205280910>.

[18] W. S. Rholes, J. A. Simpson y B. S. Blakely, «Adult Attachment Styles and Mothers' Relationships with Their Young Children», *Personal Relationships*, vol. 2, n.º 1, 1995, págs. 35-54, <https://doi.org/10.1111/j.1475-6811.1995.tb00076.x>.

Capítulo 10

[1] Scott Barry Kaufman, «Sailboat Metaphor», <https://scottbarrykaufman.com/sailboat-metaphor/>.

[2] *Ibid.*

[3] Steve Hein, «Human Emotional Needs», <https://eqi.org/needs_long.htm>.

[4] E. J. Cassell, «Compassion», en C. R. Snyder y S. J. Lopez (comps.), *Handbook of Positive Psychology*, Oxford, Oxford University Press, 2002, págs. 434-445.

[5] Making Caring Common Project, «Loneliness in America», Harvard University, febrero de 2021, <https://mcc.gse.harvard.edu/reports/loneliness-in-america>; R. O'Sullivan, A. Burns, G. Leavey, I. Leroy, V. Burholt, J. Lubben, *et al.*, «Impact of the COVID-19 Pandemic on Loneliness and Social Isolation: A Multi-Country Study», *International Journal of Environmental Research and Public Health*, vol. 18, n.º 19, 2021, art. 9982, <https://www.mdpi.com/1660-4601/18/19/9982>.

[6] National Academies of Sciences, Engineering, and Medicine, *Social Isolation and Loneliness in Older Adults: Opportunities for the Health Care System*, Washington D. C., The National Academies Press, 2020, <https://doi.org/10.17226/25663>.

[7] O. D. Steen, A. P. S. Ori, K. J. Wardenaar y H. M. van Loo, «Loneliness Associates Strongly with Anxiety and Depression during the COVID Pandemic, Especially in Men and Younger Adults», *Scientific Reports*, vol. 12, 2022, art. 9517, <https://www.nature.com/articles/s41598-022-13049-9>.

[8] A. W. M. Spithoven, P. Bijttebier y L. Goossens, «It Is All in Their Mind: A Review on Information Processing Bias in Lonely Individuals», *Clinical Psychology Review*, vol. 58, 2017, págs. 97-114, <https://www.sciencedirect.com/science/article/abs/pii/S0272735816303336?via%3Dihub>.

[9] J. Lieberz, S. G. Shamay-Tsoory, N. Saporta, T. Esser, E. Kuskova, B. Stoffel-Wagner, *et al.*, «Loneliness and the Social Brain: How Perceived Social Isolation Impairs Human Interactions», *Advanced Science*, vol. 8, n.º 21, 2021, e20212076, <https://onlinelibrary.wiley.com/doi/10.1002/advs.202102076>.

[10] Jancee Dunn, «Day 2: The Secret Power of the 8-Minute Phone Call», *The New York Times*, 2 de enero de 2023, <https://www.nytimes.com/2023/01/02/well/phone-call-happiness-challenge.html> (consultado el 23 de agosto de 2023).

[11] R. Feldman, Z. Rosenthal y A. I. Eidelman, «Maternal-Preterm Skin-to-Skin Contact Enhances Child Physiologic Organization and Cognitive Control across the First 10 Years of Life», *Biological Psychiatry*, vol. 75, n.º 1, 2014, págs. 56-64.

[12] J. G. Miller, C. Chocol, J. N. Nuselovici, W. T. Utendale, M. Simard y P. D. Hastings, «Children's Dynamic RSA Change during Anger and Its Relations with Parenting, Temperament, and Control of Aggression», *Developmental Psychobiology*, vol. 55, n.º 8, 2013, págs. 798-806, <https://doi.org/10.1016/j.biopsycho.2012.12.005>.

[13] J. E. Young, «Schema-Focused Therapy for Borderline Personality Disorder», en *Cognitive Behavior Therapy: A Guide for the Practicing Clinician*, ed. G. Simos, Nueva York, Taylor & Francis Group, 2002, págs. 201-227.

[14] A. Arntz, D. P. Bernstein y J. Jacob, *Schema Therapy in Practice*, Chichester, Wiley-Blackwell, 2012; H. Dadomo, A. Grecucci, I. Giardini, E. Ugolini, A. Carmelita y M. Panzeri, «Schema Therapy for Emotional Dysregulation: Theoretical Implications and Clinical Applications», *Hypothesis and Theory*, 2016, consultado en <https://www.frontiersin.org/articles/10.3389/fpsyg.2016.01987/full>.

[15] S. W. Porge, J. A. Doussard-Roosevelt y A. K. Maiti, «Vagal Tone and the Physiological Regulation of Emotion», *Monographs of the Society for Research in Child Development*, vol. 59, n.º 2-3, 1994, págs. 167-186; J. F. Thayer y R. D. Lane, «A Model of Neurovisceral Integration in Emotion Regulation and Dysregulation», *Journal of Affective Disorder*, vol. 61, n.º 3, 2000, págs. 201-216.

[16] T. F. Denson, W. C. Pedersen y N. Miller, «The Displaced Aggression Questionnaire», *Journal of Personality and Social Psychology*, vol. 100, n.º 2, 2011, págs. 397-414; C. Vöge y E. L. Gibson, «Emotional Eating: The Role of Adiposity and Mood», *Appetite*, vol. 54, n.º 3, 2010, págs. 474-476; J. B. Nezlek y P. Kuppens, «Regulating Positive and Negative Emotions in Daily Life», *Journal of Personality*, vol. 76, n.º 3, 2008, págs. 561-579.

[17] «Social Connections Drive the "Upward Spiral" of Positive Emotions and Health», Association for Psychological Science, 9 de mayo de 2013, <https://www.psychologicalscience.org/news/releases/social-connections-drive-the-upward-spiral-of-positive-emotions-and-health.html>.

[18] R. J. S. Gerritsen y G. P. H. Band, «Breath of Life: The Respiratory Vagal Stimulation Model of Contemplative Activity», *Frontiers in Human Neuroscience*, vol. 12, 2018, art. 397, <https://www.ncbi.nlm.nih.gov/pmc/articles/PMC6189422/>.

[19] M. Armstrong, C. C. Kerndt y R. A. Moore, «Physiology, Baroreceptors», National Center for Biotechnology Information, <https://www.ncbi.nlm.nih.gov/books/NBK538172/>.

[20] H. Mason, M. Vandoni, G. Debarbieri, E. Codrons, V. Ugargol y L. Bernardi, «Cardiovascular and Respiratory Effect of Yogic Slow Breathing in the Yoga Beginner: What Is the Best Approach?», *Evidence-Based Complementary and Alternative Medicine*, 2013, art. 743504, <https://pubmed.ncbi.nlm.nih.gov/23710236/>.

[21] M. Meier, E. Unternaehrer, S. J. Dimitroff, A. B. E. Benz, U. U. Bentele, S. M. Schorpp, *et al.*, «Standardized Massage Interventions as Protocols for the Induction of Psychophysiological Relaxation in the Laboratory: A Block Randomized, Controlled Trial», *Scientific Reports*, vol. 10, n.º 1, 2020, art. 14774.

[22] «Massage for Vagus Nerve Stimulation», OSEA, <https://oseamalibu.com/blogs/wellness-blog/massage-for-vagus-nerve-stimulation>.

[23] «Making Self-as-Context Relevant, Clear & Practical», ACT for Adolescents, <https://www.actmindfully.com.au/upimages/Making_Self-As-Context_Relevant,_Clear_and_Practical.pdf>.

[24] R. Harris, *ACT Questions and Answers: A Practitioner's Guide to 150 Common Sticking Points in Acceptance and Commitment Therapy*, Oakland (California), New Harbinger Publications, 2018, capítulo 14.

[25] M. McKay, J. C. Wood y J. Brantley, *The Dialectical Behavior Therapy Skills Workbook: Practical DBT Exercises for Learning Mindfulness, Interpersonal Effectiveness, Emotion Regulation, and Distress Tolerance*, Oakland (California), New Harbinger Publications, 2007 (trad. cast.: *Manual práctico de terapia dialéctico conductual: ejercicios prácticos de TDC para aprendizaje de mindfulness, eficacia interpersonal, regulación emocional y tolerancia a la angustia*, Bilbao, Desclée de Brouwer, 2020).

[26] M. M. Linehan, *DBT Skills Training Manual*, 2.ª ed., Nueva York, Guilford Press, 2014 (trad. cast.: *Manual de entrenamiento en habilidades DBT para el/la terapeuta*, Córdoba, Psara, 2021).

[27] *Ibid.*

Apéndice A

[1] <https://www.healthline.com/health/grounding-techniques#mental-techniques; https://www.talkspace.com/mental-health/conditions/articles/grounding-techniques-anxiety/>; <https://www.choosingtherapy.com/grounding-techniques/>; <https://drsarahallen.com/7-ways-to-calm/>.

Apéndice C

[1] J. C. Cuddy, C. A. Wilmuth y D. R. Carney, «The Benefit of Power Posing before a High-Stakes Social Evaluation», *Harvard Business School Working Paper*, n.º 13-027, 2012, <https://dash.lib.harvard.edu/bitstream/handle/1/9547823/13-027.pdf>.

Las nuevas reglas del apego ha sido posible gracias al trabajo de su autora, Judy Ho, así como del traductor Albert Fuentes Sánchez, la correctora Teresa Lozano, el diseñador José Ruiz-Zarco, el equipo de Realización Planeta, la directora editorial Marcela Serras, la editora ejecutiva Rocío Carmona, la editora Ana Marhuenda, y el equipo comercial, de comunicación y marketing de Diana.

En Diana hacemos libros que fomentan el autoconocimiento e inspiran a los lectores en su propósito de vida. Si esta lectura te ha gustado, te invitamos a que la recomiendes y que así, entre todos, contribuyamos a seguir expandiendo la conciencia.